敏捷组织设计

面向数字化转型和持续交付的组织重构

[美] 斯里拉姆·纳拉扬 / 著

熊 节 / 译

清华大学出版社

北 京

内 容 简 介

本书从组织角度来探讨如何在数字化转型的场景下实现真正的持续交付，描述了如何设计一个敏捷的组织，使其能够鼓励团队始终聚焦于自主、专精和目标，交付高质量的价值。

本书读者对象包括组织决策者、独立软件开发商和互联网企业的高管，负责 IT、产品管理、工程或软件开发的副总裁或董事或主管，与 IT 部门和 IT 业务伙伴对接的业务主管、财务相关人员、数字化业务的投资者，关心高管意见的技术人员、ICT 战略制定者、IT 治理小组成员以及流程质量 /SEPG 小组成员、流程顾问和教练。

北京市版权局著作权合同登记号 图字：01-2021-5984

Authorized translation from the English language edition, entitled Agile IT Organization Design: For Digital Transformation and Continuous Delivery 1e by Sriram Narayan, published by Pearson Education, Inc, Copyright © 2015 Pearson Education, Inc.

图书在版编目 (CIP) 数据

敏捷组织设计：面向数字化转型和持续交付的组织重构 /（美）斯里拉姆·纳拉扬著；熊节译 . —北京：清华大学出版社， 2022.11

书名原文：Agile IT Organization Design: For Digital Transformation and Continuous Delivery 1st Edition

ISBN 978-7-302-59968-5

Ⅰ . ①敏⋯ Ⅱ . ①斯⋯②熊⋯ Ⅲ . ①数字技术—应用—企业管理 Ⅳ . ① F272.7

中国版本图书馆 CIP 数据核字 (2022) 第 019864 号

责任编辑：文开琪
封面设计：李 坤
责任校对：周剑云
责任印制：丛怀宇

出版发行：清华大学出版社
    网 址：http://www.tup.com.cn, http://www.wqbook.com
    地 址：北京清华大学学研大厦 A 座   邮 编：100084
    社 总 机：010-83470000   邮 购：010-62786544
    投稿与读者服务：010-62776969, c-service@tup.tsinghua.edu.cn
    质量反馈：010-62772015, zhiliang@tup.tsinghua.edu.cn
印 装 者：小森印刷霸州有限公司
经 销：全国新华书店
开 本：178mm×230mm   印 张：20.75   字 数：432 千字
    （附赠全彩不干胶手册）
版 次：2022 年 12 月第 1 版   印 次：2022 年 12 月第 1 次印刷
定 价：99.00 元

产品编号：094313-01

国外专家推荐

对持续交付的描述，往往都是从技术人员的角度出发的。这可以理解，毕竟，持续交付来源于技术社区，但这贬低了持续交付的价值。持续交付是一个整体的方法。它需要整个组织的变革，并鼓励变革，使实践团体得到更好的发展。这本书正确地从组织角度来看待持续交付。它从平克（Dan Pink）的"内在和外在激励因素"的观点出发，描述了如何构建一个成功的组织，即鼓励团队关注自主、精通和目标，激励团队产出高质量的结果。本书审视了组织设计的方方面面，组织设计影响着团队的能力，决定着团队是否能定期、小步地实现高质量交付。如果遵循本书的建议，很多组织将因此而变得更好。

—— 法利（Dave Farley），《持续交付》作者

若干年前，硅谷营销大师摩尔（Geoffrey Moore）调侃道："银行只是一台带有营销部门的计算机。"今天，技术——云、社交网络、大数据、物联网和移动通信——继续推动着组织迈向前所未有的数字化转型。如今，不仅软件开发团队需要敏捷，企业的董事会也同样需要敏捷。斯里拉姆（Sriram）在书中指出，为了在这个快速而不确定的时代中茁壮成长，企业领导者需要重新思考整个IT（而不仅仅是软件开发）应该如何组织、构建和度量。这本书不仅开出了处方，而且给出了具体的落地方针，指导读者在组织中赋能创新、适应性和大规模的响应能力。

—— 海史密斯（Jim Highsmith），Thoughtworks执行咨询师，《自适应领导力》作者

侧重于实践性和操作性的敏捷开发管理书籍，为IT从业者提供了有价值的见解，IT专业人士的必读之作。

—— 斯里达尔（A.V. Sridhar），Digite公司创始人、总裁兼CEO

《敏捷组织设计》引人入胜、予人启迪又极为实用。虽然已经有很多作者谈论过敏捷软件开发，但很少有人涉及更广泛的话题，即从敏捷软件到敏捷组织、再到数字化转型所需要的系统性变革，真正落地实践这些变革的人更是凤毛麟角。基于大量的实践经验，纳拉扬（Sriram Narayan）探讨了当代"组织智慧"所面临的困境，温和而令人信服地提出了适逢其时的替代方案，全都有现实世界的案例作为支撑。组织走向敏捷的道路上既有挑战，也有机遇，如果您对这条道路感兴趣或者已经踏上了这条道路，我强烈推荐您阅读这本书。

—— 墨菲（Chris Murphy），Thoughtworks总裁兼首席战略官

敏捷和持续交付的转型需要技术、流程和人员的变革。本书率先从组织中人的视角深入探讨相关问题，并且做得非常好。对于那些已经踏上这条转型旅程的人来说，这是一本必读的书！

—— 沃格伦（Anders Wallgren），Electric Cloud 首席技术官

《敏捷组织设计》勇敢面对了我们一直在回避的所有问题。基于实践经验而非理论推演，斯里拉姆（Sriram）提供了具体的行动建议，用以解决敏捷软件开发和持续交付在结构和组织层面上的问题。他不仅讨论了团队结构与流程的问题，还清晰地论述了财务、责权和度量等问题，并给出了许多例子和情景，帮助读者理解这些问题的呈现形式以及如何按书中建议的步骤来解决问题。转向敏捷的组织变革经常失败，不是因为个别流程和实践的失败，而是因为组织本身——权力结构、组织规范和文化——与敏捷有可能带来的收益产生了对抗。斯里拉姆（Sriram）将我们的注意力集中在系统性问题上，随后又提供了具体的行动步骤，使我们能够在各自的环境中解决这些问题。这本书没有提出银弹，因为银弹并不存在。然而，斯里拉姆（Sriram）为组织提供了一种方法，使其开始面对现实，并逐渐成为支持敏捷软件开发的同时还支持组织敏捷和业务敏捷的组织。

—— 帕森斯（Rebecca Parsons），敏捷联盟董事，Thoughtworks 首席技术官

斯里拉姆（Sriram）的书以非常务实而透彻的方式论述了"敏捷组织设计"这个很少有人问起的话题。它很好地解释了敏捷和 DevOps 方法对企业级组织带来的价值，并对"如何达到目标"给出了有力而详细的回答。它还描绘了一幅非常实用的画面，说明公司的各种流程（预算编制、人员配置、度量等）如何受到敏捷组织选择的影响。我认为，这本书是大规模敏捷转型工作的完美配套书籍。

—— 阿莱格里（Regis Allegre），Cloudwatt 软件工程副总裁

今天的企业发现，如果要为客户建立"数字优先"的体验，需要重新思考产品、营销和技术团队如何一起工作。斯里拉姆（Sriram）的书拉开了帷幕，揭示了世界上表现最好的数字组织紧守的秘密，将其公之于众。这本书可以作为现代数字企业管理的模式语言。

—— 莫纳哥（Adam Monago），Thoughtworks 数字化战略副总裁

敏捷并不仅仅是站会和测试驱动开发。如果没有正确的领导力作为支撑，即使是最好的实践，也不会产生结果。斯里拉姆（Sriram）的书填补了 IT 组织领导力的一个空白。他恰如其分地融合了理论和实践洞察，带来了这本极具洞见又接地气的作品。

—— 坎杜库鲁（Nagarjun Kandukuru），Thoughtworks 全球南方战略副总裁

Scrum 教练没有告诉你的一切，斯里拉姆（Sriram）都谈到了。大多数关于敏捷的书都停留在团队和项目层面，而现实世界中组织往往陷于既有的组织结构和流程中无法自拔，团队和项目层面的方案无法给予他们任何实质性的指导。组织层面的障碍成为最终实现业务敏捷的障碍。如果你思考过为什么敏捷尝试会陷入困境，这本书一定会帮助你找到一些答案。

—— 卡塔里亚（Puneet Kataria），Kayako 全球销售副总裁

敏捷的疆域在不断发展变化，试图在企业范围内实施敏捷的管理者和员工几乎得不到任何指导。本书对在企业范围内实施敏捷的各种组织问题提供了完整的指导，并给出了有用的例子和有力的建议。从敏捷爱好者，到希望利用敏捷的原则和实践为企业组织重新注入活力的高级管理人员，我都会推荐他们读这本书。

—— 罗伯逊（Ken Robson），丹斯克银行全球交易技术主管

斯里拉姆（Sriram）大胆地尝试找到 IT 的"大一统理论"。这本书涉及的范围很广，将每个问题纳入整体的上下文中描绘"事情可以 / 应该做成什么样"的愿景。如果想超越敏捷和 DevOps 的高度更好地了解它们在包含销售、财务、治理、资源配置、交付以及——最重要的——人的数字化世界中的定位，那么请阅读本书。这是一本令人信服的读物，我已经在反复引用它了。

—— 弗雷克（Duncan Freke），thetrainline.com 开发主管

斯里拉姆（Sriram）令人信服地指出，数字化转型需要 IT 敏捷。他还很好地解释了技术敏捷不仅仅是工程和流程的问题。对那些正在从事数字化转型的人来说，这本书是一本有价值的读物。

—— 萨克斯纳（Shashank Saxena），Kroger Co. 数字化和电子商务科技主管

采用敏捷软件开发实践不仅仅是技术上的变革，更是整个组织的变革。斯里拉姆（Sriram）从多个角度阐述了这对一个组织的意义，并给出了如何实施变革的方案，包括像项目资金投入这样难以改变的领域。这本书发人深省，读起来又很轻松，还包括了很好的例子。

—— 尼可拉斯（Jeff Nicholas），瑞士信贷亚太区私人银行和财富管理 IT 数字化主管

本书适合希望获得现代产品交付明确指导的读者。处于任何一个转型期的领导者会发现，这本书是一个伟大的工具，为大规模敏捷转型的许多问题提供了答案。对于那些希望提高效率和业务响应能力的人来说，这是一个很好的起点。斯里拉姆（Sriram）的书明确指出，领导力是所有敏捷转型的核心。

—— 坎贝尔（Marcus Campbell），Semantico 交付主管

创业型组织在持续创造价值、快速创新和贴近客户方面表现出色。同样，敏捷软件开发也强调持续渐进的改进、对变化的快速响应以及密切的合作。斯里拉姆（Sriram）为大型企业的敏捷组织设计提供了令人信服的方案。他不仅描述了 IT 组织如何采用敏捷开发方法，还解释了大型企业内任何成功的数字化转型必须包括战略调整、项目组合、人员配置和预算编制等。对于那些希望数字化转型在企业 IT 组织内外产生影响的人来说，这是一本好书。

—— 潘基维茨（Ron Pankiewicz），VillageReach 技术主管

组织结构是一个公司实现其使命的关键推动因素。本书阐述了围绕敏捷软件开发理念架构 IT 组织的理由。它提供了各方面的指导，包括有形的组织要素（如结构、团队设计和问责制度）以及无形的文化要素（如目标对齐和行为规范）。这些概念必将帮助 IT 公司扭转大型项目中场景的成本和时间超支的局面。

—— 卡古（Paul Kagoo），麦肯锡客户经理

在"赢家通吃"日益加剧的数字化领域，结果很重要。在建立竞争优势的需求驱动下，真正的数字化转型是以提高响应能力、洞察力和参与度为标志的，而不仅仅局限于优化成本效益。组织是这一转型的关键，但大多数企业的组织结构并不适应数字化转型的要求。本书阐述了组织应该如何融入结果导向的团队（而非活动导向的团队），以推动敏捷性和竞争优势。一般来说，组织设计在现实世界中是非常昂贵的一项大工程，但本书通过提供一些框架和思考，让读者评估结果导向的结构在其组织中的有效性，以此来解决这个棘手的问题。

—— 艾尔（Vijay Iyer），NetApp 高级产品经理

我发现，《敏捷组织设计》的结构很好，不仅介绍了组织所面临的挑战，同时还提供了可以用来应对这些挑战的方法。此外，这本书的可读性很强，我发现自己很容易理解书中描述的问题。把一本面向商业的书描述成这样，似乎很奇怪，但我发现，这是一本令人愉快的读物！

—— 戈尔（Randy R. Gore），IBM 项目群经理

随着企业日益重视数字化转型，IT 和业务必须愈发紧密地合作。新的组织结构将推动这种合作。斯里拉姆（Sriram）的书及时阐述了组织结构对数字化转型成功的重要性，不论转型的规模是大还是小。

—— 坦特里（Dinesh Tantri），数字化战略专家

国内专家推荐

最近总听到一些相互冲突的趋势评价。一方面是很多组织号称已经采纳敏捷，大家言谈之中充满了敏捷、精益、DevOps 的各种术语，在形势一片大好的乐观中，组织领导者却难以验证新方法的价值，另一方面实践者们又发出"敏捷已死""中国没有敏捷的土壤"等悲观的论调。多年的实践让我们认识到，敏捷工程和管理方法的应用和价值确实依赖组织和商业环境的支持。《敏捷组织设计》是市面上少有的、以高层管理者和决策者视角来系统论述敏捷组织全局的书籍。本书不仅阐述了敏捷组织的存在意义、结构和机制设计、组织中的价值和文化判断，还囊括了各个环节的实用工具和案例，读下来受益匪浅。

—— 张松，Thoughtworks 中国区总经理

直到最近，我才理解到敏捷运动（Agile Movement）是一种由技术社区发起的企业再造（Reengineering）运动。它与其他企业再造并无不同：在业务环境与技术水平改变的环境下，企业通过改造自身来获得额外的竞争优势。成功与否，最终依赖于企业再造的进程，也就是组织本身的改变。而对于组织设计，在工程师文化盛行的敏捷社区，或多或少地被忽略了。《敏捷组织设计》提供一个颇为全面的视角，帮助我们补上了这一课。

—— 徐昊，Thoughtworks 中国区技术总监

在企业进行数字化转型的过程中，IT 作为数字化落地的承载体，发挥着越来越重要的作用。然而在承载业务落地和交付业务价值的过程中，难免会碰到除技术以外的其他多项挑战，组织的设计就是其中一个极有难度又非常有意义的难点。组织设计往往并无通用范式可以套用以直接解决转型过程中所遇到的组织难题。本书提供了很多敏捷组织设计的建议及案例，可作为数字化转型过程中的参考，用于提高 IT 组织响应力和加速交付业务价值，值得推荐。

—— 沈锋，宝洁大中华区 CIO

敏捷，生长于工程师群体，如今已经有二十多年了，但很少有人从企业经营的角度出发来系统地阐释它能应对的业务挑战以及怎样的管理环境才能使其发挥效力。本

书正好填补了这一空白。同时，本书还给出了某些场景下的应对建议。从这一点上讲，这本书值得一读。

—— 乔梁，《持续交付 2.0》作者，腾讯高级管理顾问

敏捷开发运动是一线工程实践的总结，其初心是把软件做对和把项目做成。近年来，随着数字化转型成为潮流，信息技术日渐渗透到几乎所有的业务行为中，敏捷开发不断扩大为业务敏捷及敏捷组织的概念，已经不再是 IT 部门的内务了。组织结构是影响人们行为和企业文化的重要因素。在业务与 IT 职能普遍分离的商业环境中，《敏捷组织设计》从顶层组织设计出发，给出了结构性融合的思路和实践，始终锁定着"透明 - 检视 - 调整"和 PDCA 循环之初心，值得推荐给大家。

—— 申健，优普丰（UPerform）敏捷咨询全球合伙人

多年以前，我作为咨询顾问参与客户的业务流程及 IT 方案的研讨、设计与落地，经常遇到由于客户方的组织结构不清晰、角色划分混乱而导致项目交付及业务价值的产生困难重重。后来，我进入快消和家居等行业，作为 IT 或数字化负责人来推动企业的数字化建设及数字化运营，得以从全局的角度考虑 IT 组织设计。如何通过设计合理的组织来让团队更有内驱力和更敏捷地交付业务价值，成为我一直思考和实践的主题。读到本书后，发现书中不少内容和我之前的一些设计理念不谋而合。

—— 何雪强，箭牌家居集团数字化运营中心负责人

寄语中国读者

《敏捷组织设计》中译本即将问世，欣喜之余，我希望向中译本的相关人员和出版社、主要译者熊节及参与翻译的"极限编程合作社"成员致谢，感谢他们引进翻译了我的作品。

本书的英文版是行业里第一本探讨敏捷经营模式问题的著作，美国投资管理巨头先锋领航（Vanguard）的首席信息官马尔坎特（John Marcante）曾在《哈佛商业评论》将其列入"CIO 必读书单"。

回望当初，我不应该在英文版书名中包含"IT"一词（译者注：中译本《敏捷组织设计：面向数字化转型和持续交付的组织重构》中已去掉"IT"一词），因为这个词总让读者误以为这是一本关于 IT 运营的书，而它实际上与通常所称的研发、商业科技、产品、数字化、工程等关系更大。另一方面，我很开心当时坚持用了"敏捷"这个词，而非当时更流行的"精益"。随着数字化转型浪潮的兴起，三大管理咨询公司都声称能帮助业务领导者敏捷起来，而"精益"则少有提及。

当然，最令我开心的还是这本书的内容一直没有过时。虽然技术不断加速发展，但组织的原则始终没变。读完本书以后，读者可能会发现，书中提及的主题，在历经几年时间后又有新的发展。下面是我的一些总结。

老板总是希望如期交付有价值的功能，但实际经营中却始终面临二选一的难题：价值还是可预测性。究竟哪个更重要？本书的第一条原则"治理的目的是追求价值而非可预测性"起初会让很多来自传统交付型组织的读者感到震惊，但业界其实已经广泛认同这条原则，并催生了拉动式交付和价值流优化等实践。此外，随着 OKR 近年来日益流行，越来越多的人也开始认同：定义关键结果时，应当重视业务价值（例如，将某项业务指标提升多少个百分点）。

尽管成本效益和速度都很重要，但组织设计同样面临着"哪一个更重要"的选择。本书的第二条原则"组织的目的是响应变化而非优化成本效益"清晰地指出了数字化时代应有的选择。年轻的数字原住民从一开始就理解这条原则，即使在老派的企业中，对这条原则的认同也在与日俱增。越来越多的企业选择自有团队开发（而非外包），至少直接影响营收的关键系统是这样。在交付方面，"前置时间"和"价值流效率"等度量指标在数字化组织中受到了特别的重视。

本书也是最早将自主、专精和目的这三项内驱力纳入敏捷经营模式的著作。近年来，我们整个行业中兴起一股浪潮：从临时性的、以交付为导向的项目团队，转向长期存在的、具备一定自主性的、以成果为导向的、以产品模式运行的团队。本书倡导的观念对这股浪潮是有所贡献的。Thoughtworks 的首席科学家福勒（Martin Fowler）在他的个人网站上发表过我的一篇题为"产品优于项目"（Products over Projects）的文章，这篇文章至今仍是业内谈及此话题时最权威的参考文献。

谈到敏捷经营模式，必然离不开自组织、自管理、扁平层级这几个话题。本书中关于问责制的章节（第 6 章）与完全自组织、自管理的观念略有不同。本书提出的观念后来演化成 Cleararchy 框架（www.cleararchy.com），数字化时代下组织层级结构的一种管理框架。

我的职业生涯还在继续。目前，我是一名独立咨询师。我仍然维护着与本书相关的网站：www.agileorgdesign.com。

希望各位读者享受阅读本书的过程，并祝愿大家成功实现组织转型。

译者序

今年是《敏捷宣言》签署的第 21 个年头。相对于 Scrum 认证和"敏捷教练"头衔满天飞的热闹情形，国内的敏捷社区倒是流行起了一种略显悲观的"失败论"。不论将"失败"归因于敏捷理论、敏捷的布道者还是敏捷的实践者，很显然，越来越多的人开始意识到，尽管"敏捷"这个热词受到了 IT 行业的广泛青睐，但行业的总体能力——正如我个人在《敏捷中国史话》中所发现的——提升非常有限。大部分企业、团队和个人仍在低能力水平上挣扎，与现代商业环境所期望的数字化能力之间的差距不但没有缩小，反而有不断扩大的趋势。

这种能力差距体现得最明显的地方，甚至还不是在工程技术和管理技巧上，而是在从业者的行为方式上。一方面，所有人都在强调这是个 VUCA（动荡、不确定、复杂、模糊）的时代，现代组织比任何时代更需要应对变化的能力。而另一方面，我们在 IT 行业里看到的仍然是无处不在的竖井（silo，也叫"筒仓"）：IT 部门本身就经常是远离业务一线的竖井，各项专业技能的专家又在 IT 部门内建起更多的专业活动竖井——开发部、测试部、运维部……就连原本试图打破开发和运维界限的 DevOps 运动，在国内也变味成了专管各种运维自动化工具的"DevOps 团队"。竖井里的专家们关心自己的专业活动远胜于关心整个组织的业务成果。在他们的不懈"努力"下，很多组织的 IT 部门呈现出一种奇特的景象：一边是专家越来越多、招聘的题目越来越难、钻研的技术越来越深、在各类技术大会上演讲的主题越来越高；另一边是组织的数字化项目在质量和进度上仍然问题重重，"死亡行军"的场景并没有明显的变化。

中国 IT 从业者个人的能力，在转化为商业组织的数字化能力时，遇到了明显的错配。组织敏捷性的欠缺，应归因于过去十来年的敏捷风潮中，布道者和咨询师们拈轻避重，有意无意地绕开了"敏捷的组织应当如何设计"这个问题。老话说"南橘北枳"，人的行为是环境的产物。缺少了敏捷的组织环境，在部门设置、项目形态、激励机制、行为规范乃至办公环境潜移默化的影响之下，纵有再多敏捷的工程技术和管理技巧，个体仍然会以一种"非敏捷"的方式行事。对专业竖井的偏爱，只是个体在欠缺敏捷性的组织大环境中的一种行为表象。

在塑造敏捷组织这方面，我的前雇主 Thoughtworks 算得上是一个重要的范例。作为全球敏捷浪潮的领导者，Thoughtworks 之所以取得了引人瞩目的业绩，不仅是因为工程技术和管理技巧，更根本同时也更重要的原因是这家企业从一开始就摒弃了"将软件开发者视为可替换资源"的传统管理思想，探寻如何激励员工去理解并认同组织的愿景目标（Purpose）、赋权并赋能员工自主决策（Autonomy）、鼓励并支持员工持续提升和精进自身的技艺（Mastery）——与平克（Dan Pink）的《驱动力》有异曲同工之妙。这种与众不同的管理思想绝非空谈，而是由一系列具体的组织设计原则与实践来支撑。毫不夸张地说，对组织的精心设计（及其背后映射出的价值观与文化），才是 Thoughtworks 常年在行业影响力和商业成果上表现卓越的"秘方"。

然而，尴尬的是，这份"秘方"却长期没有成文发表。过去在 Thoughtworks 担任咨询师时，有很多客户问我开展敏捷转型的组织应当如何组建团队、如何度量绩效、如何设置激励、财务部门如何提供支持、选用哪些工具、办公室装修有什么诀窍……我总感觉自己的回答只鳞片爪、不成体系。幸运的是，前同事纳拉扬（Sriram Narayan）做了这份艰难而重要的基础工作，将来自 Thoughtworks 和其他若干成功的敏捷组织的经验加以梳理提炼，形成了这本《敏捷组织设计》。据我个人所知，这本书是当下唯一一本正面回答"敏捷的组织应当如何设计"这个关键问题的著作。有了这本书，敏捷转型的实践者们才有一个扎实的基础，能像他们实践持续集成和用户故事等敏捷实践一样，具体地、按部就班地开始对组织设计的重构。

2015 年第一次读到这本书时，我还在与国际非盈利医疗机构 VillageReach（译者注：独立慈善评估机构 GiveWell 根据它在能效、效率和透明度三方面的表现将其列为"顶级慈善机构"）合作一个项目，当时的客户潘基维茨（Ron Pankiewicz）也对这本《敏捷组织设计》给予了高度的评价。各种机缘巧合，这本书一直没有中译本。最近与"极限编程合作社"的成员交流，再次提到组织设计对于敏捷转型的重要性时，我才意识到这本书的内容对于当前国情可谓"及时雨"。于是，在"极限编程合作社"各位成员的协助和清华大学出版社的支持之下，我们终于得以完成本书中译本，以此为中国敏捷社区填补组织设计领域的一块空白，为中国众多敏捷实践者和有志于开展敏捷转型的组织提供一份引导指南。为本书翻译做出贡献的有陈旭、陈渊艺、邓志国、刘郡晟、刘泉乐、刘游龙、毛广献、皮毅成、夏伟才、杨金华、张文渊、朱刚和朱万友，在此向"极限编程合作社"的同道中人表示感谢。

最后，感谢我的前雇主 Thoughtworks 为 IT 行业、尤其是为追求软件卓越做出的长期贡献。

现在请开始您的阅读之旅，祝您阅读愉快。

前言

在大多数企业，IT 的表现都不如人意。IT 要为业务赋能尚且费力，更别说扮演差异化要素了。IT 不给力造成的一个结果是，业务和技术（IT）经常剑拔弩张。这对数字化转型来说不是个好兆头。我认为，糟糕的组织设计是造成这种遗憾的主要原因。2014 年 6 月麦肯锡的全球调查①也表明，在大型企业中，组织结构问题被认为是实现数字化目标的主要障碍。

企业管理者通常会从非行业特色的视角看待组织设计，将其视为纯粹是 HR 领域的事。然而在筹划组织重组时，又很少只从 HR 角度入手。与传统的观念不同，本书探索了如何从 IT 领导力的视角进行组织设计，从而给组织设计提供一个可靠的基础。这个基础的建立很重要，因为在实践中，IT 组织的设计很少从基本原则出发通盘考虑。时下常见的组织设计大多是偶然的产物，可能是并购的结果，或是为了留住员工而做的妥协，亦或是组织各层级领导的主意。这就跟软件中逐渐堆积的技术债一样，我们必须时不时退后一步审视组织的设计，否则组织设计也会逐渐腐化。

21 世纪的组织设计不仅涉及组织结构，而且还事关企业文化、团队政治、经营管理甚至物理空间。综合个人的行业经验，现有的关于组织设计、精益和敏捷的文献以及一些广受好评的个人和团队心理学的著作，我提出一套关于敏捷组织设计的理论。本书针对组织结构和经营管理配置提出的建议，很多已经被几家新生代的独立软件开发商所应用。我也解释了其他企业的 IT 部门如何能够从中受益。与此同时，本书中涉及团队政治和企业文化的章节，无论对独立软件开发商还是企业 IT 部门，都同样适用。

有几位审稿人出于好意，建议我在书名中使用"精益"而不是"敏捷"，以便卖得好一些。显然，如今精益更流行，而敏捷已经过时了。但最终我还是选择了以"敏捷"为题，因为敏捷非常重视以人为本，而这正是我提出的解决方案的核心。

---

① https://www.mckinsey.com/business-functions/mckinsey-digital/our-insights/the-digital-tipping-point-mckinsey-global-survey-results

时下流行的写书风格是把一篇文章的内容扩充成一本书。而本书恰恰相反，我把大量主题融为一本书，因为我相信这些主题是相互联系的，需要加以综合论述。本书涉及的主题很广，反映出一个现实：IT 领导角色需要关心的范围很广。当然，一本书无法穷尽所有相关问题。诸如创新、知识管理、人员多样性、绩效评估等主题没有在本书中涵盖或者只是捎带提及。

这里涉及的许多主题都属于 IT 治理的范围。但是，传统的 IT 治理过早地陷入了对标准和框架的讨论。本书的讨论基本上和标准和框架无关。此外，本书所讨论的文化方面一般不被认为是 IT 治理的范畴。

本书不是手把手教你操作的菜谱。我描述问题、探索原因并提供解决方案。然而，我并没有详细说明实施解决方案的步骤。只有几个章节提供了从现状迁移的步骤。此外，最后一章有一个小节针对几种推荐方案的采用顺序提供了建议。但总的来说，迁移的规划需要在具体背景中制定。我希望读者可以借鉴本书提供的建议，规划他们自己的迁移过程。此外，我也可以提供咨询服务。

本书中提出的许多建议已经在现实世界中取得了一定的成功。只要有公开的成功或失败的证据，我都在书中列举出来。即使没有直接的公开证据，本书中的建议也有来自一线经验的理由和例子提供支持。一旦意识到传统方法没有带来预期的效果，我们就会更容易认真考虑本书建议的替代方案。

我提供了许多小故事来说明现状问题。它们的灵感来自于真实案例，但隐去了公司名称、人名和其他细节。如有雷同，纯属巧合。它们不是完整的故事，也没有最终结论。然而，故事之后的章节提供了处理问题的方法。越是能够将这些情景与自己的经历联系起来，就越会发现本章的其他内容具有启发性。书中提及的很多例子都来自电子商务（网上零售）领域，以便不同背景的读者都能理解。

前面四个章节是阅读本书其他章节的前提。第 8、9、10 章分别讲了项目、财务和人员配置，它们是一个整体。其余各章可以独立阅读。尽管我努力将相关的讨论放在一起，但各章之间仍有许多交叉引用。这也表明这些主题是相互关联的。

鉴于本书涉及的范围很广，我不得不提炼了一些次一级的主题。但我又不想花太多精力去解释这些次级主题。作为补充，我在文中提供了章后注，链接到网上可靠来源的免费解释（不采用离线或付费的来源）。读者可以从本书的配套网站 agileorgdesign.com 获取这些链接。

本书适合以下读者阅读和参考：

- 参与组织设计或治理的执行官和其他决策者

- 独立软件开发商和互联网企业的高级管理人员

- 负责 IT、产品管理、工程或软件开发的副总裁、董事或主管

- 与 IT 部门和 IT 业务伙伴对接的业务主管

- 财务控制、财务分析员和投资经理

- 数字化业务的投资者

- 关心高层领导意见的技术人员

- ICT 战略制定者

- IT 治理小组成员

- 流程质量 /SEPG 小组成员、流程顾问和教练

本书服务于面临 IT 和业务敏捷挑战的大中型 IT 组织（50 至数千名 IT 员工）。我所说的 IT 组织，可能直接服务于业务（即软件本身就是业务，例如独立软件开发商），也可能间接服务于业务（例如互联网业务和企业 IT）。也就是说，IT 供应商（IT 服务公司）也可以利用本书中的内容更有效地与客户协作。

为什么"投资者"也会出现在目标读者对象中？组织设计中的问题不会立即在财务报表中显示出来。然而从长远来看，它们有可能是决定商业成败的关键。由于投资周期往往比高管任期更长，所以数字化业务的投资者最好能了解这个话题，并要求高管承担起相应的责任。

如果已经实施 IT 敏捷和业务敏捷，本书的内容可能看起来显而易见或者老生常谈。然而，你可能会遇到一些新的角度、观点或技术。也就是说，这绝不是一本入门级的书。它假定读者有一定的软件交付经验，至少要了解 Scrum 或 XP 等敏捷方法以及 DevOps 和持续交付的基本理念。

致谢

虽然我没有照顾新生儿的第一手经验，不过我猜大概就跟写这本书的感觉差不多。一年前，我无法想象那大约两万个单词的初稿将如何成长为超过七万个单词的"健康孩子"。就像任何值得超支的 IT 项目一样，我（和 Addison-Wesley 出版社的编辑们）不得不应对范围蔓延、工作量和进度的问题。但为了忠实于本书的建议，我们都在努力做到价值驱动而非计划驱动。我相信，读者也会从本书中收获价值。这在很大程度上要归功于一群好心人对我的支持、指导和鼓励，我很感谢他们。

萨达拉格（Pramod Sadalage）是我的朋友、同事，也是第一位对本书写作提供帮助的人。他写过好几本关于"如何将敏捷工程技术应用于数据"的书，是他把我引荐给 Addison-Wesley 的古德温（Bernard Goodwin），后者成为我的责任编辑，直到 2014 年底退休。随后，古兹克沃斯基（Christopher Guzikowski）接手并将本书顺利出版。豪斯利（Michelle Housley）帮助我策划内容、协调审稿人及完成出版流程，在整个过程中给予我巨大的支持。吉尔斯（Stephanie Geels）提供了出色的文字编辑，威尔逊（Kesel Wilson）和 Addison-Wesley 的其他几位编辑也在出版过程中提供了有力的帮助。还有我未曾谋面的一些人，如封面设计师、排版人员和校对人员，他们都为最终成果做出了贡献。

普拉莫德（Pramod）也多次审阅我的手稿。在这个过程的早期，我很幸运地得到海史密斯（Jim Highsmith）的亲切指导，他是一位著名的敏捷大师，也是我在Thoughtworks 的同事。谢谢你，吉姆（Jim），感谢你通过 Skype 电话和电子邮件来指导我。坦特里（Dinesh Tantri）曾经是 Thoughtworks 的数字化战略专家，他帮助我厘清了对数字化转型的理解。Thoughtworks 财务团队的所罗门（Ulrich John Solomon）和贝拉拉（Suresh Kumar Bellala）帮助我更好地理解 IT 财务的微妙之处并在工作中实际验证了我的一些建议。Trainline 开发总监弗雷克（Duncan Freke）热情地支持我的写作，多次审阅我的作品，并围绕他自己开创性的 IT 重组工作与我进行了深入的交流。

特别感谢读完了整本书的审稿人，尽管他们工作繁忙，但还是抽出时间来阅读并提供详细的反馈。他们是金（Aman King）、法利（Dave Farley）、瓦特（Dougal Watt）、布罗扎（Gil Broza）、道兹（Keith Dodds）、戈尔（Randy R. Gore）、坎杜库鲁（Nagarjun Kandukuru）、西尔维亚（Sebastian Silva）、库雷因（Shyam Kurein）和波彭迪克（Tom Poppendieck）。也感谢其他审稿人，他们尽其所能地审阅了稿件。他们是华利（Dave Whalley）、艾比斯（Marco Abis）、卡特利亚（Puneet Kataria）、巴布（Rajesh Babu）、帕森斯（Rebecca Parsons）、达哈马拉扬（Sitaraman Dharmarajan）、保罗（Sagar Paul）和马德拉（Sunil Mundra）。当然，还要感谢所有读过我的初稿并给予我大力支持的人。有几位同事帮助我获得了业界知名人士的背书，他们是佩拉马尔（Alagu Perumall）、维希瓦纳思（Anand Vishwanath）、拉杰纳哈劳（Vishwanath Nagrajarao）和保罗（Sagar Paul）。

Thoughtworks 和我的办公室总经理提供了宝贵的支持，让我有时间写书。戈登（Jeremy Gordon）在法律方面提供了友好的指导。非常感谢苏尔塔娜（Shabrin Sultana）为本书创作的部分精美插图。还要感谢 Thoughtworks 营销领导团队的（Siddharth Asokan），是他让（Shabrin）有时间帮我创作插图。Thoughtworks 的研究团队也帮助我做了相关的研究。

我还要感谢 Enspiral 的克劳赛（Alanna Krause）允许我引用和使用她项目的截图，感谢费里曼（Jo Freeman）允许我引用她的文章，感谢克里伯格（Henrik Kniberg）允许我引用他的文章并改编他的一幅插图。

在一本关于建筑演化的书《建筑养成记》中，作者向帮助他完成著作的"无名影响者的庞大网络"致以谢意。我也同样要感谢 Thoughtworks 内部以及整个精益和敏捷社区的网络。

案例情景一览

简明目录

详细目录

第 1 章

背景

为了实现规模化敏捷，我们需要一个可扩展、同时又有利于实施敏捷的组织架构。这正是本书要探讨的主题。诚然，敏捷软件开发的一些实践已经成为主流，甚至企业级 IT 也采用了这些实践。自 2001 年"敏捷宣言"发布以来，IT 行业已经发生了很大的变化，一些先行者甚至走得更远，他们从持续集成进化到持续交付，从每季度发布进化到每天发布，从手工配置基础设施进化到自动化基础设施，从增量式开发进化到迭代式开发，从基于故事点的估算进化到没有估算[①]等。

进展并不局限于工程实践和交付流程，敏捷已经触达 IT 治理及其他相关领域，开始影响项目财务、投资组合管理、团队设计、衡量指标及企业文化等方方面面。例如，DevOps 运动的主题之一就是融合开发人员和下游的 IT 运维人员，使其成为集构建和运维于一体的团队。DevOps 要求进行组织重构，而不只限于改变工程技术或交付流程。

团队级别的敏捷相对容易理解。但如果试图将团队级别的敏捷转化为整个 IT 部门的敏捷，中层管理就遇到困难了。他们需要方向指引，需要领导力，需要来自 IT 治理组织和高管们的支持。高管们通常很乐于接受敏捷的理念，却往往并不清楚应该具体如何帮助中层管理。他们可以从本书中获得许多建议。如果能够用好手上的权力，他们就可以发起组织级的变革。

组织敏捷变革中，最为迫切的不只是交付流程和工程敏捷，甚至都不是 IT 敏捷，而是业务敏捷。业务和 IT 的敏捷都需要组织内部的敏捷。在本书的上下文中，组织敏捷是面向内部的，服务于组织内部的全部成员；IT 敏捷服务于业务；业务敏捷服务于市场。组织敏捷对 IT 敏捷和业务敏捷来说，是必不可少的（图 1-1）。本书展示了组织设计如何助推组织敏捷，进而助力 IT 敏捷和业务敏捷。

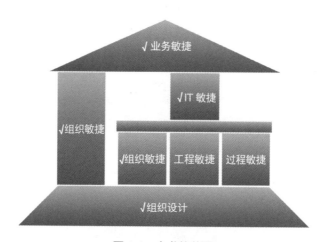

图 1-1　本书的范围

本书讨论的是广义上的"组织设计"，其中不仅包括组织结构和文化，还包含了治理和财务。我们还讨论了业务人员如何参与 IT，因为如果没有业务的适当参与，单靠 IT 自身是无法起作用的。如果无法转化为成功的业务成果，IT 敏捷就毫无意义。

第 1 章将为全书设定基调，解释为何本书的主题如此重要，还要介绍本书讨论的范围及角度。

1.1　焦点

首先需要注意，"IT组织"这个词在本书中有特别的含义。通常，"IT组织"同时有两个含义。

- IT-I——基础设施和纯运营

  - 负责采购、配置和维护整个组织的IT基础设施（例如云、笔记本电脑、服务器、存储、网络、安全、最终用户软件等）。

  - 负责运行商业成品软件系统。

- IT-B——构建和运营

  - 负责开发和运行内部系统。企业IT往往有很多人从事这部分工作。

  - 在互联网企业（例如电商、商旅、金融服务、内容聚合）中负责构建并运行面向消费者的技术平台。

  - 在独立软件供应商（ISV）中负责构建商业软件产品。

本书聚焦于IT-B，有时用"开发组织"来指代开发产品或解决方案所需的各种IT专家（开发人员、测试人员、分析师、数据科学家等）。IT-B的范围比开发组织更大，项目管理办公室（PMO）、产品管理组织以及隶属于产品团队的IT运维人员（例如DevOps），这些都在IT-B的范围内。如果读者更习惯"战略型IT"和"日常型IT"这样的说法，那么可以认为IT-B主要属于战略型IT。

本书提供的建议最适合企业内部自有IT-B能力的场景，但经过适当的调整定制，这些建议也同样适用于外包场景。谈到外包，应当正确理解外包人员的定位：IT专业服务公司（即IT应用开发供应商）通常只有IT-I和可能很少的一点IT-B能力供内部所用，绝大部分由专业服务公司聘用的外包人员实际上归属于客户的IT-B团队。

1.2 业务、IT 以及影子 IT

当我们谈及业务和 IT 的关系时，"业务"究竟指的是什么呢？这要视企业性质而定。独立软件供应商（ISV）除了市场营销、销售和产品经理外，可能只有少数业务人员。而互联网企业则有更多的业务人员，比如电商平台的采购人员、门户网站的广告销售经理等。

按照定义，IT 在企业内部是一个大的部门，与之相对的则是另一个大的部门：业务部门。但一定应该如此吗？当我们把业务和 IT 视为两个单独的实体时，难道不是在强化业务和 IT 的分离吗？难道我们就不能把 IT 人员嵌入到业务组织中，从而不再需要一个单独的 IT 组织吗？这是个值得探讨的问题，可以想象，一旦从这个方向考虑问题，IT 管理人员会是多么错愕。

为了实现 IT 与业务的嵌入融合，独立软件供应商（ISV）的可能性较大，互联网企业则相对困难，而企业 IT 则非常困难。原因是多方面的。

- IT 是劳动密集且高度专业化的。将 IT 集中在一个单独的组织下，有助于招聘和人员配置。否则，每个业务部门都必须操心招聘和管理其 IT 团队。IT 人才长期供不应求且流动性高，所以业务部门通常不愿承担这份责任。

- IT 具有劳动密集的特征，需要的人相对比较多。若是把他们和业务人员都安排在大城市的中央商务区一起办公，房租会非常高。因此，即使不在组织结构上分离，企业也会考虑给 IT 团队单独找个便宜的办公场所。然而，一旦从地理上分开，团队也就失去了同地办公、跨职能团队的好处，节省那些房租很可能得不偿失。

- IT-B 的工作需要具备中长期的前瞻性，而业务却大多是短视的，尤其是在受季度目标约束的时候。将 IT 与业务结合起来，有可能使所有的 IT 都专注于短期的事情。例如，可能有这样的风险：为了快速整合遗留系统，IT 搞了一大堆复杂而难以维护的电子表格，却没有建立一个具备扩展能力的平台。

- 除了初创企业，大多数企业的 IT 文化都明显不同于业务文化。

因此，尽管业务和 IT 的融合令人向往，但对绝大多数的大型组织来说，这不会很快发生。尽管如此，变化已经初见端倪。业务和 IT 的融合正在悄无声息地进行着，那就是所谓的"非正式 IT"或"影子 IT"[②]。无论好[③]坏[④]，业务都开始将 IT 抓到自己手里。廉价的基础设施即服务（IaaS）和软件即服务（SaaS）解决方案的出现，意味着业务部门不必再等 IT 部门来满足他们对基础设施（IT-I）和软件开发（IT-B）的需求。

此外，平板电脑、智能手机和智能手表等个人计算设备的碎片化和普及，迫使 IT-I 制定自带设备（BYOD）[⑤]政策。更重要的是，IT 部门不再负责所有 IT 支出。现在，SaaS 营销人员已经在寻求业务部门负责人的关注，而非局限于寻求 CIO 的关注。早在 2011 年，Gartner 对 2015 年的预测之一就是：在大多数组织中，35% 的企业 IT 支出将在 IT 部门的预算之外进行管理[⑥]。

尽管 CIO 都认为今天的影子 IT 相当不负责任，但业务部门却可能不断在发展，进而最终拥有自己的 IT 系统，并为之负责。不过，撇开猜测不谈，仅就当下的情况来看，"如何提高业务 -IT 的效能"仍然是一个很有意义的议题。

1.3 业务 -IT 的效能

中大型 IT 企业经常为了将新的功能推向市场而苦苦挣扎。产品开发工作总是拖后腿，不仅预算和时间超支，产品（或解决方案）的实用性和性能也经常出现重大问题。无论产品是内部使用还是面向市场，这种情况都会发生。这是一个业务 -IT 效能的问题，而不仅仅是 IT 效能。但我们先来考虑 IT 的效能。

大多数 IT 组织试图通过改进构建、测试、部署、发布和运营工程来提高交付效能。例如，针对"如何高效交付 IT 项目"，《持续交付》⑦从工程角度提出了很好的建议。持续交付是一种交付软件的方法，倡导以增量的方式向用户交付软件功能，并降低交付成本、时间和风险。它提倡的实践包括持续集成和部署流水线、测试自动化、测试驱动开发、一次构建并用同一个二进制 / 包部署到多个环境、对配置信息进行版本控制、基础设施按需部署、零停机部署以及自动回滚等。采用上述实践的团队获得了更高的测试覆盖率、更可靠的部署、更强的缺陷重现能力等。但是，他们可能仍然需要努力减少整体缺陷数，或者使需求到部署的流动更加平稳顺畅。在一些地方，工程是按功能来垂直组织的，分为开发、测试和部署等垂直部门，每个垂直部门的负责人都能汇报一些具体指标的进展情况，但企业往往感觉不到 IT 响应能力的整体改善。

漫长的开发周期持续困扰着拥有数百名 IT 工作人员（包括内部员工、合同工和外包）的大机构。许多银行、电信公司和大型零售商都不得不面对缓慢且不可靠的 IT 交付，这种情形令人沮丧。拥有多条产品线的许多老一代独立软件供应商则艰难地面对市场竞争，努力保持产品的领先地位。对于在大机构中苦苦挣扎的这些人来说，初创公司和前沿公司所说的"每天进行多次生产部署"就像海市蜃楼一般虚幻。

接下来，我们转向业务 -IT 效能，这里存在的问题更严重。我们从一个场景开始。

交付继续，增长中止

Gestalt 公司是一家知识管理工具的供应商。它正面临着艰难的时刻：全线产品销量下降，竞争加剧，更不用说还出现了开源替代品。五六年前，即使每年只发布一个版本，他们的生意也很好。可如今，就算每个月发布一个版本，也很难吸引新的客户。虽然他们还在持续发布产品，但这对产品的成功来说显然是不够的。老客户对他们的产品仍然很忠诚，但新客户则不断要求更多的功能、更好用的体验。许多潜在客户抱怨文档太差，内部员工则抱怨市场、销售、产品开发和客服各自为政。还有人指出，大量人际接触的传统销售模式已经过时了，现在的潜在客户更喜欢内容详尽的文档、教程、视频和演示，以便自行决定要不要购买产品。

仅有流畅的 IT 交付能力，并不足以赢得成功的业务成果。如果不能改善业务成果，持续交付和 DevOps 就毫无意义。只是让开发和 IT 运营更好地合作，并不能改善业务成果。如图 1-2 所示，市场、销售、客服、培训、产品管理、开发、IT 运营……所有功能都必须更好地合作。每个职能都尽职是必要的，但还不够。唯有改善各职能之间的互动，才能提高组织的敏捷性。一旦单个职能的优化收益开始递减，注重跨职能的互动就会带来较大的收益。在后面的章节里，我们将看到如何通过更好的组织设计来改善不同职能之间的互动。

汽车不是其各个部件的简单相加，而是各个部件之间交互的产物。

——艾可夫

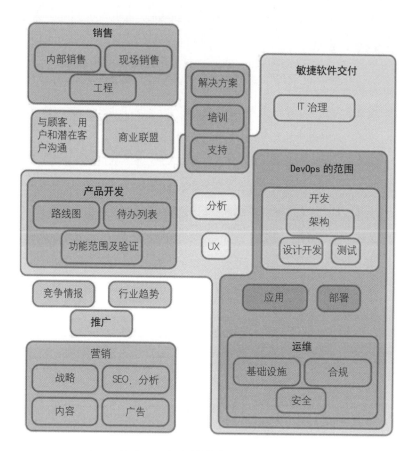

图 1-2　组织敏捷涉及各个方面

1.4　数字化转型

组织敏捷也是数字化转型[®]的重要组成。数字化转型针对的是商业上的变革，打通了线下（现实世界）和线上顾客交互，给顾客提供无缝的、丰富的体验。尽管数字化转型经常被裁剪为数字化营销，但也经常从战术和战略层面对业务进行变革，技术则是这些变革中重要的媒介（图1-3）。在业务数字化转型的过程中，深层次的变革需要多职能部门之间的通力协作。如果没有组织层面上的敏捷，这些变革都无法推进。

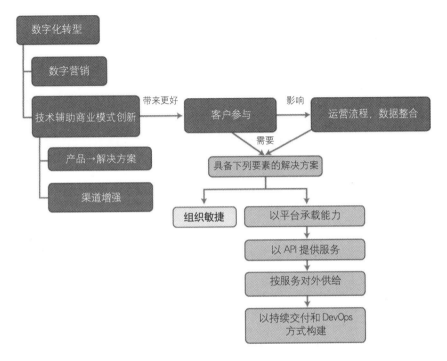

图 1-3　数字化转型的全貌

技术推动的商业模式创新通常起始于对现状的审视。我们绘制 AS-IS（现状）与 TO-BE（理想）的用户旅程地图，识别需要改变的方向。用户旅程地图描绘了顾客与企业的触点，这些触点贯穿了顾客与企业关系的生命周期。

在典型的数字化转型实践中，TO-BE 旅程通常包含更多的数字化触点，并对现有的触点做增强。比如，常规的出租车服务可能决定新增一个数字化触点，以移动 APP 的形式预定出租车。他们也可能增强现有的触点，例如现在的网站只提供信息，可以在网站上获得呼叫中心的电话，但无法通过网站约车。他们可能决定增强这个触点，支持在线预约、查看预约历史、行程反馈等功能。这种战术级别的业务变革可称为"渠道增强"。

另一些企业则可能发现，如果在销售核心产品之外再提供完备的解决方案，能更好地与顾客互动。比如，Nike+[9]允许用户追踪跑步记录、保存统计数据、不断提升运动状态。这相当于一种战略上的转变：从专注于消费者产品转为关注消费者解决方案。这些战术和战略的调整可能要求改变现有的运作流程和 IT 系统。比如，"点击加提货"是一种新的零售顾客旅程：顾客在线上购物，在线下商店里提货。这就要求改变店内库存管理方式，同时也会要求有统一的定价策略。[10]

另一个重要的趋势是，大家日益认识到，有必要以移动优先的方式来构建面向顾客（乃至外勤人员）的应用。但如果不投资建设 API[11]来服务其他渠道，移动优先的策略就会有变为"只有移动"的策略。API 可以由服务来提供，而这些服务又是基于持续交付和 DevOps 的实践和原则来建构和运行。

在数字化转型方案中，数字营销是一个常见且重要的部分。数字营销的目标是提升触达，达成目标的途径则是多种多样的数字营销渠道，例如邮件、搜索广告、社交广告、展示广告、赛事活动、在线研讨会和社区推广等。借助于网页和移动分析，我们能够通过这些渠道来有效地触达目标顾客群体。

有人可能会问，如果我们企业看不出数字化的必要性呢？这个嘛……软件正在蚕食这个世界[12]，除了跟上潮流之外，企业很可能没有别的选择。无处不在的互联网已经使得每个垂直业务领域都足以生长出巨头企业，而这些巨头改变世界的创新则完全植根于代码中[13]。从旅游和酒店管理，到媒体，再到个人财务、零售和家装，各个垂直领域的数字化企业都在全面挑战那些还未跟上数字化潮流的传统领军企业。线上（互联网）和线下（物理世界）交易的边界日趋模糊，数字化转型试图在两个世界之间提供无缝融合的顾客体验。如今，对业务与 IT 紧密协作的诉求，胜过历史上的任何时候。

当业务和 IT 协作良好时，产品或解决方案的概念就能顺畅地转化为销售现金流（或被内部采用），转化过程中仍然会面临来自市场和不断变迁的技术带来的挑战，但至少能相对少遭受一些由内部因素引起的挫折和延迟。至于市场和技术的挑战，我们已经有为人熟知的方法来应对：精益产品探索技巧（初创团队和大企业都同样适用）有助于开启旅程的最初一段，持续交付和 DevOps 有助于完成旅程的最后一段，敏捷软件开发则承担了两者之间旅程的主体部分。但是，尽管市场和技术的固有挑战有很多方法来应对，仍然会有偶发的、基于组织角度的挑战。这些组织敏捷性的挑战伴随着数字化概念落地旅程的每一步，时刻威胁数字化转型尝试的成功。我们将在接下来的章节中讨论这些组织敏捷性的挑战。

1.5　双模 IT 及双操作系统

2014 年，一份名为"双模 IT：如何实现数字化敏捷并避免混乱"的报告[⑭]中，Gartner 提倡一种双速的 IT 组织，即 IT 部门内部分出两类 IT 组织：

● 一个按部就班，继续关注可预测性、变更控制和成本效益；

● 一个高速，积极应对市场和技术的变化。

双速 IT 组织可能不是最理想的，但如果无法让整个 IT 组织达到高速，双速 IT 也算是退而求其次之选。科特（Kotter）在《加速》[⑮]（由早先发表在《哈佛商业评论》的文章[⑯]扩展而成）中，以一种相似但更广泛的方式提出了双速商业组织的概念。他将一个组织的层级和流程描述为"操作系统"，并提倡组织拥有双重操作系统：第一个操作系统保护并支撑核心业务；第二个操作系统基于敏捷原则而塑造，负责策略的设计和实现。从双模 IT 或双操作系统的角度来看，本书讨论的是如何实现高速 IT 以及如何在 IT 组织中塑造第二个操作系统。

1.6　涵盖角度

如表 1-1 所示，本书的其余部分从组织结构、物理空间、企业文化、经营管理以及公司政治等角度论述组织设计。有些主题与多个角度有关，例如，"问责制"（第 6 章）与组织结构和公司政治都有关。本书第 3 章描述的"三个主题"是一组通用的透镜，下列所有角度都透过这一组透镜的视角来展开探讨。

表 1-1　章节与角度

章节	组织结构	文化	经营管理	政治	物理空间
第 4 章 上层建筑	×				
第 5 章 团队设计	×				
第 6 章 问责制	×			×	
第 7 章 一致性	×		×		
第 8 章 项目			×		
第 9 章 财务			×		
第 10 章 人员配置			×		
第 11 章 工具		×	×		
第 12 章 指标		×	×		
第 13 章 规范		×			
第 14 章 沟通		×		×	
第 15 章 办公室					×

1.7　小结

- 本书描述了组织结构设计如何帮助实现组织、IT 敏捷以及业务敏捷。组织敏捷面向内部，服务于组织内所有人员；IT 敏捷服务于业务；业务敏捷服务于市场。

- 本书聚焦于 IT 部门——系统开发和大部分工资支出发生的地方。

- ISV 和互联网行业中，业务和 IT 之间的隔阂相对较小；传统企业的 IT 部门中，这种隔阂则更大。不过，影子 IT 正在持续模糊这种隔阂。相较于单独讨论 IT 效能，讨论业务与 IT 的综合效能更有意义。

- 业务敏捷不仅受 IT 或工程的影响。组织作为一个整体的敏捷性问题，是贯穿业务价值流的重要因素之一。

- 数字化转型对敏捷转型的依赖程度远远超过了外部初略得到的估计。

- 从 Gartner 双模方法或者科特双操作系统方法的视角来看，本书讨论的是如何实现高速 IT 以及如何在 IT 组织中塑造第二个操作系统。

- 接下来的章节将从组织结构、企业文化、公司政治、物理空间和经营管理等角度来尝试解决组织设计的问题。

注释

① http://www.cio.com/article/2381167/agile-development/-no-estimates-in-action-5-ways-to-rethink-software-projects.html
② http://en.wikipedia.org/wiki/Shadow_IT
③ http://www.huffingtonpost.com/vala-afshar/cios-stop-chasing-shadow_b_4239465.html
④ http://www.cioinsight.com/security/slideshows/shadow-its-growing-footprint.html
⑤ http://www.cio.com/article/2396336/byod/all-about-byod.html

⑥ http://www.gartner.com/newsroom/id/1862714

⑦ Humble and Farley 2010

⑧ https://www.capgemini.com/resources/digital-transformation-a-roadmap-for-billiondollar-organizations/

⑨ https://secure-nikeplus.nike.com/plus/products/

⑩ http://hbr.org/2014/09/digital-physical-mashups

⑪ https://hbr.org/2015/01/the-strategic-value-of-apis

⑫ http://online.wsj.com/article/SB10001424053111190348090457651

⑬ http://www.wired.com/2012/04/ff_andreessen/5/

⑭ https://www.gartner.com/doc/2798217

⑮ Kotter 2014

⑯ https://hbr.org/2012/11/accelerate

第 2 章

敏捷信条

本书倡导敏捷的价值观和原则，以及精益的一些技巧。但是，这与组织设计有什么关系？敏捷不就是一种软件开发方法而已吗？

如果我们审视"敏捷宣言"中的价值声明（详见第 2.1 节），会发现其中只有一条（即"可工作的软件高于面面俱到的文档"）直接提到软件。而且就连这条声明也可以表述为更通用的形式：可工作的产品高于面面俱到的文档。这些原则适用于整个 IT 行业（而不仅仅是开发组织），甚至适用于一般的商业组织。邓宁（Steve Denning）[①]称之为"地球上保存最完好的管理秘诀"。[②]

为了使 IT 对业务敏捷产生影响，敏捷信条必须扩展到工程技术和交付过程之外。与敏捷原则不匹配的组织设计将妨碍 IT 敏捷。因此，使用软件开发的上下文来理解这些原则是很有用的。我假定读者对敏捷原则和实践有所了解，不过，本章还涵盖了一些更底层的思想，后续的章节都建立在这些思想基础之上。敏捷老兵可以跳过本章第 2.3 节以外的其他内容。

2.1 理解"敏捷宣言"

让我们从了解"敏捷宣言"的内容开始,具体内容转载如下:

敏捷软件开发宣言[③]

我们一直在实践中探寻更好的软件开发方法,身体力行的同时也帮助他人。由此,我们建立了如下价值观:

个体和互动　高于　流程和工具
可工作的软件　高于　面面俱到的文档
客户合作　高于　合同谈判
响应变化　高于　遵循计划

也就是说,尽管右项有其价值,我们更重视左项的价值。

Kent Beck	James Grenning	Robert C. Martin
Mike Beedle	Jim Highsmith	Steve Mellor
Arie van Bennekum	Andrew Hunt	Ken Schwaber
Alistair Cockburn	Ron Jeffries	Jeff Sutherland
Ward Cunningham	Jon Kern	Dave Thomas
Martin Fowler	Brian Marick	

著作权为上述作者所有,2001 年。此宣言可以任何形式自由地复制,但其全文必须包含上述声明在内。

正如四条价值声明所说:右项并非不重要,只是当情况需要时,为了获得左项,应当对右项有所取舍。让我们一起来看两个例子。

2.1.1 第一个例子

在传统流程中,如果测试人员发现缺陷,通常的做法是先将其记录到缺陷跟踪系统。然后,开发人员再来查看这个缺陷。而敏捷软件开发团队通常采用"开发现场测试"(dev-box testing)的实践:开发人员请业务分析师或测试人员来到自己身边快速验证新开发的功能,通过验证之后,才能将其标记为"开发完成"或"准备测试"。验证工作是在开发人员的电脑上进行的,且需要开发人员在场。验证期间发现的缺陷不会被记录下来，开发人员只需在心里（或便签纸上）记下并立即修复缺陷即可。这看上去似乎违反了正当流程，导致文档记录不完整。但事实证明，这种做法在实践中很有效。这就体现出了"个体和互动高于流程"。敏捷团队认为修复缺陷比记录缺陷更重要，这就是一个鲜活的例子，体现了"可工作的软件高于面面俱到的文档"这条价值观。

2.1.2　第二个例子

通常，敏捷软件开发团队会定期向产品负责人、业务利益相关者或最终用户代表展示功能的增量进展。这既是为了展示进度，也是为了征求反馈意见。相较于只是看到纸上的概念或原型，当人们看到实际运行的软件时，往往会产生更好的想法。展示会带来需求变更，甚至完全颠覆之前的需求。与（外部或内部）客户签订的敏捷软件开发合同（正式或非正式），对功能范围有可协商的空间，因此，无需额外协商合同，即可满足变更需求。这个例子体现了"客户合作高于合同谈判"。虽然变更会扰乱计划，但这是可以接受的，因为正如我们将在第 8 章中所看到的，计划并非不可改变。对有意义的变化做出响应，比坚守原定计划更有价值。

2.2　持续交付与 DevOps

尽管 IT 行业已经引入敏捷，但主要还是开发组织在采用。在许多企业中，从开发到生产的过程（称为软件交付的"最后一英里"），仍然是一个漫长的过程。持续交付（Continuous Delivery，CD）是一种能提高完成最后一英里过程的速度和可靠性的方法。正如持续集成是敏捷软件开发不可或缺的组成部分，持续交付也是敏捷软件交付不可或缺的组成部分。

"交付"意味着将软件交付给最终使用该软件的人或系统。仅仅开发出软件，然后等待测试、集成、批准 / 认证或是产品部署，这是远远不够的，就算已经部署了软件并等着要使用的人或系统来使用。即使一切准备就绪，只缺市场部或内部沟通部门发公告，软件仍然是未交付的状态。

"持续"意味着软件始终处于可交付状态，不需要额外的加固工作④。每次发布只需一个指令即可开始，整个过程波澜不惊。松散耦合的架构、松散约束和向后兼容的 API 足以确保频繁发布不会受到外部依赖的阻碍，因此也不用根据依赖关系精心制订发布日程。持续交付方法将阶段门禁、构建提升⑤、审计、操作控制等融合到自动化的软件交付管道中，并可以根据需要进行手动操作。

DevOps 鼓励开发人员、系统管理员以及其他 IT 运维工程师之间的深度融合，以此来促进持续交付。在 IT 企业中，开发和运维的关系通常并不融洽。开发人员在编写代码时，很少考虑可用性或可监控性等运维方面的需求。一方面，他们迫于压力，将运维需求优先级置于功能性需求之后。另一方面，IT 运维可能会对部署时间窗、获准部署的软件和版本、计算资源等事项设置限制。DevOps 使双方成为同一个团队，这有助于他们更好地了解彼此的关注点。

DevOps 深知文化的重要性，其关键主题可以概括为 CAMS——文化（Culture）、自动化（Automation）、度量（Measurement）、共享（Sharing）这四个词的首字母缩写。在促进开发和 IT 运维有效协作方面，大家都认同文化起着至关重要的作用。但这里所说的"文化"到底指什么呢？与其说是非正式的着装规范、灵活的工作时间或免费的内部自助餐厅，不如说是决策方式、行为规范、沟通机制以及如何在等级制度和官僚体系中游刃有余地完成工作。

2.3　敏捷文化

品牌只是公司文化的一个滞后指标。

—— 谢家华（Tony Hsieh），Zappos.com 创始人[⑥]

看到我提出的一些建议，你可能觉得其他方法也同样有效。比如，尽管有很多通过内部竞争而取得成功的例子，但我还是建议不要鼓励内部竞争，这就是从敏捷文化出发提出的建议。萨霍塔（Sahota）[⑦]认为敏捷主要适合具有协作型文化或培养型文化的组织。这些术语来自施耐德（Schneider）的组织文化模型[⑧]，下面基于图 2-1 进行简单介绍。"组织"是指有生命力的社会结构，其文化表现出来的主导特征，会落在图 2-1 所示的四个象限之中。在这个四象限图中，横轴代表"组织如何做出决策"，纵轴代表"组织关注什么"。控制型和胜任型文化的决策过程是非个人化的 —— 与人的情感分离、正式、以政策规定驱动。与之相反，协作型和培养型文化（适合敏捷文化）以非正式的、参与的方式进行决策，始终重视以人为本、因地制宜。施耐德（Schneider）主张，应当承认并充分利用自己的文化，而不要尝试通过干预来改变文化，尤其是跨图 2-1 中的对角那样的改变。这虽然有些保守，却是明智的。

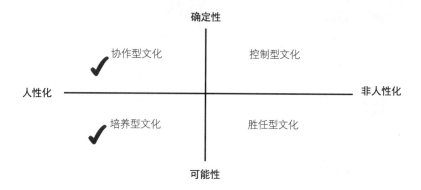

图 2-1　敏捷文化 = 协作型或培养型文化

此外，文化无法直接改变，它随着组织信仰和行为习惯的变化而变化。本书中的许多建议，都是通过改变组织的工作方式，把已经在开发团队中扎根的敏捷文化传播到周围的 IT-B 组织。

2.4　常见主题

现在来看看精益和敏捷社区众所周知的一些基本原则。我们将简要介绍这些原则，为后面章节的观点铺垫背景。

2.4.1　快速失败

漫长的开发过程意味着高预期（成功交付和收益实现）和高风险（如果失败就会浪费大量资金）。快速失败的目的，是在保持高收益预期的同时降低风险。我们以能够快速识别错误的方式做事。如果失败的代价很小，那么我们就可以开展更多的实验，并更好地应对未知因素。

例如，持续集成的实践有助于开发团队在集成代码时快速失败。快速失败的核心目的是得到快速的反馈。定期向产品负责人和业务利益相关者展示正在开发的功能,这样做有助于他们验证产品是否符合他们的要求,并帮助他们判断自己要求的是否正好是真正需要的。"敏捷宣言"强调适应性(响应变化高于遵循计划),而流程的适应性与其反馈回路的长度成反比。为了快速失败(并快速学习)而不是延缓这个过程,我们需要尽量缩短反馈回路。

2.4.2　迭代优于增量

迭代开发和增量开发之间的区别,最好用一个例子来说明。假设我们要为一个电商网站开发用户注册模块,那么我们可以写一份 20 页的用例文档来涵盖以下内容:

- 各种不同的注册模式(新用户、Facebook 用户等);

- 各种不同的注册点(主登录页面、促销登录页面、结账时);

- 注册确认;

- 登录动作审计留痕;

- 有效用户名和密码的规则、密码强度提示等。

然后,由一名开发人员接手这份用例文档,并在四到六周内完成开发。然后,开发人员将继续开发下一个用例,注册用例则进入测试过程。这是一种颗粒度非常大的增量开发。在四到六周的开发过程中,开发人员几乎无法从其他角色(分析师、测试员、产品负责人)获得反馈,也没有机会从他们身上学习到新的东西。

为了缩短反馈回路,我们将注册用例分成十几个用户故事。这些故事通常是顺序开发的,偶尔有两个、最多不超过三个故事并行开发。由于每个故事都很小,可以在两到三周内经历完整的分析 - 开发 - 测试周期。

之后，将它们展示给产品负责人以获取反馈。这样一来，在迭代开发的过程中，上一周的反馈就能体现在本周的开发任务中。在持续交付的情况下，可以通过多次发布逐步向用户提供功能，这样就可以从真实用户那里获取反馈。

反馈是迭代的关键，没有反馈的迭代就只是小瀑布。只是将用例拆分成故事，等到所有故事都开发完毕再寻求反馈，这并不是真的迭代开发。拆分的目的是更快地获得反馈，并将反馈纳入正在进行的开发中。然而，在正式的阶段门禁流程中，通常无法获得利益相关者 / 用户对小批量功能（故事）的反馈[®]。阶段门禁流程是为大批量产品的线性流动而设计的。

如果想把最终用户（而不仅仅是产品负责人）纳入简短的迭代反馈回路中，就还需要做更多的工作。我们在对故事优先级进行排序时，需要尽早提供正好够用的功能，这样才能一直获得用户的反馈。初步可用的功能上线之后，再不断扩大功能的内部范围，通过几次增量来交付完整的功能，并确保整个交付过程中功能始终可用。

以前面提到的用户注册为例，我们不会一股脑儿地把所有注册模式都做完之后再来做用户名和密码验证，而是从最常见的注册模式和最基本的验证开始，将其作为第一次发布的功能。即时注册、登录审计留痕、密码强度提示等功能可以留到以后再实现。这样一来，我们从一开始就给用户提供了一个正好够用的解决方案，并且后续很快就能根据用户的反馈进行改进，如图 2-2 所示。这种方法可以安全地用于内部客户，但如果是面向市场的应用，我们可能需要想办法拉一些愿意使用 Beta 测试版本的客户，因为一般来说，正好够用的解决方案还不足以吸引到大多数普通的用户。

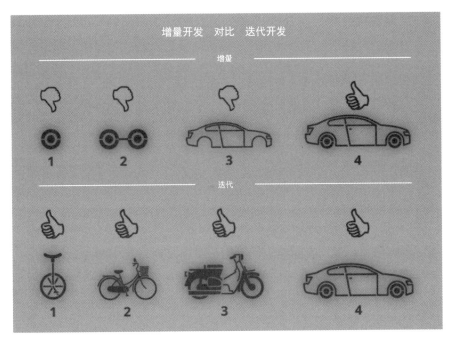

图 2-2　增量开发对比迭代开发（改编自 Henrik Kniberg）

2.4.3　价值流优化

价值流是指交付成果所需要执行的一系列活动。软件开发价值流可以如此描述：验证商业可行性、分析、设计、构建、测试、部署、从使用分析和其他反馈中学习，如此这般周而复始。请注意，这是一个完整的迭代过程，而不是一系列线性的活动。最好的做法是优化整个价值流，而不是只优化其中的一部分。因此，"端到端周期时间"比"IT 交付周期时间"或"开发速率"更重要。如果针对端到端周期时间优化价值流，我们就是在优化响应能力而不是成本效率。相反，如果只是优化价值流的一部分，而不考虑它如何影响整个价值流，那么这只能被称为次优化或局部优化。后面的章节将讨论如何以优化整个价值流为目标来进行组织设计。

2.4.4　信息辐射器

信息辐射器是巨大的公共信息展示媒介——可能是电子的，也可能是纸质的。例如，故事卡墙（看板墙）、燃起图、销售漏斗、营销活动日历或统计数据、回顾行动项、站立会议准时指标、架构图、领域模型、构建管道等都可以成为信息辐射器。组织内部公共的信息辐射器背后有两层用意：第一，提高透明度，不论是好消息还是坏消息；第二，比起通过登录某个应用程序查询数据、查阅报告或仪表板获取信息，信息辐射器使信息更易于访问。好的信息辐射器会激发对话。

通常，敏捷团队使用任何可以找到的墙壁作为信息辐射器。有趣的是，这些信息辐射器有时会违反"所有公开展示必须经过内部沟通部门批准"的公司准则。虽然从技术上来说，内部沟通部门创建的那些公开展示材料也是信息辐射器，但实际上，最好能把它们归类为通知、内部营销或推广。此外，与 IT-B 工作相关的信息相比，那些信息通常变化很缓慢。

信息辐射器主要用于跟踪执行，但也可用于传播业务与 IT 一致性、成果责任链、投资组合与状态、组织规范的相关信息。这些组织信息辐射器，将在后面的章节做更详细的介绍。

2.5　敏捷已死

据说企业敏捷已经在技术成熟度曲线[⑩]中走到了泡沫破裂谷底期[⑪]。许多问题源于过早地在组织内部尝试规模化敏捷。"转型"这件事的天然属性决定着预先制定一个为期 18 个月、涉及全组织范围的变革计划，用这种方式实现从现状到持续交付的转变，是不现实的。尽管如此，还是有人尝试这样做，当结果不如人意时，他们就说敏捷不起作用[⑫]。当这样的言论传开后，敏捷的标签就被污名化了。然后，社区就会试图摆脱坏名声，替换新的标签。

此处无意冒犯马克·吐温（译注：来源于某年愚人节的一个笑话，纽约某报纸发了马克·吐温去世的消息。面对前来医别的人，马克·吐温发挥惯常的幽默，说："报道千真万确，只不过日期提前了一些。"）。关于敏捷之死的报道被大大提前了。如果前面所说的情况真的发生，那么只能说明，在那些宣称敏捷消亡的地方，从未真正经历过敏捷的诞生。很明显，敏捷软件开发中的"开发"一词，并不是单指传统意义上的软件开发人员，然而许多组织在实施敏捷时，只专注于重新培训开发人员和测试人员。他们实施一个假的敏捷，然后看到业务 IT 效能没有提升，就把脏水都泼到敏捷头上。可能有人会争辩说，通往敏捷的道路并非只有一条，所以"伪敏捷"这种说法站不住脚。尽管敏捷没有详细的规程，但并不意味着不存在伪敏捷。一些对敏捷的改造违背了基本原则，很难再被称为敏捷。

伪敏捷

例如，一个常见的反模式是，架构师、分析师、开发和测试等职能团队相互独立，只有开发团队采用了几个敏捷实践，于是就声称自己已经敏捷了。你当然可以争辩说，Scrum 并没有禁止职能团队。但进行这些"可以怎么做"的肤浅争论，本身就说明敏捷已经跑偏了。如果我们发自内心地认同"个体和互动高于流程和工具"的价值观，就能清楚地意识到一点：一个基于职能团队的 IT 组织并不鼓励自主互动，而是提倡规范流程。另一个常见的反模式是，容忍产品负责人不全职参与开发工作。用户故事只是一个占位符，旨在促进更深入的对话，但兼职的产品负责人无法保证随时沟通。好故事的属性之一是"可以协商"（INVEST[13]中的

N），因此必须要让有权协商的人在场参与对话，而不是只有一个缺乏自信的分析师勉为其难地代表不在场的产品负责人。

许多敏捷实施是被那些好心却不专业的人给搞坏的，他们首先将专有名词"敏捷"（指一种方法论）与日常用的形容词"敏捷"混淆，然后错误地用形容词"灵活"替换"敏捷"。他们总是把"灵活应对"挂在嘴边，实际上却是处处打折扣。大多数时候，他们的出发点只限于避免教条式坚持敏捷原则或实践。但是，坚持并不意味着教条，也可能坚持敏捷原则和实践才是深谋远虑的做法。但是，要想认识到这一点，需要理性的讨论，而不是打着"灵活应对"的旗号轻易让步。

2.6 小结

- 敏捷原则与 IT 整体敏捷相关，而不仅仅是工程或流程敏捷。它们可用于指导敏捷 IT 组织的设计。

- 正如持续集成是敏捷软件开发不可或缺的组成部分，持续交付也是敏捷软件交付不可或缺的组成部分。DevOps 鼓励开发人员、系统管理员以及其他 IT 运维工程师之间深度融合，以此来促进持续交付。

- 从施耐德的文化模型框架来看，敏捷的文化和思维方式适合协作型文化和培养型文化，而不适合胜任型文化和控制型文化。这些只是文化模型中的术语，并不意味着敏捷文化"不能胜任"。

- 流程的适应性与其反馈回路的长度成反比。为了快速失败（并快速学习）而不是延缓这个过程，我们需要简短的反馈回路。

- 只是一个接一个迭代地做，而不是在每个迭代之间寻求反馈，或是只顾遵循发布计划而无视反馈，这些都不是真正的迭代开发。

- 整体价值流优化比优化构成价值流的活动重要得多。

- 敏捷软件开发中的"开发"一词不只限于开发人员。

- 敏捷没有详细的规程，并不意味着就不存在伪敏捷。一些对敏捷的
  改造违背了敏捷的基本原则，很难称得上是敏捷。

- 鼓励在开发团队之外使用信息辐射器。如后面章节所述，它们可用
  于传播业务与 IT 一致性、成果责任链、投资组合与状态、业务指
  标、组织规范的相关信息。

注释

① http://www.stevedenning.com/About/default.aspx
② http://www.forbes.com/sites/stevedenning/2012/04/09/the-best-kept-management-secret-on-the-planet-agile/
③ http://agilemanifesto.org/
④ https://www.scrum.org/Forums/aft/307
⑤ http://www.thoughtworks.com/insights/blog/build-promotion-go
⑥ Hsieh 2010
⑦ http://www.infoq.com/minibooks/agile-adoption-transformation
⑧ http://www.parshift.com/Speakers/Speak016.htm 以及 Schneider 1994
⑨ http://www.pmhut.com/conducting-successful-gate-meetings
⑩ https://www.gartner.com/en/research/methodologies/gartner-hype-cycle
⑪ http://blogs.gartner.com/nathan-wilson/the-trough-of-disillusionment
⑫ http://www.forbes.com/sites/stevedenning/2012/04/17/the-caseagainst-agile-ten-perennial-management-objections
⑬ http://xp123.com/articles/invest-in-good-stories-and-smart-tasks

第 3 章

核心主题

本章解释的三个核心主题，是后续章节的基础。后续章节中提出的所有组织设计建议，都可以追溯到这几个主题。下面简单总结这三个核心主题。

- 治理的目的是追求价值而非可预测性：软件开发是设计过程，而不是生产过程。对这一属性的认识，会影响我们管理软件开发过程的方式。具体而言，在软件开发过程中，追求可预测性是徒劳的，追求价值很重要。第 3.1 节会深入探讨这个主题。

- 组织的目的是响应变化而非优化成本效益：持续交付能缩短 IT 交付周期，这是一个重大的承诺。数字化转型需要缩短交付周期，更需要实现快速上市。这对于 IT 组织设计意味着什么？意味着组织设计要服务于响应变化，而不是优化成本效益。成本效益很重要，但在必要时也得给响应能力让路。第 3.3 节会深入探讨这个主题。

- 设计的目的是激发内在驱动力：数字化转型和持续交付需要团队之间高水平的即兴协作（第 3.4.4 节）。这要求员工队伍具有自我驱动力，而不能单靠外力驱动。这就意味着要设计一个能够促进自主、专精和目的的组织，本章将解释其中的道理。

3.1 重新审视软件开发

为了理解第一个主题"治理的目的是追求价值而非可预测性",我们需要退后一步,重新审视软件开发这项活动。与制造业或建筑业相比,IT是个年轻的行业。很多 IT 管理者认为软件开发是一个生产建造过程,因此在寻求软件交付管理的指导时,他们已经将其与工业制造或房屋建筑相类比(直到今天,他们仍然在使用这个类比[①])。在这种思维模式下,他们自然期待可预测性。然而,通过详尽的项目计划和发布计划获得可预测性,这个梦想从未实现过。

项目计划是一种预测。它预测由 N 人组成的团队将在 Y 日期之前完成 X量的工作。这些预测的效果如何? 2013 年发布的"混沌宣言"(CHAOS Manifesto)[②]报告了自 2004 年以来百万美元以下 IT 项目的平均成本和时间超支情况:平均成本超支从未低于 45%,时间超期从未低于 70%。项目越大,情况越糟糕!传统上,我们试图进行更多的分析、更多的提前设计、更密切的进度跟踪以免超支,但在过去十年中,这些努力所取得的效果并不理想。鉴于这一事实,"软件开发是可预测的"这一假设从根本上就值得怀疑。

当我们将软件开发视为生产过程时,似乎就可以合理假设软件开发可预测。但我们即将看到,事实并非如此。不断重复的失败已经教育了我们,不能再那么执着地追求可预测性,也许是该趁此机会告别严格遵循项目计划的工作方式了。为了从根本上推翻对软件开发的错误认知,让我们来看看,这个所谓的"生产过程",到底生产了什么。这就提出了一个重要的问题:什么是软件开发的产品?

3.1.1　源代码和二进制包不是产品

在软件领域，所有的工作都是设计。

——福勒（Martin Fowler）[3]

编码过程结束后，我们并没有得到产品。我们只得到了一些源码，源码只是设计。是的，设计图、系统架构图、网络图等都是设计，但源码是最详细的设计。这个观点最初是在 1992 年 C++ *Journal* 的一篇文章中提出的[4]，我稍后会详细解释。软件开发的学术界普遍认同这一观点，但项目管理和 IT 治理社区尚未认识到这一观点的重大意义。例如一个重要的推论：既然源码是设计，那么软件错误就不能算作生产缺陷，而是设计缺陷。另一个推论是，将开发团队称为"软件工厂"是错误的隐喻[5]：工厂制造或组装产品，而开发团队只产出设计（源代码和 / 或二进制包）。理解这一点，有助于我们重新设置对可预测性的期望：不应该期望生产 / 建设过程那样的可预测性，而应该期望设计过程那样的可预测性。

3.1.2　产品是用户或客户使用的东西

产品开发的成果是产品配方，而不是产品本身。

——雷纳森（Don Reinertsen）[6]

如果软件开发真的是生产过程，那么它最终产出的是可用的成品，而不是放在仓库里的源代码或二进制文件。产品是用户或者客户使用的东西。因此，只有当被部署或安装好的软件给用户提供服务时，那才是真正的产品。以 Web 应用为例，用户浏览器上呈现的页面都是产品。

软件的生产是在最后一刻实现的。它是完全自动化的，通常没有错误（除非发生服务器资源耗尽、断网等情况）。如果用户发现产品有缺陷，可以马上要求换货——在 Web 应用的例子里只需要刷新页面，新的产品副本便立即可用。由于真正的生产阶段以这种无声无息、快速、廉价、自动的方式完成，所以我们根本注意不到生产阶段的存在，然而正是在这个阶段，成千上万完全相同或各自定制的最终产品被制造出来，以响应成千上万完全相同或各自不同的请求。

回想一下，软件运行的最终环境称为生产环境，而进行编码的环境称为开发环境。编码不是生产！所有的软件都是设计。承载软件的硬件是能够按需生产产品的工厂。例如，我们手中的智能手机就是一个真正的软件工厂，安装在它上面的各种应用都是详细设计，分别用于生产各种窗口和表单、图形和布局、界面和交互，生产的原材料则是智能手机使用的资源——CPU 周期、内存、存储、显示空间、网络带宽等。当我们启动一个应用程序并与之交互时，就是在进行生产。

3.1.3　软件开发是设计过程

如果软件开发是生产过程，那么开发成本就不能资本化。资本支出（CapEx）只能用于非消耗性项目，例如设计。这就是数据中心的运行成本被视为运营成本（OpEx）的原因。然而，开发是设计过程，设计过程的表现通常以其交付的价值来评估，而不是以其符合计划来评估。因此，应该从计划驱动型项目转到价值驱动型项目。这会影响 IT 预算和人员配备，我们会在第 8、9 和 10 章详细讨论。

你可能会问："好吧，软件开发是设计过程，那又如何？为什么设计过程就不能预测？为什么不能既是计划驱动又是价值驱动？"要回答这个问题，请思考另一个问题：为什么开发软件功能所需要的时间通常比提前估计的要长得多？这就是软件开发的一个特点：在开发软件的过程中，我们还会学到新知识。任何团队，总有一些"不知道自己不知道"的东西（即图 3-1 中的第三象限）。在开发过程中，团队会遇到意想不到的挑战，从第三象限移动到第二象限，最终进入到第一象限。一些挑战可能单纯因为团队缺乏特定技术领域的经验或技能，而培训永远代替不了真实的经验，例如在课堂上练习使用性能分析器来识别性能瓶颈，与识别真实生产环境中的问题大不相同。所以，一般不可能通过前期工作来根除"不知道自己不知道"的问题。谁也不能为自己无法预料的事情做好准备。

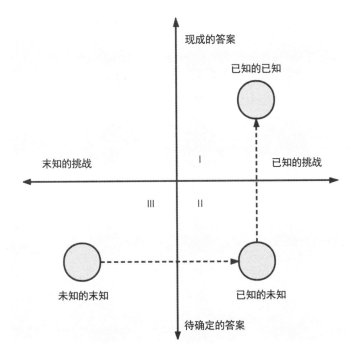

图 3-1　软件开发是一个学习过程

源码即设计而不是产品，这个观点会从根本上改变我们对软件的理解。这一洞察起初往往让人觉得震惊，正如伟大的丹麦物理学家玻尔（Niels

Bohr）所说："任何认真量子理论而不破震惊到的人，只是还没有理解它而已。"

3.2   治理的目的是追求价值而非可预测性

综上所述，与其追求可预测性，还不如尝试追求适应性和价值的最大化。这就是"敏捷宣言"所说的"响应变化高于遵循计划"。为了最大限度地提高适应性，拥有良好、快速的反馈循环至关重要。这就是如此强调迭代开发的原因（第 2.4.2 节）。

价值驱动的方法与计划驱动的方法有什么区别？表 3-1 提供了一个总结。

表 3-1   价值驱动和计划驱动的对比

策略	响应变化	遵循计划（项目计划、发布计划）
关键指标	适应力	计划符合度
追求目标	价值	可预测性
负面风险	结果不易预测	价值较少，且结果还是不易预测
风险规避	快速反馈	不存在，除非把"死亡行军"[①]也算作一种风险规避措施

价值驱动的团队能以稳定的速度增量交付有价值、有用的功能，但可能无法准确预测在什么日期交付什么功能。这有点像测不准原理——可以确定确切的范围或确切的时间，但不能两者都确定。在价值驱动模式下，我们不预先定义完整的解决方案，只定义问题，甚至对问题的理解也会随着时间的推移而加深。戴上计划驱动的帽子，我们提出的问题是"什么时候可以完成这个？"或者"做这个会花费多少成本？"戴上价值驱动的帽子，我们提出的问题则是"到

那个日期，我们能从多大程度上解决这个问题？"除非我们掌握内部范围的概念，否则无法理解这个问题的力量。在第 2.4.2 节中"注册模块"的例子我们已经看到，"内部范围"是指"特性内部的范围"。通常很难跟客户协商是否该放弃某个特性，但协商该特性覆盖多大的内部范围就容易得多了。

许多领先的软件公司（例如 GitHub、Box.com 和 Atlassian）都以价值驱动的模式运营。他们不公开发布计划，甚至不公开产品路线图。即使在内部，路线图也没有确切的日期，只是每季度制定一个目标。如果为了市场宣传需要给出明确的日期，那么内部范围则可以调整。但是，这种模式的基础是，必须信赖团队能不断交付有价值的功能。即使是老派的公司（例如微软、IBM、甲骨文和 SAP 等）也至少在对外沟通时采用了这种方法：对于某些产品线，他们不发布完整的产品路线图，而是发布所谓"方向性声明"。方向性声明比产品路线图层次更高、更不明确，而产品路线图又比发布计划层次更高、更不明确。

在第 8 章，我们会看到如何对项目进行重构，使其从计划驱动型转向价值驱动型。

3.3　组织的目的是响应变化而非优化成本效益

　　虽然公司可能努力同时兼顾两者，但其中一个要素必须是驱动力、是目标，另一个要素是约束条件。约束有助于引导公司，但约束不是目标，不能将两者混淆。响应力是一种商业策略，这一策略要靠敏捷能力和适应能力来实现。[7]

——海史密斯（Jim Highsmith）

以效率为导向的零售银行会在呼叫中心建立好几层的交互语音响应（IVR），尽量不让客户的电话转到人工服务台。以响应为导向的公司则恰好相反，他们会尽量少用 IVR，并总是提供最简单的方式来接通人工服务。IT-B 组织面临着相似的权衡，但相比呼叫中心，显然更应该选择重视响应力。

团队组织的方式可以是为了响应变化，也可以是为了优化成本效率。在 IT-B 的世界中，成本效率通常体现为关注员工的利用率和生产力（交付吞吐量）。考虑到 IT-B 在缩短交付周期方面的压力越来越大，发现并且利用一切机会来提高响应能力显得尤为重要，即使会牺牲一定的效率。以下面的场景为例。

平衡：实现产品路线图还是响应用户

GreatApps 在苹果应用商店销售生产力应用，其中最热销的是 BookBliss 电子书阅读器。Alagu 是 BookBliss 团队的产品经理，Riya 则是交付经理。受到 1.0 版（V1）成功的鼓舞，他们正打算在下一个主力版本中添加对 PDF 文件的支持。

但这是一个很大的特性，哪怕是发布一个最小化可行产品（MVP），也需要几个月时间。Riya 清楚这一点，并努力让团队成员聚焦在支持 PDF 文件上。然而，V1 的用户更感兴趣的是完善当前已经支持的 epub 和 mobi 格式。他们不断地在论坛上提出批注、书架组织、设备同步等改进要求。

Alagu 意识到，当前用户群对支持 PDF 的关心程度，不如改进当前功能来得热切。即使要在下一个版本中争取一类新用户，他也不能对老用户的诉求置之不理。因此，他建议 Riya 团队分出，部分精力来满足 V1 用户的需求。

Riya 认为，这样做会分散对 PDF 支持的专注。她希望最大化交付吞吐量，最好让整个团队来完成一个大的特性。如果分出一些精力来做改进，将意味着开发速度下滑，因为完善现有功能这条线起初速度会比较慢，弥补不了在 PDF 这条线上损失的速度。

从效率（生产率）最大化的角度，Alagu 赞同 Riya 的意见，但他同时指出，当前的市场形势需要优先考虑响应力，而不是交付效率。不过，他也赞同必须防止精力的进一步分散，避免太多工作处于进行中而迟迟完不成的风险。

响应能力会受到团队设计极大的影响。对 IT-B 来说，独立的维护团队和矩阵化的组织都会妨碍响应能力。第 5 章会详细讨论这个问题。另外一个例子是，手动的验证和控制过程都会妨碍响应能力。

在一篇题为"节奏如何决定过程"[⑧]的文章中，Mary Poppendieck 认为，每周或更短的发布频率，与每月或更长的发布频率所需的开发过程完全不同。在估算、迭代（冲刺）和团队承诺的支持下，连续流的工作方式替代了检查点。持续交付强调自动化和更高的工程标准。这并不容易，但迫于市场的压力，可能别无选择。

亲测有效！

这儿有一个在响应能力和成本效率间权衡而取得成功的例子。谢家华（Tony Hsieh）讲述了他是如何打造美捷步®的——这家线上鞋店后来被亚马逊花 12 亿美元收购。他提到，美捷步的仓库保持 24 小时全天候运营，尽管这不是成本效益最优的运营方式。

如果要优化成本效率，那么就应该最大限度地降低仓库中服务（拣选）订单的成本，也就是说需要尽可能降低这个比值：（运行仓库的小时成本）/（每小时拣选的订单数量）。在这个逻辑的驱动下，希望优化成本的管理者会让订单堆积起来，让拣货员能在一次拣货中同时完成多张订单，缩短整体行走距离。但堆积订单意味着不能在第一时间发货，使客户感觉不到及时的响应。

全天候运营（以及其他运营技巧）尽管不是成本效率最优的，但是——用谢家华的话来说——创造了"一种让客户惊叹的购物体验，我们的客户会一直记得，并且告诉自己的朋友和家人。"

因此，如果带着重视响应能力的思维，你就会从客户或请求者的角度来考虑时间效率，而不是从服务提供者的角度来考虑成本效益。企业并不是因为善心才重视响应能力，而是因为这能带来更好的整体商业回报。即便业务价值流上各个组成部分（例如前面故事里的仓库）的运营记分卡看上去都没有得到最高分，但整个生意却运转得更健康了。

3.4 设计的目的是激发内在驱动力和即兴协作

个体的驱动力（动机和活力）对协作至关重要。个体驱动力取决于个人因素和外部因素。个人因素包括个人的情绪、心理和健康状态等。外部因素包括工作条件和薪酬等。

大多数组织都试图为员工提供安全舒适的物理空间。许多公司提供了有吸引力的薪酬以及奖金、浮动薪酬等激励措施。有些公司全年都有各种奖励和表彰活动。他们都有定期的绩效评估，给员工提供反馈，并给予加薪和晋升的机会。

此外，偶尔还会有团队聚餐、郊游、外出活动等。总的来说，这些措施都是外在激励——它们与工作内容无关，不是日常工作的一部分。

但是，如果对手头的工作有内在的动力呢？如果是因为工作本身令人满意而想把工作做好呢？如果是在没有明显个人回报的情况下，也主动愿意做呢？这不是关于工匠或手工艺人的新时代理想主义。难道我们没有在绩效评估中听说某人是"自驱型的人"吗？平克（Dan Pink）在《驱动力》[10]一书中以雄辩的事实论证：内在的（自发的）动机比外在的动机更有效。外在动机可能会耗尽或失去新鲜感，但有自驱力的个体是不可阻挡的。

自我激励完全取决于自我吗？组织设计能影响自我激励吗？如果最好的激励都来自内在，那么，什么样的组织设计能留住自驱者？平克（Pink）认为，自主、专精和目的能催生自驱力。如果这是真的，我们就来评估组织如何促进自主、专精和目的。

3.4.1   自主

在组织中，拥有自主权就是真正授权，而不仅仅是自己觉得被授权。稍后我们会看到具体的解释。但是，自主并不意味着成为独狼、被孤立或是与其他同事隔绝。例如，企业家是自主的，但他们依赖于投资者、客户、供应商和员工。决策和执行的自主权具有强大的激励作用。

3.4.2   专精

专精是对卓越的追求。对于自己能做好的事情，我们会越来越喜欢。一旦进入心流状态[①]，工作本身就是一种奖励，让我们有动力去做得更好。当努力带来成果时，我们会感觉很棒。没必要限制这种对卓越的追求只发生在所谓的"卓越中心"。我们将探讨组织设计中妨碍专精的方面，并了解如何改进。

3.4.3   目的

寻求目的是人类的天性。我们希望自己的生命有意义。那些在工作中有宏大目标且抱有坚定信念的人可以承受各种困难。我们经常能看出某人是有目的地工作还是无精打采地工作。完全缺乏目的会使人抑郁。我们越是认同团队和产品的目的，为此努力的决心就越大。如果能看到日常任务如何为成就更大的事业做出贡献，将有助于提升目标感。稍后我们将看到，相比职能团队（例如测试团队），这在结果导向的团队（例如自给自足的产品团队）中更容易达到目的，因为职能团队中的工作内容往往距离业务成果和目的更远。

3.4.4　即兴协作

如果团队之间的协作发生在常规的、预定的会议之外，且没有团队经理事先许可或批准，就算得上是"即兴协作"。虽然预先定义的协作自然有其作用，但对于培养主动性、支持创新和提高响应能力，即兴协作至关重要。问题是，传统的管理者观念认为，上司拥有下属的时间，因此下属每时每刻的工作都应该由上司来安排。然而，这种监督者的管理角色并不适合敏捷的工作环境。

3.4.5　一种有机的方法

不良的组织氛围会扼杀个人的主动性，侵蚀内在动机的沃土。一旦土壤失去了肥力，我们就只能没完没了地求助于外来的肥料。因此，我们将着眼于组织配置，以提供更大的自主、尊重专精并为人们设置共同的目标。如第 1.6 节所述，这些配置包括结构、物理位置、文化、政治和运营等诸多方面。接下来的章节将对这些方面进行详细的研究。

3.5　小结

- 软件开发是设计过程，而不是生产过程。这使得预测范围、开发时间和工作量变得非常困难。全行业的项目记录已经证明了这一点。

- 我们讨论了以下三个主题。

  - 治理的目的是追求价值而非可预测性。

  - 组织的目的是响应变化而非优化成本效益。

  - 设计的目的是激发内在驱动力、鼓励即兴协作。

- 自主、专精、和目的是内在的动力，它们比传统的外部激励更有效。下面几章提出了能够催生这些内在激励的组织设计。

- 组织敏捷需要即兴协作的文化。它需要管理者预见并推动即兴协作，而不是时时刻刻监督员工。

- 停止追逐不切实际的可预测性目标，转而追求价值。这会影响我们治理 IT 项目的方式。

- 如果上市时间的优先级最高，那么在构建团队时就应该首先考虑响应能力，以后再考虑成本效率。

注释

① http://www.business-standard.com/article/management/it-is-difficult-to-talk-of-value-when-you-cannot-measure-the-value-you-are-delivering-rohan-murty-114121400510_1.html

② https://drive.google.com/file/d/1Ue85m7viddUK6trMaqvZFOZyqZa0djpU

③ http://martinfowler.com/articles/newMethodology.html

④ http://www.bleading-edge.com/Publications/C++Journal/Cpjour2.htm

⑤ http://en.wikipedia.org/wiki/Software_factory

⑥ Reinertsen 2009

⑦ Highsmith, J. *Adaptive leadership: Accelerating enterprise agility,* 1st Ed., ©2014, p.5. 经 Pearson Education 出版社许可转载以及以电子方式复制

⑧ http://www.leanessays.com/2011/07/how-cadence-determines-process.html

⑨ Hsieh 2010

⑩ http://www.ted.com/talks/dan_pink_on_motivation

⑪ http://www.ted.com/talks/mihaly_csikszentmihalyi_on_flow

第 4 章

上层建筑

这一章从宏观视角来观察组织架构，从响应性和自主性两个维度来检视中心化和去中心化结构的利与弊。本章还要介绍竖井（silo）的概念，并解释它如何阻碍着业务和 IT 之间及其内部的有效参与。本章是第 5 章的基础。

4.1 业务的活动与成果

本书非常强调让团队为业务成果负责（以成果为导向的团队）而不是业务活动负责（以职能为导向的团队）。要理解为什么，就先看看什么可算是作业务成果。例如，出售产品并得到收益，就是业务成果的一个例子。成果就是诸如市场调研、客户引导、产品设计、开发、测试和客户支持等的一系列活动所构成的长链条的结果。为了获得成果，常常有必要采取分而治之的方式，把成果划分为若干子成果，如图 4-1 所示。然而，子成果本身不那么有价值，只有作为整体业务成果的一部分，它们才有价值。比如说，如果销售转化率下跌一半，即便销售机会增加一倍也没什么用。成果被细分展开，我们最终都只是贡献一些活动（例如，市场营销案例的开发）。

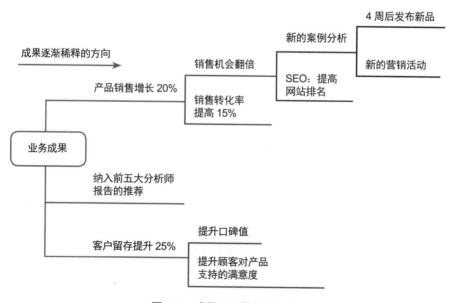

图 4-1 成果逐渐稀释成活动

成果与活动的区别，类似于敏捷软件开发中用户故事与任务的区别。如表 4-1 所示，成果可以划分为子成果，就如同把一个特性划分为多个用户故事。但是，如果不加小心，我们可能会把成果划分为若干活动而不是子成果，如同把特性划分为若干任务而不是用户故事一样。

表 4-1　理解活动和成果

高层次成果		特性 / 史诗
低层次成果	映射为	故事
活动		任务

我们如何确定对成果的划分所得到的是子成果还是活动呢？这一点很重要，因为很快我们就会看到，可以围绕子结果来组建团队，但不应该围绕活动来组建团队。用户故事与任务的划分准则可以给我们一些指导。一个好的用户故事，我们期望它是独立的（Independent）、可协商的（Negotiable）、有价值的（Valuable）、可估算的（Estimable）、小的（Small）、可测试的（Testable）（首字母缩写为"INVEST"）。而一个好的任务，我们期望它是特定的（Specific）、可测量的（Mesurable）、可达成的（Achievable）、满足需求的（Relevant）、时间确定的（Time-boxed）（首字母缩写为"SMART"）。两者最关键的区别是，单独一个任务不必须是独立的，也不必须有价值。

同样可以用这些准则来区分组织的成果与活动。好的业务成果应该是可测试的（Testable）、有价值的（Valuable）、可独立取得的（Independently achievable）、可协商的（Negotiable）（TVIN）。在把高层次的成果划分成子成果时，我们要问，划分出来的是否仍然是独立的、有价值的业务成果。如果不是，那么我们得到的就不是成果，而是活动。下面虚构了某独立软件供应商（ISV）尚未完成的成果清单。仔细浏览这份清单，我们发现其中的条目更像是活动，而不太像是业务成果。

- 产品销售增长 20%。

- 将某产品的口碑评分提升 10 分。

- 提高搜索结果中网站排名。

- 在某个日期推出下一个版本。

- 进入销售流水线的销售机会数翻倍。

4.1.1　成果导向赋能自主

为什么成果与活动之间的区别对于组织设计如此重要？回忆一下，我们为组织设计设置了一个前提，即允许自主（第 3.4 节）。一旦我们赋予一个团队自主权，就要承担局部优化的风险：团队更关注个人的成功，而不是整体业务的成功。事实证明，把自主权授予一个成果导向的团队，风险要小一些。因为成果（或子成果）有其独立的价值，且可以独立达成，围绕成果局部优化的危害要小得多。因此，对于负责一项成果的团队，可以给予更大程度的自主权。只要他们为成果负责，他们可以自己决定如何去实现。而活动不是这样的。由于活动不具有独立的价值，针对某项活动的优化无益于整体的成果。活动级别的优化反而是造成竖井现象的一个常见原因，也会延长端到端周期时间。

对成果负责，也会让团队有使命感——他们会看到自己的努力是如何产生商业价值的，这就是一种内驱力。图 4-2 展现了这两种团队组织方式。图中通过一系列活动（从 a1 到 a5）可以达成一系列的成果（从 o1 到 o3）。一种组织方式是按照成果来组织，每个团队负责一个成果以及为达成该成果所需的所有活动。另一种方式是按照活动来组织团队，没有哪个团队单独负责一个成果，每个团队都只负责若干活动中的一个。活动导向的团队，通常是单一特长团队——每个成员都是同一个活动的专家，例如测试团队或者供应商管理团队。而成果导向的团队则是有多种特长的团队，因为需要多种技能协作才能获得成果。

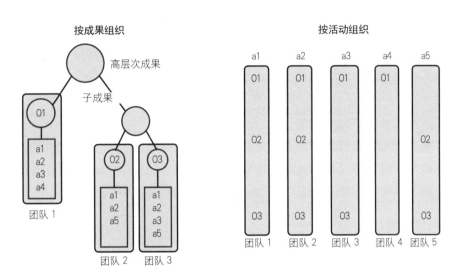

图 4-2　组织团队的两种方式

例如，就 IT 而言，一个项目通常是一个子成果，所需的活动有开发、测试和支持/维护等。这些都是活动，因为它们无法独立产生价值。围绕这些活动组织团队不是最佳的。更好的办法是在项目团队里放入所需的各种技能，如果能长期维持一支稳定的全能力团队那就更好了。第 5、8和 10 章对此有详细讨论。

4.1.2　成果的责任人

成果导向的团队需要有清晰的领导力，以便充分发挥其自主权。否则，内部分歧将会被置于重要决策之上，拖延决策因而不能及时响应。指定一个人作为成果的责任人，有助于打破僵局。而且还有助于确定问责机制。第 6 章将详谈问责制的主题，还会讨论防止成果责任人滥用决策权的平衡机制。请注意，成果责任人并不是一个新的职位，也不是层级结构中新的级别。根据不同的情况，成果责任人可能由产品经理（负责人）、市场或销售经理、产品总监、项目经理、变革计划主管等来担任。相反，活动的主管，诸如测试经理、营销经理、工程副总或工程总监等，都不是合适的结果责任人。

4.1.3　成果的设计

好的业务成果不仅具有独立的价值，而且也能独立达成（正如好的用户故事可以独立开发），因此才能将成果分配给责任人并为她提供一个团队（组织）来实现这个成果。否则，我们不可避免会陷入到因结构性依赖导致响应迟缓、自主性差的状况中。

我们来看一个传统零售商试水电商的案例。他们聘请了一位首席数字官（CDO）来管理数字化转型团队，并且制定了 18 个月内实现"数字化渠道贡献总收入中的 5%"的目标。到目前为止，一切都好。然而，接下来，他们针对网页端和移动端分别成立了团队，并聘请了多位产品总监，分别负责诸如产品目录、搜索、个性化服务、客户忠诚度等不同的能力。这就导致了一种矩阵型组织，无论纵向（渠道）或横向（产品 / 能力）都不能体现为独立的成果。产品目录、搜索和个性化服务不能各自独立交付，因为它们相关性过于紧密。数字忠诚度也不能与店铺忠诚度分开。在这样的组织形态下，起初的"占总收入 5%"的成果被拆解成了产品目录、搜索、个性化服务、忠诚度等相互依赖的子成果，总体成果实现的路径变得模糊不清。相互依赖的工作条线需要有同一个成果责任人。数字忠诚度可能作为店铺忠诚度的一个子单元会工作的更好。将网页端和移动端分为两个团队，伤害的是整体性与用户体验（UX）。接下来的两章会给我们提供一个可靠的基础，帮助我们设计出一个更好的组织形态。

4.2　中心化与去中心化

> 许多人试图一劳永逸地解决这个问题，但事实上，这是一个经典的两
> 难问题：有解决办法，却没有标准答案。解决办法绝非放诸四海而皆准，
> 须因时因地而异。[①]

> —— 海史密斯（Jim Highsmith）

无论是企业、非营利组织还是国家，组织的根本挑战都是一样的。中心化配置很容易剥夺下级单位的自主权。另一方面，在去中心化配置中，下级单位往往会小心翼翼地保卫他们局部层次的自主权。如果这种自卫意识使得各单位间的协调行动成为问题，久而久之，这些单位就成为了"竖井"。很明显，组织的选择应该是因地制宜的，没有一刀切的办法。而且，对一个组织来说，一个办法也并不总是可行的，所以这一点并不是那么显而易见。

例如，采用独立、自主的（去中心化）方式投入开发新产品，直到它在市场上达到一定的成熟度（第一阶段成功），这样做是有意义的。随后，市场和销售等职能可能会部分中心化，以实现与其他产品的协同，并实现消息层面的一致性（第二阶段成功）。从一开始就为第二阶段的成功而做设计，会引发风险，损害第一阶段的成功。

如果认定自主权是一个理想的内驱力，那么就需要通过设计赋予团队在局部范围内充分的自主权。这意味着中心化配置不起作用。如此一来，问题就变成了在什么维度实行多大程度的去中心化。产品、业务线、地区、职能等都是常见的维度。业务成果通常先按产品（或者业务线）来定义，然后再按地区进行划分。按照产品或地区去中心化，通常还能保持与业务成果的对齐。但另一方面，按职能的去中心化（例如市场、销售、产品开发、支持）则做不到与业务成果对齐，因为每个职能都只代

表实现成果的多个活动中的一个。因此，自主的产品或地区比自主的职
能要更好一些。自主的职能是造成竖井问题最常见的原因。

4.3　竖井

竖井（silo，也译作"筒仓"）是去中心化误入歧途后的一种常见症状。
在日常英语中，"筒仓"是指用来存储谷物的圆柱形塔，"竖井"是指
存放和发射弹道导弹的地下军事结构。两者都是用来保护其内部，防范
入侵者——无论害虫、天气还是敌人。在企业词汇表中，这个词指代的
是呈现下列特征的组织单元：

> 组织竖井是指这样的单元（例如，团队、部门）：它们倾
> 向于保护自己，而不是与其他单元和谐相处。

本书主要是关于以自主为导向的组织设计，而竖井就是错位、失控的自
主案例。竖井出现在组织的不同层级，形成各种不同的内部边界。这里
有一些高层次竖井的例子。

- **职能竖井**：销售与市场营销之间无沟通。声名狼藉的"业务与 IT 的
  鸿沟"正是业务竖井和 IT 竖井的表征。

- **区域竖井**：欧洲销售与北美销售就谁该来支持洲际交易发生争吵。

- **产品竖井**：销售人员开展交叉销售的尝试会因产品之间整合不够而
  持续受挫。市场营销在信息传递和品牌一致性上的努力会受到自己
  有想法的产品团队的阻挠。

一些竖井比其他更糟糕一些。例如，职能竖井就比区域竖井和产品竖井
更糟糕：后者是按照成果进行组织的，至少能够独立为业务做贡献。运
用这个框架，让我们再反思一下业务和 IT。

4.3.1　业务-IT 鸿沟

IT 组织本身就是职能垂直架构，是潜在的竖井。它不是面向市场的，而且经常被视为成本中心，是用于支撑业务的。虽然这一观点有些道理，但对 IT-B 的工作却是有害的。只有当自建优于外购时，才会委托 IT-B 团队来建系统。自建系统不仅需要考虑正确地做事（怎么做），同样需要考虑做正确的事（做什么）。在软件开发这样的设计过程（第 3.1.3 节）中，"确定什么是正确的事"不是能在项目初期一次性完成的活动。它需要多次迭代，需要业务和 IT 之间进行密集的、即兴的协作。"由利润中心对成本中心下命令"的想法是没用的，只会导致"业务不知道他们想要什么"或"要是 IT 能按承诺交付就好了"此类的互相指责。

在数字化转型的努力中，业务和 IT 也可能出现巨大的鸿沟。如果首席营销官（CMO）和首席信息官（CIO）不能很好地合作，就会催生一个"缝合"[2]式的数字化解决方案——缝合了社交媒体展示与移动应用，但缺乏数据集成。首席数字官（CDO）[3]角色的兴起就是试图将数字化营销和 IT 置于一名高管之下，借此来弥合这一鸿沟。但 CDO 可能只具有商务和营销的背景，却没有领导战略 IT 的背景。《麦肯锡季刊》中，有一篇文章[4]建议，现在应该在 CDO 和 CIO 之外增设一个"首席软件开发官"的职位了。

4.3.2　IT 组织内的竖井

部门内部也会出现竖井，可称为低层次竖井，这是一种组织反模式，可以根据业务成果进行重组，从而废除这些竖井。例如，IT-B 可能以垂直团队的形式设置，架构、数据库、UX、开发、QA、发布管理等职能都作为独立的垂直团队。这些垂直领域往往表现得很像低层次竖井。

一项专业技能如果太过局部化，以至于显著增加交付价值流中跨专业交接的成本时，竖井就出现了。

此类竖井表现出以下症状。

- 需要很长时间才能完成任务。

- 团队或部门之间没有足够的协作。

- "谨慎行事"的文化——大家都小心翼翼以免受到指责。

- "事事争第一"的文化——部门领导试图强调团队的成就，而不过多考虑整体业务成果。

竖井可能由多种因素造成。这些因素并非各自独立，而是共同作用的。

下面列出一些常见的因素。

- 每项业务成果有多个团队负责或参与。

- 每项业务成果有多个权力中心负责或参与（例如，矩阵式组织）。

- 沟通高度不顺畅。

- 工具诱导产生竖井。

以上列出的前两个因素在大型组织中很常见。它们是组织追求成本效益或简单粗暴扩张所产生的副作用，我们将在第 5 章和第 6 章中详细讨论这两个问题。第 14 章讨论沟通问题，第 11 章讨论工具问题。

4.3.3　高阶竖井

即便组织单元的设计与某部分业务成果一致，也可能与高阶的、总体性的业务成果不一致。如果这些高阶竖井至少能达成各自的业务使命（例如，尽管两个产品配合不好，但各自都做得不错），也可以稍加容忍。

另一方面，如果协同作用比各部分的成功更重要，那么就需要将相关的高阶竖井整合为单一的组织单元。本书更关注那些不是围绕着业务成果来创设的业务单位和部门（例如，围绕开发和测试等活动而设立的部门）。如果是面向成果的业务单位和部门，则关注的是阻碍其效率的有竖井倾向的内部结构。我们的首要目标是消除低层次的竖井。

一旦一个单位证明了自己，就应该考虑并解决抑制协同效应和一致性的第二阶问题。在证明自己之前尝试解决二阶问题，算是一种过早的设计优化。这有点类似于精益创业中投资技术和基础设施的做法：首先专注于在市场上证明产品（初阶的成功）；一旦获得长期资金，就可以对架构做重构以获得扩展能力、降低交易成本等（二阶的成功）。

任何组织方式，其最小的组织单元就是一个团队，而团队若自行其事，就会变成竖井。因此，某种意义上竖井不能被消除，只能尝试围绕其副作用进行设计。围绕关键的初阶业务成果设计团队，可以保护主要成果不受竖井副作用影响。但次要成果（例如产品之间的整合、捆绑销售）仍然会受到影响，需要有不同的应对机制。

不要急于下结论："我们没问题，我们这儿所有竖井都是高阶的。"请首先检查，看看所谓的"高阶竖井"是不是真正面向成果的单位。也就是说，在询问如何让现有团队更好地在一起工作之前，先问问各个团队自己内部的配置是否正确。

本书中不解决高阶竖井的问题，因为这是更高层面上的功能障碍，已经超越了业务 -IT 的低效性。业务-IT 的低效状态让初阶成功都面临挑战。对于高阶竖井，伦西奥尼（Lencioni）[⑤]主张用总体目标、目的和指标来促成各个竖井彼此之间的合作。阿克（Aaker）[⑥]讨论了实现有效营销的跨竖井解决方案。

4.4　观点小结

● 成果（或子成果）具有独立的业务价值。

● 活动服务于成果。职能团队在活动层面的优化，会使业务成果面临
风险。相比之下，以成果为导向的团队可以有更大的自主权。

● 以自主为导向的组织设计必须从某种程度上去中心化。

● 虽然组织设计本身不能消除竖井，但有助于避免竖井阻碍初阶的成
功（即首要的业务成果）。

4.5　行动小结

● 在询问如何让现有团队更好地在一起工作之前，先问问各个团队自
己内部的配置是否正确。

● 去中心化要沿着业务线、产品线或地区进行，而不是沿着专业职能
的方向进行。这样划分出来的团队仍然与业务成果保持较强的一致
性，更有希望实现业务成果。

● 围绕业务成果而不是职能组建团队。虽然这可能需要将高层次的业
务成果划分成子成果，但依据可测试的、有价值的、独立的和可协
商的（TVIN）标准，可以检查拆分过程是否合理。如果不符合上述
标准，则表明该子成果并不是真正的业务成果，而是服务于成果的
活动。

● 对于每个面向成果的团队，需要指定一个人作为成果责任人。这是
一个全职角色。

- 在围绕成果（或子成果）组建团队之前，首先须确保这些成果可以独立实现且有价值。

- 产品线（或业务线）需要单独取得成功。这是初阶的成功。利用跨产品协同效应、提供捆绑销售、实现跨产品的标准化营销等都是高阶成功。在取得初阶成功之前，不要为了更高阶的成功而设计组织。这样做无异于本末倒置。

注释

① Highsmith, J. *Adaptive leadership: Accelerating enterprise agility*, 1st Ed., ©2014, p.12. 经 Pearson Education 出版社许可转载以及电子方式复制
② https://www.thedrum.com/news/2014/05/06/ceos-favour-bolt-digital-strategies-over-digital-transformation-says-forrester-study
③ https://www.forbes.com/sites/lisaarthur/2013/09/03/why-you-should-consider-hiring-a-chief-digital-officer-and-why-now/?sh=6922013d6763
④ https://www.mckinsey.com/industries/technology-media-and-telecommunications/our-insights/the-perils-of-ignoring-software-development
⑤ Lencioni 2006
⑥ Aaker 2008

第 5 章

团队设计

前四章都是简要介绍，从现在开始我们将进入深水区。本章介绍各种形式的多团队配置（包括矩阵式组织）如何降低组织敏捷性以及如何用数量更少的、面向成果的、跨职能的团队来提高组织敏捷性。本章还要解释职能团队为何做不到以小批量的方式工作来缩短周期时间。本章还要涵盖为什么测试和维护活动不应该成为独立的活动以及为何某些形式的外包优于其他形式。本章将展开讨论第 3 章的主题，讨论组织的目的是响应变化而非优化成本效益。

5.1　提出问题

为何组织会出现多个团队共同负责一个成果的情况呢？典型原因如下：

- 问题的规模太大，单一团队招架不住

- 组织边界

- 职能（活动导向的团队）

- 地区（分布式团队）

- 业务（产品团队）

- 合同（比如外包）

- 共享支持服务（比如 IT 售后服务和产品支持）

不管什么原因，一旦形成多个团队共同负责一个成果的情况，就会降低成果兑现的效能和减少取得更大成果的几率。为什么会这样呢？因为一个团队内部的协作是可持续进行的，而跨团队的协作通常是离散、不连续的。会议就是一个非持续协作的重要标志。持续交付需要持续的（并且即兴的）协作。不同团队间两个人的高效协作依赖于以下四个方面：

- 他们对待合作的个人倾向

- 他们的共事历史（关系）

- 公认的跨团队沟通协议

- 任务对两个团队是否同样重要、紧急

最后两点会受到组织设计的影响。两个人能不能简单地沟通，就需求达成一致，然后各自回去干活？他们是否需要让各自的经理参与进来？经理批准所需的工时吗？所有这些都必须有某种系统记录吗？流程和间接步骤越多，达成高效协作的阻力就越大。

相比之下，同一个团队的成员不需要安排会议就可以相互协作。他们持续协作，有需要就聚到一起（非正式、自发的会议，可以是虚拟的，也可以是面对面的）。但考虑到多团队的情况无法避免并且多团队协作会降低效率，我们应该怎么设计团队才不至于对最重要的成果造成大的影响呢？这就是本章接下来要讨论的基本内容。

5.2　职能团队

销售、市场、产品开发、支持、招聘、财务……这些都是专业技能，按这些技能来划分团队也很常见。这样的团队一般称为"专家团队"，我们也称之为"职能团队"，表示这些团队都是围绕着活动而非成果来组建的（第 4.1 节）。职能团队是职能组织的一种形式，在传统的事务部门术语中[①]，所有按职能划分的事务功能组织都是职能团队。

例如，一种通常的做法是，产品线按职能划分为如下若干个团队，每个团队指定一名经理（全职或者兼职）：

- 电话销售

- 现场销售

- 销售工程师（售前）

- 营销内容

- 营销广告、社交媒体

- 营销搜索引擎优化、产品网站

- 营销策略

- 产品管理

- 产品开发

- 架构

- 用户体验

- 系统分析

- 开发

- QA

- 发布管理

- IT 运维

- 产品支持

- 产品解决方案（自定义安装，附加组件）

- 产品培训认证

这很容易出现一个产品有十多个职能团队的情况，对于商业成果（成功的产品），这样来组织团队并不是最好的方式。在开发新功能、做产品发布营销活动、修改客户发现的 Bug、达成新订单等事情上，这样的组织设计会导致不同团队间多次、高延迟的交接。如果 IT 部门是矩阵式结构，就会造成这个结果。

5.2.1 高延迟交接导致停滞

如第 2.4.3 节中的定义所述，价值流的目的是为了交付成果而需要执行的一系列活动。一个（或一批）工作项如果涉及 N 个活动，那么就需要 N-1 次交接，才能完成价值流动。交接是活动专业化的必然结果。然而，如果一个价值流是由多个活动导向的团队负责（职能型组织），那么每一次交接都会跨团队，这就让交接变得更慢，成本也更高。

如果工作项是开发一个软件，但测试团队和开发团队是分开的，那么测试团队就不会接受持续构建，而是有自己的构建计划。相较于开发持续构建到测试环境，测试团队自己的构建通常批次更大、每次构建包含更多的变更。

由于交接成本高，所以为了减少交接次数，人们倾向采取更大的交付批次。比如，独立的数据库团队不会接受零碎的查询优化请求，而是更喜欢拿到全部数据库模型并全面建立索引。他们不会去评审或者帮忙编写单元级别的数据库迁移脚本，而是更喜欢在应用达到完善状态（例如进入 UAT 阶段）时，一次性评审所有数据库迁移脚本。相对而言，开发团队中的数据库专家能更及时地响应碎片化的请求。

批次越大，周期就会越长。一个批次中的任务项需要排队等待被处理，还要等待同批次的全部任务项都处理完成才能进入下一个环节。即使所有工作项都同步进入处理环节，周期时间也取决于最慢的那个。在今天，企业面临越来越大的压力，必须以前所未有的速度把新特性推向市场，长周期对此无能为力。

> 在任何一个工作系统里，理论上的理想状态是单件流，这样能让生产能力最大化，同时让变化幅度最小化。通过持续不断地降低批量规模，可以达到这种状态。
>
> —— 《凤凰项目》[②]

缩短周期需要缩小批次，雷纳森（Reinertsen）[③]认为削减批次大小可以缩减周期时间，防止范围蔓延，降低风险并提高团队活力。然而，如果交接成本太高，减小批次是不现实的。回想一下前面提到的，包含 N 个活动的价值流需要 N-1 次交接。批次大小减半会使交接次数翻倍。因此

只有当交接成本很低时——即当我们从多个职能团队转而为价值流服务
时，小批次才可行。总结如图 5-1 所示。

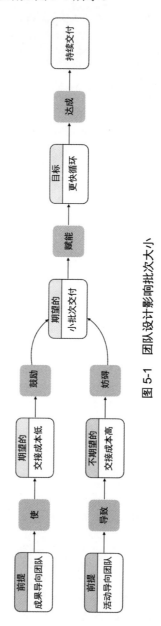

图 5-1　团队设计影响批次大小

5.2.2 职能团队的传统诱惑

职能型团队有这么多缺点，为什么还能一直存在这么多年？传统上，采取职能团队的动机，是出于对它有如下期望。

- **跨产品线高效利用专业资源**：假设有 4 个产品，每个产品有 2 名专家，专家的平均利用率是 60%，如果创建一个共享的职能团队来服务 4 个产品，则只需要 5 个人（2×4×0.6 = 4.8），这样一来，人效更高。而且，如果市场上这种技能比较稀缺，这种选项就更有吸引力。

- **标准化**：作为一个专业团队的成员，比如营销内容团队，更容易将模板和形式标准化、跨产品线传递一致的消息、协调产品发布。

- **将能力局部化以便培养能力**：如果一群相同领域的专家坐在一起，那么他们可以更容易分享知识，互相帮助解决问题，构思方案，互相评审工作等。团队领导也更容易申请培训预算和其他资源。

由于软件产品投放市场的周期和在市场上的时间越来越短[④]，传统模式开始备受质疑。软件新功能、新特性创造利润的时间窗口越来越短，我们无法再理所当然地认为客户群是稳定的。如果客户看不到持续交付的价值，就会失去耐心。即使在 IT 企业，响应业务变化远比最小化每个功能点（或故事点）的成本更重要。职能团队的传统模式或许在成本效率上有优势，但不利于端到端的周期时间。因此，值得为响应业务变化而牺牲一些成本效率。如第 5.4 节所示，跨职能团队是达到这个平衡的好办法。

从后面 Spotify 的例子中，我们看到，即使不在一个团队里，也能做到足够的标准化和一致性，这虽然更难但是可行。另一方面，专家团队更倾向于以跨产品线一致性为理由，在各种不必要的事情上盲目地坚持一致性。

培养能力固然重要，但不能以牺牲业务成果为代价。组织设计应当保障
要事第一。能力培养也可以通过其他方式来解决，比如建立实践社区。
更多信息参见第 5.7 节。

5.2.3   什么情况下可以有职能团队

人力资源、行政管理、法务、财务等部门的情况如何呢？他们是围绕
活动还是结果来组建的？如果按照第 4.1 节中我们区分成果和活动的方
式，很明显，这些辅助职能部门并不拥有独立、有价值的业务成果。因
此，他们是职能团队。这是否就意味着他们自动成为竖井并因此被移出
团队？

有些活动离结果更近，比如用户体验设计就比行政管理离成果更近。一
个重要的问题是，成果的实现是否依赖于通过某些核心价值流的持续成
功迭代？如果是，那么属于这个价值流的活动就不应该在独立的职能团
队中进行。那些不属于业务成果核心价值流组成部分的活动，可以分拆
到独立的团队去完成，而不会有太大的风险。

即使不是价值流的一部分，随着时间推移，职能部门也倾向于标准化日
常的运营。他们越来越不喜欢提供定制化解决方案。于是，有人开始抱
怨"他们把规范文件扔给我们""官僚主义！"等。然而，只要不直接
影响业务成果，这些都可以有。

比如一种常见的反模式：长期维持一个知识管理团队。这样一个团队本
应该在知识系统上线后就解散，其承担的职能本应该由全体员工共同分
担。知识管理是每个人的职责，应该让相关的实践社区（第 5.7 节）在
知识管理系统上去管理自己的内容，以对话、视频、博客、意向书、报
告等多种形式来记录知识。这种专业的事情，聘用写通稿的技术类写手
或内容策划人是没什么帮助的。

5.2.4　独立的测试、验证、确认

有一种观念认为：为了做到更严格的测试，应该让测试团队从开发团队中分离出来。很多 IT 服务提供商都提供独立的测试服务。难道这不是证明了应该用分开的职能团队来做测试吗？根据我的经验，开发人员和测试人员在一个团队里并不会使测试不严格，也不会造成利益冲突。任何测试中的缺陷，都会在 UAT 或生产环境暴露，并给团队或供应商造成不良影响。考虑到获客成本，IT 供应商一般都非常渴望抢占和扩张市场，也就是说，要培养和发展长期客户关系。

相反，独立测试团队会破坏开发价值流中的工作流程。它不鼓励开发和测试协作，并且导致两个团队进行各种局部优化以保护自己的声誉。在关于度量的章节（第 12 章），描述了几种独立测试团队导致的局部优化场景。

由于内部缺乏技能而分离测试，则是另外一回事。例如，通过第三方来做安全漏洞评估以及渗透测试，这都是很常见的，然而并不会过分阻碍开发价值流，因为它们在一定程度上并不属于要开发的功能。

有一种观点认为，验证（verification）和确认（validation）活动应该保持一定的距离。但是，软件验证和确认⑤的传统区分已经过时了。一种说法是，确认类似于现场测试，而验证则更接近于实验室测试。在纯软件开发领域，A/B 测试⑥和 Beta 版程序比较接近于现场测试，而功能测试和仿真性能测试类似于实验室测试。虽然这些区分有一定的意义，但并不意味着有理由将进行现场测试和实验室测试的人员彼此分开，也没有理由把他们从开发团队中分离出来。另一种区分有一定道理，而且经常被引用，只不过很少有人用得对："验证"是检查我们是否正确地做事，"确认"是检查我们是否做了正确的事。然而在实践中，我们经常发现并没有进行现场测试，所谓"确认团队"仅仅负责端到端的实验室测试，而"验证团队"局限于组件级的实验室测试。

5.3   共享服务

共享服务和职能团队很像，区别在于共享服务往往在不相关的业务之间共享。所有共享服务都是职能团队，但职能团队不一定都是共享服务。例如，如果一个产品研发团队分成开发和测试两个团队，每个团队都有一个经理，就是职能团队而不是共享服务。典型的共享服务包括：IT售后、软件产品 2 级支持（一个团队服务多个产品）、内部私有云团队和呼叫中心等。尽管这些部门在业务成果中扮演很重要的角色，但一般都被看作是纯成本中心，并按成本中心去管理。共享服务无法完全避免，但也不应该把共享服务当作一种少花钱多办事的方式来推进。把企业架构、用户体验、软件测试、IT 运维（比如 SaaS 产品）甚至产品营销、销售作为共享服务，一般来说都是反生产力的。阿拉利（Ethar Alali）写过两篇很好的文章，解释了在非 IT 领域使用共享服务和职能团队的缺点。[⑦]

5.3.1   共享团队会失去目标

当多个开发团队共享一个测试团队的时候，测试人员的目标是什么？开发团队都有自己的产品要开发，他们的目标是开发出成功的产品，或者至少也是成功发版。而共享测试团队的目标往往就变成提供高效的测试服务，和产品本身没有关系。

认识到共享服务的这一特点非常重要。根据定义，共享服务为多个负责不同业务成果的团队提供支持，共享团队本身并不对任何一项业务成果负责。因此，有时和共享团队交流会有一种和雇佣兵谈判的感觉，也就不足为怪了，因为他们并没有全身心投入。

共享服务难以找到目的。以自主、专精和目的作为驱动力的组织，要努力减少共享服务，并将其从关键任务的价值流中剔除。

5.3.2 减少共享团队间的摩擦

跨团队的协作通常需要遵循一定的沟通程序，体现为工作跟踪工具或者单一联系点。这就意味着团队代表之间的会议需要有会议记录。反馈回路一旦变长，就会削弱快速失败的能力（第 2.4.1 节）。团队经理试图用团队级的度量来展示他们的绩效。根据某种集中控制的标准，将接到的工作确定优先级并加入队列。依赖共享服务的团队都对周转时间感到不耐烦，并试图提高自己那份工作的优先级。

这里有个例子展示了为成本效率而设计的沟通程序如何最终影响适应性。在 IT 支持方面，典型的做法是使用工单系统，它可以协助 IT 支持经理跟踪工作负载。有些员工倾向于直接和关系好的 IT 支持人员对话来寻求帮助，这种行为可以理解但并不被鼓励，因为这样做会导致经理无法监控，也留不下审计记录。当一个工单被指派给工程师时，是期望她执行并完成这项任务，并将工单置于"已完成，等待客户确认"状态。但有时候，工单缺少一些信息或者需要在申请者的电脑上排查问题。取决于工单的性质，她可能有以下两个选择。

- 回复工单，询问更多信息，并修改状态为"等待客户回应"。

- 通过电话／聊天工具联系到申请者，获取所需信息，完成任务，关闭工单。

从 IT 支持的角度来看，第一个选项可能更有效率。她不需要查找申请者的电话号码，也不会浪费时间试图在申请者没空时和他联系。另外，所有的事情都被记录在案。第二个选项从申请者的角度来看更有效率，感觉不那么官僚主义。

如果申请者每次回应后工单被重新指派给不同的工程师，那么第一种情况会变得更糟。如果试过通过银行或者电信运营商的呼叫中心处理一个不太常见的问题，你一定会对此深有体会：每次都要将整个问题向新的客服人员再解释一遍。允许随意切换客服处理同一张工单，可以最大化客服的利用率。遗憾的是，这会让客户产生强烈的挫败感。

系统的设计者可能会辩解：工单的历史已经被记录下来，客户无需重复。然而，历史记录鲜有一目了然的。另外，新接手的客服更喜欢直接再听一遍一手信息，而不是阅读理解历史记录。

如果场景是对外部客户提供的 3 级商业产品支持呢？和申请人直接联系可能不现实的，但至少我们可以让同一个人去处理，直到问题解决。如果是为了提供 7×24 小时响应而让技术支持人员处于不同时区的情况呢？我们是否必须得更换技术支持人员？是的，但至少一个工单在一个时区内我们不会更换人员。

5.4　跨职能团队

跨职能（也叫多功能、多技能、跨学科）团队是指，团队成员拥有不同的专长，为了一个共同成果而一起工作。这是按业务成果而非活动来组织团队的必然结果。成果的实现涉及多个不同的活动，这就需要让拥有广泛不同技能的人员共同组成一个团队。例如，一个跨职能的产品团队，可能由具有第 5.2 节所列全部技能的人员组成。

图 5.2 中，上半部分展示了一个传统分层结构的 IT 组织，其中产品负责人已经完全脱离了日常开发，"开发团队"仅仅是指一个由开发人员、测试人员、数据库和用户体验设计人员组成的最小规模的跨职能团队。有些时候，情况更糟："开发团队"仅仅指开发人员。这两种情况下，团队都不具备能力足以对业务成果负起责任来。

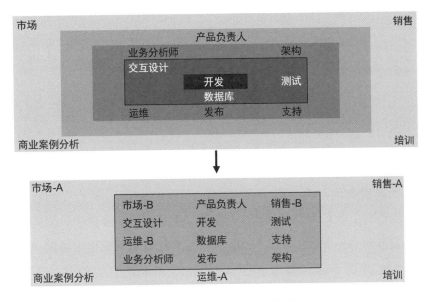

图 5-2　从层级配置到跨职能配置

图 5-2 中，下半部分描绘了拥有成果需要什么样的团队。里面的方框代表一个完备的跨职能产品开发团队。架构、业务分析、开发工程师、产品负责人加入团队，部分 IT 运维、市场、销售也放进来。例如，运维 A 提供一个虚拟化平台，运维 B 可以用来测试和部署产品。现场销售和电话销售（销售 A）可以在团队外，但销售工程师（售前）则很可能在团队内。同样，广告、搜索引擎优化、推广、定价（市场 A）可以在团队外，但社交媒体和内容（市场 B）很可能在团队内。

跨职能团队并不是什么新思路，但本书所倡导的跨职能程度是新的想法。敏捷软件开发团队一直都是跨职能的，包含架构师、分析师、开发人员以及测试人员。在 DevOps 下，跨职能扩展到部署和 IT 运维人员。从这点来看，跨职能团队能够敏捷交付。为了达到全面的 IT 和业务的敏捷，可以进一步扩大这个环，把专门的产品负责人、用户体验设计师、销售、市场和支持人员也囊括进来。

5.4.1   DevOps = 跨职能开发团队 + IT 运维团队

DevOps 活动主张合并开发和相关的 IT 运维，使团队在开发和 IT 运维方面跨职能。遗憾的是，与 DevOps 技术相比，DevOps 团队方面常常被忽略。从 IT 角度来看，我们通常有三个部门：业务、开发、运维，各个部门下面可能还有更多子部门。单看这三大部门，就足以知道 DevOps 反对什么样的组织结构了。

有一个典型案例。一旦 IT 运维的副总采信 DevOps，就会如此决定：团队应该马上获得所谓的 DevOps 能力。于是，他们会评估并采购一些号称能推动 DevOps 的产品，对虚拟化和基础设施自动化工具做一些研究，然后开始对部署脚本进行版本控制，然后，将他们部门更名为 DevOps。这真的是 DevOps 吗？呃，除非在开发团队中有 IT 运维，不然它确实不是 DevOps。DevOps 是要在一个团队里同时拥有开发、运维技能。我们不应该指责 IT 运维的副总，实施 DevOps 重组通常超过了她的职权范围，并注定会对她将来的角色产生很大的影响。

5.4.2   响应式组织

> **亲测有效！**
>
> **@ 苹果公司**
>
> 苹果公司在新产品开发中使用跨职能团队。跨职能团队主要进行产品探索、产品定义、产品研发甚至定义新产品开发过程。[①]
>
> **@Spotify**
>
> Spotify 是一家互联网流媒体音乐提供商，拥有超过 4 000 万用户和 1 200

多名员工⑨。他们在 3 个城市拥有 30 个跨职能团队，被当作跨职能团队的热门研究案例。他们组织的基础单元是被称为小分队的跨职能团队。

每个小组都有一个长期的任务，比如构建、管理、改进安卓客户端，创建 Spotify 的无线体验，扩展后端系统，或者提供支付方案等⑩。每个小组都有一名产品负责人管理发布。相关的小分队组成部落，同一个部落在同一办公室区域工作以促进协作。部落中不同的专家（如测试、开发）有自己的行会，负责培养能力。行会类似于实践社区，不同点是行会会长既是行会成员的职能部门经理，同时也是某个小分队的成员，并且参与小分队日常工作。

"这和 Poppendieck 夫妇推荐的'教授和企业家'模式相吻合。产品负责人是企业家或者产品带头人，目标是交付伟大的产品；行会会长是教授或者技能领导，致力于技术卓越。两者之间有一种健康的张力：企业家想要快速走捷径，而教授想要慢下来把事情做对。这两方面都是必要的，所以说它是健康的张力"。⑪

跨职能团队将整个软件交付价值流纳入一个团队，而不是跨越多个职能团队。这样一来，可以减少交接成本，进而可以降低批次规模，最终减少周期时间、提高响应速度。跨职能团队与成果对齐，以便让团队完成有意义的任务。在这个方面，跨职能团队比职能团队更有自主性。由于自主是一种内驱力，因此他们也更加快乐。

跨职能团队并不是反专业化。这些团队依然由多个专家组成。专业化不是问题，根据专业化来划分组织才是问题。职能组织使得交接的速度更慢、成本更高。

5.4.3　利用率

产品团队中的专家会不会工作量不饱和呢？也许会。这就是在现实状况下为了保障响应力而牺牲成本效率。排队论告诉我们，利用率超过一定阈值时，响应力会随利用率的增加而降低。不留空闲就无法拥有响应力，充分利用的高速公路无异于停车场。[⑪]

此外，专家加入跨职能团队会产生一种连带效应：专家通常需要开始学习相邻的技能。开发人员学会基础设施相关技能，产品分析师习得测试技能。当资源不平衡时，他们可以在相邻领域作出贡献，而一旦有需要又可以回到自己的核心领域。单一领域专家开始变为通才[⑫]，从 I 型人才（只有深度）变为 T 型人才（具备一定广度）。

5.4.4　T 型人才

单一领域专家在专业上有深度而缺乏广度。尽管他们可以被召集到一个跨职能团队中，但与具有其他专长的团队成员沟通时，可能还是会面临挑战。为了更高效的跨职能协作，我们不仅要有良好的专业深度，同时也需要扩展一些广度。专业广度能提供更宽广的视角和共情能力。硬核的专家容易只关心与自己相关的工作，而 T 型人才[⑬]可以更容易地与他们领域之外的思想建立连接，并在此基础上有所建树。

5.4.5　团队规模

对开发团队规模的常见建议是 3 到 9 人之间[⑭⑮]。亚马逊的做法是"两张披萨的团队"（两张披萨饼就够吃的人数）。只要架构是模块化的（通过服务或者其他方式），单一模块或服务的团队规模大致应该如此。然而，像图 5-2 中高度跨功能、面向成果的团队，根据成果（或者子成果）

需要，规模可能会大许多。这并不意味着需要一个超大型站会或者每个人都需要和其他人经常沟通。为了保证响应力，我们需要一个单一的、专职的结果负责人服务整个团队。为了团队自主性和目标驱动，我们需要一个规模足够大、能力足够强的团队去负责业务成果（或者子成果）。

5.5　其他领域的跨职能

跨职能组织的概念也适用于 IT 以外的其他领域。既然要讨论跨学科（跨职能）团队的话题，总得允许我举几个跨学科的例子才算公平。

5.5.1　医院 Pod 团队

在一家市立医院急诊科进行的一项研究[⑩]证实，从职能团队转为跨职能团队有诸多好处。他们最初设计由护士、住院医师、主治医师组成三个职能团队，支撑的价值流包含以下活动：

- 病人分诊

- 病人护理（护士）

- 安排检查，决定诊断、治疗和处置（住院医师）

- 批准或修改住院医师的医嘱和决定（主治医师）

该研究指出，这种团队设计会造成讨论不足，响应性差——平均有 10% 的病人会因为延误而得不到诊治，选择离开。重新设计后，急诊科人员被分成若干 Pod（跨职能团队）。每个 Pod 都有处理任何类型急诊病人所需的人员和设备。也就是说，他们有了服务上述整个价值流的能力。研究发现，Pod 系统减少了 40% 的周期时间（在这个例子里，"周期时间"是指病人在急诊室花费的平均时间），而在医疗质量的其他方面无显著差异。需要注意的是，医院的其他部门仍然可以保持职能团队，因为他们并不直接参与病人治疗的价值流。

5.5.2　跨职能博物馆布局

阿姆斯特丹的荷兰国家博物馆，是展示跨职能团队能力的一个好例子。传统上，博物馆内的每个展馆都是一个职能组织——某个展馆负责雕塑，另一个负责陶瓷艺术，还有一个负责绘画，等。每个展馆由一名专业馆长负责——类似我们的职能领导。但是，荷兰国家博物馆选择了更加综合的、或者说是跨职能的组织形式：每个部分致力于展示一个世纪。在某个部分里，你会发现那个时期的所有文物都被安排在一个综合的整体展示中，这样可以有效地传递那个时代的故事。

《卫报》刊发了一篇关于博物馆重新开业的文章[⑰]，其中描绘了新的布局。比如，伦勃朗展馆展示了伦勃朗早期的一些作品，旁边还有那个时代的家具、他认识的人制作的玻璃和银制品以及一位艺术赞助人朋友的肖像画。荷兰国立博物馆的收藏总监蒂比斯（Taco Dibbits）说："你可以感受到伦勃朗当年创作艺术品的那个世界。"类似，在一个有部署专家的跨功能团队里，产品分析师可以感受到产品部署的那个世界。

理论上，跨职能的布局需要策展人花费更多的精力去管理和维护，还可能会惹毛一些专业参观者：他们可能对雕塑感兴趣，但对陶瓷并不感兴趣。但从博物馆的大多数普通参观者角度来看（这是重要的成果），跨职能的布局可能更有意义。

5.5.3　分任务系统

设计大师诺曼（Dan Norman）在谈到"以人为本的设计"时，讨论了分任务系统和分类系统[⑱]。想象一下，如果文字处理器或者电子表格只有主菜单，而不支持上下文相关的（右键／弹出式菜单）操作，可用性得下降多少。如图5-3所示，应用程序头部的主菜单是分类系统，而众多的上下文菜单则是分任务系统。分类系统是对功能的分类或整理，而分任务系统是基于当前任务需求的跨职能排布。分类系统可以用来导航——提供了一张可用功能的地图。分任务系统则提供了便于使用和可及时响应的特性——根据用户在当前上下文的需求，进行响应。两者在用户界面中都有其作用。在组织设计中，组织结构图是为了分类。为了日常工作的响应性，我们需要分任务系统，这就是跨职能团队。

图5-3　分类系统之于分任务系统，就像按职能布置之于跨职能布置

5.6　向跨职能团队迁移

从矩阵式的IT部门（或其他类型的职能组织）转变为自足的跨职能团队，是一个相当具有颠覆性的转型过程。以下是一个渐进迁移的方法。

1. 识别出创造业务差异化的产品 / 功能。有多少个差异化的产品 / 功
    能，就应该有多少跨职能团队。

2. 选出一个产品 / 功能进行试点转型。理想情况下，试点产品 / 功能
    最好与其他产品 / 功能没有太多依赖关系。确保该产品 / 功能有一
    个全职的成果负责人（第 4.1.2 节）。

3. 让产品负责人提供初步的产品路线图和待办事项。

4. 从现有的职能团队中挑选出试点团队成员。向他们解释这次试
    点。可以使用硬币游戏[19]，让他们了解小批量规模和低交接成本
    可以缩短周期时间。

5. 确保试点团队拥有所有必要的技能，能自给自足。

6. 让新团队开始处理待办事项。

7. 在决定组建下一个跨职能团队之前，先观察 3 个月，了解一下工作
    情况。

这里只涉及结构方面的迁移。后面章节将介绍业务、文化和政治等方面。

5.6.1　职责分离

有时候，IT 管理者会说，法规和监管不允许跨职能，例如 SOX 之类会
计和投资者保护的相关法规或是支付卡行业数据安全标准（PCI-DSS）
之类支付相关规定。具体而言，他们会谈到一种叫职责分离的控制
方法[20]，其效果是将变更应用 / 系统的权力、与发布这些变更到生产中
的权力分离开。在以前，这不是个问题，因为发布团队和开发团队本来
就是分开的。然而，即使职责分离要求一个人不能同时拥有这两项权

力，但它也没有禁止两个分别拥有这两项权力的人在同一个团队中一起工作。[21]

5.7　实践社区

我们在前面看到过，跨职能团队鼓励成员从专才转变为通才。这未必会牺牲对专业知识的精通。在没有职能组织的情况下，实践社区是培养技能的替代方案。实践社区不要求所有成员都来自同一团队，它的功能类似于一个松散的、专业的专家协会，具有通过线上线下交流和知识共享的机制。

每个社区有一名领导，通过选举、提名或指派产生。社区领导具备该社区的专业背景，并且有人脉和组织能力。社区领导不是一个全职的角色。她首先是某个产品团队的全职成员，同时可能拿出 20% 的时间做社区工作。社区领导负责分享会、培训项目、内部研讨会、保荐团队成员参加外部研讨会等。他们对社区内的协作工具和模式发表见解，对社区的健康发展负责。

此外，通过参与组织外的活动，也可以保持 IT 专业技能的专精。很多城市都有不少专业的用户小组和研讨会，互联网上也有很多可以用来提高专业技能的资源。即使仅仅关注相关的推特标签，也有助于保持知识更新。毕竟，对于个人技能的精进，企业和个人都有责任。

5.8　维护团队

跨职能产品团队拥有自己的产品，他们要负责策划、构建、维护、运行产品。然而，不少企业有独立的维护（修复 Bug 和次要的优化）和

IT 运维团队。图 5.4 展示了一个传统的软件生命周期。维护和运维在已经发布的版本上工作，同时开发在做下一个版本。为了满足那些不能升级到新版本的用户，经常有（当前版本号 -N）个软件支持窗口期（图 5-4 中的 N=1）。

在 IT 企业，有一个常见的错误观点：维护需要的技能比整体开发要少。结果，项目负责人选择了低成本的团队去做维护，希望可以降低成本。这是一种错误的经济考量，它损害了更大的业务成果，并且降低了 IT 敏捷性。如果让一个产品团队同时负责开发和维护，那么在发布时就无需交接。因为团队熟悉主干中的持续变化，所以从发布分支合并缺陷修复代码也比较容易。而且，在主干开发的模式[22]（一种正逐渐被采用的无分支模式）下，各自独立的维护和开发团队几乎是不可能的。

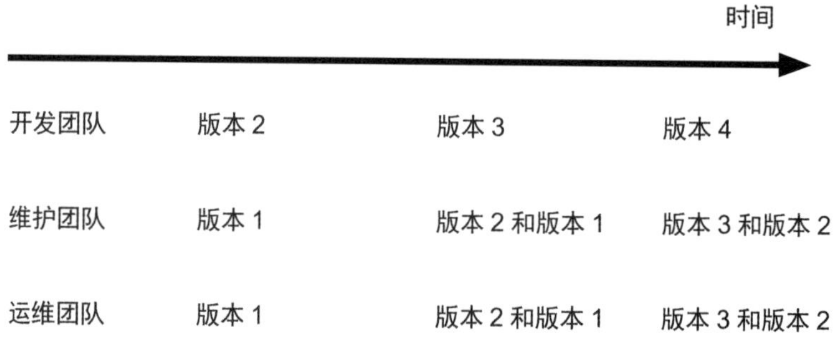

时间

开发团队	版本 2	版本 3	版本 4
维护团队	版本 1	版本 2 和版本 1	版本 3 和版本 2
运维团队	版本 1	版本 2 和版本 1	版本 3 和版本 2

图 5-4   典型的软件发布周期

如果是对处于生命末期的产品提供支持，那么在这种情况下，维护团队的存在可能有一定的意义。在构建新的替代品的同时，这个团队要确保老的应用 / 产品能持续运行。除此之外，单独的维护团队就是潜在的竖井，应该被拆除。即使在对处于生命末期的产品提供支持的情况下，面向能力的 IT 组织可能会选择让新旧产品在同一个能力团队中共存（第

8.2 节）。在持续交付和 DevOps 时代，使用一个单独的维护团队是过时的做法。

5.9　外包

当 IT 部门的工作被外包后，我们要注意，团队设计不要违反之前讨论的响应力、自主、专精以及目标导向等方面的约定。否则，业务成果可能会面临风险。例如，由于资本支出和运营费用的差别，会导致系统的开发和维护签订不同的外包合同、雇不同的团队 / 供应商。有些企业更进一步，把 IT 运维也外包给不同的团队 / 供应商，签订单独的合同。他们的思路是想保持核心业务能力，其余的全都外包（让供应商为我们的 IT 份额相互竞争）。根据应用对企业创收重要性的不同，这种将 IT 分而治之的策略，最好的情况是让人感到沮丧，最坏的结果简直就是自我毁灭。互联网业务和独立软件供应商，一般很少、甚至不会将自己的 IT 部门外包。原因很简单：为了发布每个新特性，而不得不在三个供应商 / 团队之间协调工作，会严重拖累新特性推向市场的速度。同样重要的是，反馈回路在合同边界会严重受限。在业务、开发、IT 运维以及维护之间设立正式的、服务水平协议（SLA）驱动的沟通协议，是滋生官僚主义和漠不关心的温床。

相对于将活动外包，将成果外包更好。比如，应用 A 外包给供应商 X，应用 B 外包给供应商 Y，应用 C 外包给供应商 Z（图 5-6）。而不是把 A、B、C 的开发外包给 X，IT 运维外包给 Y，维护外包给 Z（图 5-5）。将成果（或子成果）外包是第一步。下一步，确保供应商和内部组织使用同样的实践来交付成果。很多供应商在其内部采用了看重利用率的且面向职能的组织结构，这违背了采用外包的初衷。

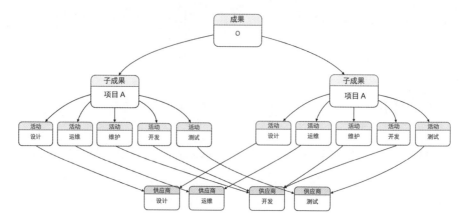

图 5-5　避免面向职能的外包

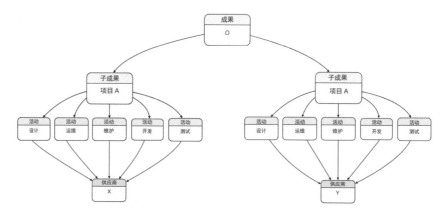

图 5-6　采用面向成果的外包

另一方面，业务可能变化不频繁，或者应用不具有战略意义。如果是这样，不妨问一句"为什么要自建而不是直接采购成品？"SaaS（软件即服务）已经成为主流。SaaS 就像有人把定制的应用作为服务卖给你，你可以用更低的价格得到更好的应用，代价则是业务需要调整以适应 SaaS 系统以及要付出一次性的迁移成本。SaaS 供应商很可能会有完整的内部 IT-B 部门。

5.10　矩阵：解决还是解散

> 世界上有一半人习惯于矩阵式管理，以至于认为这是理所当然的。另
> 一半人则认为这很怪异。
>
> ——迪马可（Tom DeMaro），*Slack*[23]，p.15

矩阵式结构，就是团队成员有两个领导。典型的做法是，一个项目经理管理日常工作，一个长期的职能领导负责绩效考核和培训。在 IT-B 部门中，项目经理和产品负责人一起工作，产品负责人来自业务部门、或者与业务部门有联系。IT 部门的职能领导则拥有架构、开发、用户体验、数据库、测试或者发布管理等职能领域的负责人、副总或总监之类的头衔。职能领导拥有"资源"（如开发、测试人员），这些"资源"再按照需求被分配到不同项目。考虑到 IT 本身就是个职能，IT 部门内的矩阵则是职能组织中再包含职能组织——不用说一定会很痛苦。从业务角度看，在矩阵中业务是纵向（业务线），不同的 IT 职能是横向；从 IT 部门的角度看，IT 职能是纵向，不同的项目是横向。如图 5-7 所示，我们从 IT 部门的角度出发来讨论，IT 部门矩阵的纵向是面向活动的，横向（项目）是面向成果的。当工作项在软件交付价值流中移动时，它是在

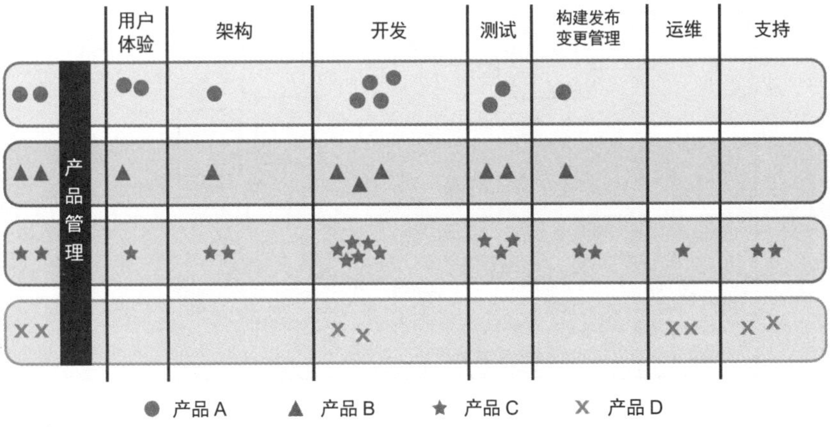

图 5-7　典型的 IT 部门矩阵

矩阵中的各个纵向条线之间交接。如第 5.2.1 节所说，这些交接是缩短周期的结构性障碍。

在一个快速移动的价值流中，如果纵向条线之间互不相关，那么矩阵结构或许就不会有问题。例如，一个销售公司可能这样设置矩阵结构：纵向是不同的产品线，横向是不同的地区。然而，如果 IT-B 组织的目标是持续交付，矩阵式结构就不合适了。持续交付需要持续协作——包括很多即兴协作。这是矩阵中的纵向条线之间根本无法解决的问题。

没有一个矩阵结构适合持续交付，但有些矩阵结构比其他更糟。接下来我们将探索几种不同的矩阵结构，并将其与跨职能团队比较。

矩阵中两个纵向条线之间的交接可以看作是个队列：例如，开发完成工作后放到测试团队的队列里。一个纵向条线可能只有一个队列，也可能针对每个项目单独设置一个队列。在后一种情境下，每个项目的队列可能会由指定人处理，或者根据产能灵活分配人员。各种配置的相对优点如图 5-8 所示，并将在后面讨论。现代企业必须牺牲成本效率换取响应能力，因为业务敏捷是成功的关键。

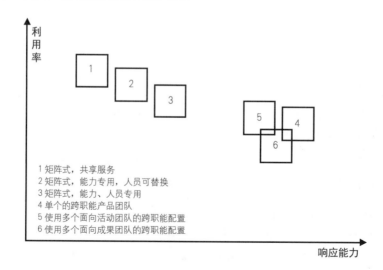

图 5-8　不同组织设计的性能特点

5.10.1　共享服务矩阵

共享服务矩阵可以及时分配能力和人员。例如，针对某项职能，所有项目共享一个队列。每个项目的可用产能无法确定，等待时间无法确定，但资源利用率达到最大化。对持续交付来说，这是最差的矩阵形式。

5.10.2　专有产能和可替换人员矩阵

在这种情况下，每个项目都有自己的队列，并且分配了一定的人力工作量（或称"全职人员对应工作量"，FTE）来服务这个队列，但工作量实际由哪些员工完成并不固定。尽管这使得工作分配更加灵活，但当人员切换任务的时候，上下文丢失得很严重。

5.10.3　专有产能和专有人员矩阵

在这种情况下，我们在约定期限内把一组人分配到一个产品。产品负责人仍然需要费劲儿地将他们负责的任务从左到右推过不同垂直条线。成果负责人和职能领导偶尔会爆发权力斗争。交接太多，所以情况仍旧很糟糕，批量规模倾向于变得更大。这种矩阵不鼓励持续协作，因此我们会看到很多会议。

以我的经验，对于矩阵式组织，最好的情况是能实现按月发布。但是，发布间隔并不等同于周期时间。每月发布意味着最小周期时间是一个月，也有可能更久。例如，一个新特性可能需要花 6 个月时间流经矩阵中的所有纵向条线，然后才能发布。

5.10.4　单体跨职能产品团队

图 5-9 展示了自足的跨职能产品团队。产品团队对产品的成功负全责。除了仍然需要依赖外部共享的财务、行政管理、法务、人力资源等

纵向条线以外，这差不多是一个独立的业务单元。每个产品团队有一个人作为成果负责人。

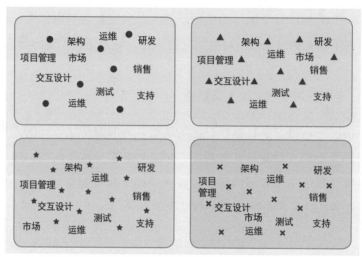

●产品 A   ▲产品 B   ★产品 C   ✕产品 D

图 5-9   单体跨职能产品团队

5.10.5   由面向活动的子团队组成的跨职能配置

单体团队一旦超过一定的体量，可能就行不通了。此时，成果负责人可能会选择为整个跨职能团队内部最大的专家团队额外指派一名经理，例如开发团队经理或者电话销售经理。

5.10.6   由面向成果的子团队组成的跨职能团队

如何扩展出大型的产品团队？成立多个面向子成果的团队，优于成立多个面向活动的团队。前者除了响应速度的优势，也提高了软件架构的模块化。康威定律[21]指出，一个系统的设计很可能反映了团队的沟通结构。相应地，单体团队倾向于单体架构，分层团队（根据前端后端、业务逻辑、持久化等层次划分团队）倾向于分层架构。拥有不同产品模块的团队倾向于模块化架构。Thoughtworks 的技术雷达将这种现象称为"康威逆定律"。[25]

5.11　观点小结

团队内部的协作通常是根据需要即兴、及时、持续地发生。团队间的协作则通常是不连续的、离散的（如通过会议）。在团队设计中，找到所有需要持续协作的角色，并将他们放到一个团队中。

大部分情况下，专业化会造成工作交接。组织设计不能减少这些交接。但如果让交接发生在团队内部，就可以使交接更快，成本也更低。

持续交付的最大承诺是减少 IT 交付周期时间。需要用更小的批次规模交付价值流。最终，需要单一团队（或者尽可能少的团队）来负责整个价值流。

由多个目标相同但主要技能不同的人员所组成的跨职能团队，是重视响应力高于成本效率的范例。

跨职能团队并不意味着反专业化。专业化不是问题，根据专业来组织团队才是。

对于不是业务成果核心价值流的活动，使用职能团队也是可以接受的。

发布间隔不等于周期时间。每月发布意味着周期时间最小为一个月，也可能更长。

IT 本身就是一个职能组织，IT 部门内的矩阵则是职能组织中的职能组织——不用说，一定很痛苦。

5.12　行动小结

- 从面向活动的组织，转变为面向成果的跨职能团队。这样的团队更自足（自主）、业务目标导向（目标驱动）。

- 实践社区是对面向成果的组织的补充。在没有职能组织的时候，实践团队为培养专家能力提供了必要的保护。

- 如果需要，可以把成果分成多个子成果，然后分配给多个团队（如应用的模块或者不同应用），而不是按多个活动（开发、测试等）划分团队。这同样适用于跨地域分布式协作和外包的场景。

- 对于重要的价值流，不要鼓励使用共享服务。这会趋向于失去对业务目标的感知并降低响应能力。

- 不要委派独立团队去做维护。这是团队设计导致非必要交接的例子。另外，很少有东西是纯维护模式。维护往往和继续开发并存。在持续交付和 DevOps 时代，单独的维护团队已经过时了。

- 脱离 IT-B 部门矩阵，转为和业务线方向一致的、面向成果的团队。

注释

① http://en.wikipedia.org/wiki/Staff_and_line
② Kim, Behr, and Spafford 2013
③ Reinertsen 2009
④ http://www.thoughtworks.com/insights/blog/rise-serial-innovator
⑤ https://en.wikipedia.org/wiki/Software_verification_and_validation
⑥ http://en.wikipedia.org/wiki/A/B_testing
⑦ http://goadingtheitgeek.blogspot.co.uk/2014/07/the-drawback-of-shared-services.html
⑧ http://www.roundtable.com/download/db8e1af0cb3aca1ae2d001862
⑨ http://en.wikipedia.org/wiki/Spotify
⑩ http://www.agileleanhouse.com/lib/lib/People/HenrikKniberg/SpotifyScaling.pdf

⑪ Paul Sutton 的推文（@FragileAgile）

⑫ https://web.archive.org/web/20210812110820/https://www.agilemodeling.com/essays/generalizingSpecialists.htm

⑬ http://en.wikipedia.org/wiki/T-shaped_skills

⑭ Valentine, M. A., and A. C. Edmondson. 2014. Team scaffolds: How meso-level structures support role-based coordination in temporary groups. Cambridge: Harvard Business School.

⑮ http://www.theguardian.com/culture/2013/apr/05/rijksmuseum-reopens-long-refurbishment-rethink

⑯ https://jnd.org/logic_versus_usage_the_case_for_activity-centered_design/

⑰ http://www.leansimulations.org/2014/04/variations-of-lean-penny-game.html

⑱ http://en.wikipedia.org/wiki/Separation_of_duties

⑲ http://continuousdelivery.com/2012/07/pci-dss-and-continuous-deployment-at-etsy/

⑳ http://paulhammant.com/2013/04/05/what-is-trunk-based-development/

㉑ DeMarco 2002

㉒ http://www.thoughtworks.com/insights/blog/demystifying-conways-law

㉓ http://www.thoughtworks.com/radar/techniques/inverse-conway-maneuver

第 6 章

问责制

如果说前两章是将权力赋予团队的宣言，那么接下来两章则要提供平衡机制。问责制有助于人们审慎地使用自治权。明确的责任有助于澄清决策权与建议权，帮助避免决策僵局，并提高响应能力——第 3 章的三个关键主题之一。问责制有助于我们在快速失败（第 2.4.1 节）后迅速成长。否则，同样的错误会一犯再犯。

我们将看到如何明确责任，权力和责任的不当分配如何导致权力斗争，为什么推动问责制的目的不仅仅是最终的结果而也是为了过程中的决策，以及如何解决因计划与执行分离而导致的责任扭曲。

6.1 权力和层级

有些人可能对在 IT 组织中使用"权力"这样的字眼感到不适，觉得权力已是明日黄花，影响力才关系重大。然而，这并非事实，尤其在大型组织中。最糟糕的那些组织里，只有身居要职的人才能发挥影响力。至于稍好一些的组织，理论上并不需要正式的权威或权力，但在实践中却不可或缺。这并不令人惊讶，人类经过漫长的历史长河，已经养成了对环境或领地进行控制的习惯。承认对权力的渴望是走向遏制它的第一步，无视它则会导致企业文化表里不一——公司网站上"我们的文化"说的是一回事，现实中又是另一回事。

本书建议限制组织的层级，但并不反对层级。一定的层级对组织的有效运作必不可少，完全消除层级往往会导致决策缓慢和责任分散。例如，没有明确领导的工程团队可能会在设计解决方案时来回纠结以至于无法定板，没有明确领导的分布式销售团队可能会因为没有人确保齐心协力而失去领先优势。

一些成熟的、自组织的团队也许能够在没有明确指定领导人的情况下高效运作。这些团队的成员不仅有才干，而且高情商、重诚信，这样的人并不多见。即使有这些团队，也经常根据情况选择层级化，即允许具有特定技能的成员在特定情况下掌管整个团队。对于大多数团队来说，需要一定的层级来保证团队的正常运行。

此外，当正式的层级缺失时，就会出现非正式的层级。虽然亚里士多德关于"自然界厌恶真空"的观点可能不正确[①]，但我们确实观察到，在组织中层级厌恶真空——也就是政治中所说的"权力真空"。在"无架构的暴政"[②]这篇极具影响力的文章中，作者弗里曼（Jo Freeman）认为，无架构只是阻止正式架构的产生，并不能阻止非正式架构。非正式架构是有害的，因为：

> 如果团体没有正式的结构，那么将只有少数人知道决策规则，知道规则的人才会有权力意识。那些既不清楚规则又不得入门的人，将会深陷困惑，或是偏执妄想地认为有些事情正在发生而他们却不知道。

因此，某种正式的层级是必要的，只要多加小心，就可以规避其不足。例如，如果不加控制，层级就会自我膨胀。为了雇抢手人才、留住和奖励高绩效人员、安抚感到被忽视的优秀员工、明升暗降那些后台强大且令人讨厌的家伙，都需要设立新的职位。无论什么原因，由此产生的等级都将成为一种身份的象征。我们开始守护层级：筑建部门墙以免团队受到外界干扰、扩大"独立王国"的规模、保护逐渐增长的预算和资源。我们开始热切彰显团队的成就，有时甚至鼓吹，超过了团队真实贡献的商业价值，最终走上局部优化和竖井的歧途。

真正的问题是权力的滥用，而不是权力本身。利用权力来实现商业成果是件好事。但如果我们的行为主要着眼于个人利益而不是顾全大局，那就不那么好了。为了阻止这种情况，我们需要有针对结果的明确问责机制。

6.2 运用问责制平衡自主性

尽管组织设计的目标之一是鼓励自主性，但自主性必须和企业目标保持一致，因此需要借助于问责制来加以平衡。在一个组织里，自主性同样需要授权——行动的自由需要得到权力的支持。

表 6-1 显示了不同程度权力和责任下放后得到的自治结果。在任何情况下，实际承担工作执行责任的都是下属，领导总是承担最少的执行责任。委托式的管理风格在敏捷文化（协作或培养，参见第 2.3 节）中更适用。缺省情况下，下级享有与责任匹配的决策权，领导则具有否决权，当然，称职的领导很少使用否决权。委托式的管理提供了下级所需的自主权，同时为了保证业务目标的一致，也给予了领导否决权。

表 6-1　不同管理风格的效果

风格	独裁式		联邦式		委托式	
	老板	下属	老板	下属	老板	下属
权力	全部	最小	最小	全部	否决权	缺省
问责	全部	最小	名义上	全部	全部	全部
执行责任	最小	全部	最小	全部	最小	全部
下属自主权		无		有		有，老板有否决权

6.3　责任分配

2013 年 10 月 1 日，美国 HealthCare.gov 网站糟糕的发布直接威胁到第二届奥巴马政府的声誉。几周的痛苦之后，拯救工作开始了。据美国《时代》周刊的报道[③]，被请来收拾烂摊子的阿伯特（Mike Abbott）观察到，没有人为项目负责，政府承包商（IT 供应商）各自为政，几乎不可能弄清楚谁应该为发布工作负责。换言之，完全没有问责机制。

为了培养问责文化，清晰的责任分配必不可少。人们在处理某事之前，要明白自己在此事中负有哪些责任。仅仅划分关键责任区（KRA）是不够的。为了对结果负责，人们需要有决策的权力，而不仅仅是执行的责任。因为明确分配责任很困难，所以高管们常常想回避这个问题，甚至希望下属自行解决。但这真是说起来容易做起来难。

6.3.1 谁来对结果负责

> **僵局**
>
> Mary 和 John 彼此不对付。Mary 是产品经理，最近，她负责的某款产品销量不佳。John 是销售主管，负责整个产品线，Mary 的产品只是其中之一。Mary 认为，对其他产品有效的销售方法并不适合她的产品。她希望 John 的团队能够深入了解自己的产品。她发现，这款产品的潜在客户就是实际用户，而不是照着功能清单一条条打勾的采购部门。客户对产品的使用提出了非常专业的问题，销售人员却无法应对。John 则认为，这是因为产品难用，因此他希望 Mary 提升产品的易用性并完善文档。Mary 把销售不利的原因归咎到销售团队，让 John 暗自很生气。
>
> 他们的老板无意出面干涉，而是希望他们自行解决。如果开展实地调查，能够帮助他们找到问题的根因，并最终打破僵局。然而，就目前的情况来看，Mary 和 John 都确信问题出在对方身上。两人都不想从自己的预算中拿钱出来开展调查，并且两人都觉得对方不会认同自己的调查结果。

在这个案例中，谁是产品销售的第一负责人？我们可能会认为是 John，但基于上述背景，他必定会指出其他产品卖得很好，言下之意就是问题不在销售团队。这是 Mary 和 John 共同担责所造成的僵局，也是集体所有权出现问题的典型案例：一个重要的业务成果，有多人参与，却没有最终负责人（第 4.1.2 节）。Mary 拥有产品开发的资源，John 控制着销售。Mary 只关心她的产品，而 John 负责整个产品线。Mary 对她的产品承担全部责任，但只有部分权力；John 对每个产品都有部分权力，并承担部分责任。他们的老板没有足够的上下文、缺乏精力或没有意愿介入并打破僵局。而 John 和 Mary 都不能凌驾于对方之上，因此没人拍板，无法打破僵局。现实中，Mary 可能还要汇报给产品总监，这会让情况变得更加复杂。通常，在这种情况下，产品会举步维艰，直到董事会或投资人开始提出令所有人感到难堪的问题，或是发生人事变动。

在前面的案例中，业务成果的达成依赖于多个相互竞争的权力中心，没有一个单一的、全职的、专门的负责人（第 4.1.2 节）负责兑现成果并掌控预算和相关团队。要得到这样一个负责人，可能涉及组织结构调整，有时并不现实。下一小节提出了一种无需调整组织结构即可澄清决策权的方法。

6.3.2　责任地图

大多数受业务 -IT 效率低下困扰的组织害怕制作责任地图。责任地图描述了谁应该对什么成果负责。如图 6-1 所示，画出组织结构图和业务成果树，然后再将组织结构图中的节点与树中的成果连接起来。当有多个人或团队对同一成果负责时，领导层就会对他们排定级别以明确责任线。老板在名义上对整个团队的工作负责。映射地图只记录那些专职负责产出的人。责任线中的第一人有权推翻第二或第三人的决策，与表 6-1 中的委托式管理方式相对应。你可能觉得，像图 6-1 所示的责任地图最好让所有人都看见，它清晰地阐明了谁对什么负责，帮助解决决策僵局并加快决策速度。然而，在其他敏捷组织中，我们从未见过这样的信息被公示出来。并不是因为这些组织都有效地实践了集体所有制，而是因为在业务成果的层面上推行自组织和集体所有制难度太大，一般水平的中层专业人士（即使工作表现不错）并不具备这个能力。一份题为"矩阵式组织的挑战和策略"[④]的研究报告发现，87% 的中层管理者认为角色不明确是一个主要问题，但只有 23% 的执行官持有同样的观点。如此一来，高层的期望卡在中层无法落地也就不足为奇。该报告还发现，围绕业务目标来分配责任，是明确角色的基础。

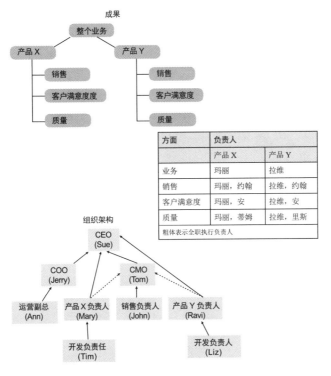

图 6-1　责任地图

当责任分配不清晰时，经常会出现集体拥有权力但没人承担责任的情况。集体所有制在团队内部效果比较好，最常见的例子是开发团队中的集体代码所有制。然而，即使是集体代码所有制，也有明确的问责制度：敏捷团队有版本控制和持续集成，"谁破坏了构建？"这个问题则是毫不含糊的问责机制。此外，即使在敏捷开发团队中，也并非事事平等。技术负责人对设计决策有最终的权力和责任（所有权）。产品负责人对"实现哪些特性"有最终的权力和责任。实现跨团队业务成果的集体所有权，难度要高出一个数量级，给那些能做到的人点赞。对于其他人来说，明确所有权是提高组织敏捷性的第一步。

高层领导的工作是明确所有权。这是一项艰巨的任务，不可能让每个人都满意。除非把所有权落实到责任映射地图、分享给所有人并确保所有人都理解，否则会降低决策效率。在没有明确责任人的情况下，分歧可能会进一步加大，经常需要上升到需要更高级别的人来打破僵局。然而，一些领导者似乎恰恰希望如此——他们希望所有的决策都由自己来做，而不是由下级来决定。这似乎给了他们更多的可见性和控制力。然而，这会造成一种政治风气，清晰的责任地图则是治疗不健康决策风气的一剂良药。会议和电子邮件过多⑤是角色不明确和责任缺失的常见症状。当决策权不明确时，邀请所有人员参加所有会议，所有的电子邮件也会抄送给每个人。收件人也不确定哪些会议该参加以及哪些该忽略，所以他们尽可能在老板参与的会议上露面，刷刷存在感。太多的会议和电子邮件名义上是为了让所有人参与并达成共识，但其实参加会议或接收电子邮件的大多数人都只是沉默的旁观者，没有任何话语权。毫无疑问，我们只需要让相关人员参与即可。但是，当角色不明确时，我们就不知道谁与什么讨论有关，因此我们只好让一大堆人参与几乎所有的事情。

责任地图可以很好地解决角色重叠造成的困惑。然而，如果可能的话，更好的做法是清晰地定义角色，最小化所有权的重叠。这是下一节的主题。

6.4   最小化权力斗争

组织内的团队和部门都是社会系统。组织要高效地运作，就不能忽略人与人之间的互动，例如职能领导与产品/业务负责人之间的互动。产品管理、设计、工程研发、QA、运营、支持等专业职能关注活动，而产品（或业务线）关注成果。职能部门的领导（专业人士的领导）——比如销售副总、市场总监、工程总监等——所率领的活动要服务于最终成果。为了避免出现第 6.3.1 节中描述的决策僵局，必须要为最终成果指定负责人。

6.4.1　矩阵瘫痪

如第 5.10 节所述，矩阵式组织按照专业分工来组建。如果成果负责人所需的资源却由职能领导来掌控（图 6-2），就会埋下权力斗争的隐患。职能领导很少对成果负责，却控制着工程、支持、运营等专家资源。如上一章所述，数字化转型和持续交付需要跨职能团队。然而，职能领导众多矩阵式组织中有太多划分领地的潜在斗争，很难形成高效的跨职能团队。并非只是销售会用领地来作为身份的象征，而只是在销售职能中表现得更为明显。在组织内部，领地可能通过职能、项目或团队来划分。例如，觉得个人受到威胁的区域销售经理可能会对研发经理说："您能不能管好自己的交付工作，把市场工作留给我？"这就是在通过职能来宣称领地所有权。

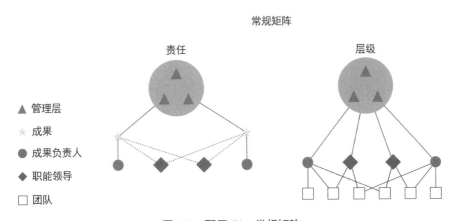

图 6-2　配置 #1：常规矩阵

6.4.2　绝对的层级

让所有职能领导听命于成果负责人（图 6-3），是一种防止领地行为损害成果的方法。但是，这会剥夺职能领导的自主权并打击其积极性。相比矩阵型组织，这种配置还需要更多的职能领导，因为现在每个职能领导都要专门负责一个业务成果。假如我们要建立一个新的产品团队，如果有一个强大而全面的成果负责人，他既能领导市场又能领导销售，则可以从配置 #2 开始。但是，如果想从配置 #1 迁移到配置 #2，几乎一定得有人退出组织。

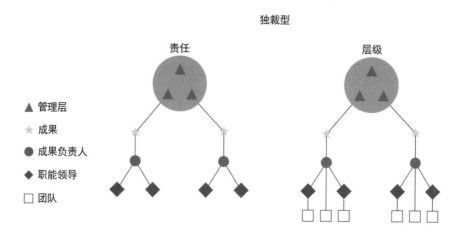

图 6-3　配置 #2：独裁式设置

6.4.3　教授 - 企业家

那么，如何构建组织才能在职能领导保留自主权的，同时又避免滋生权力斗争呢？首先要意识到一点：尽管需要跨职能、跨专业的领导力，但这种领导力更需要运用影响力而非施展权力。影响力作用于人们的思想和行动。人们基于可觉知的能力、声誉、沟通技巧、授权来发挥影响力，其中只有最后一项（授权）与权力有关。在组织设计中，权力就是行使授权。权力需要对资源的控制。就 IT 而言，资源就是预算和人员。有了权力，就有责任解决自己领域内的僵局，做出涉及艰难权衡的决定，并对决定的结果负责。

问题是，按照大多数组织的设置方式，没有坐上实权位置的人不可能持续地发挥影响力。为了解决这个问题，图 6-4 中的配置建议将影响力职位和权力职位放在平等的位置上。这种设置是对波彭狄克（Poppendieck）夫妇的"教授和企业家"模型©的另一种表现形式，在 Spotify 案例（第 5.4 节）中也简单介绍了这个模型：成果负责人是企业家，职能领导是教授。

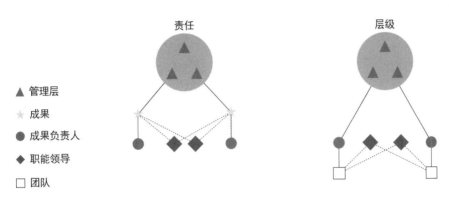

图 6-4　配置 #3：教授 - 企业家设置

在这种配置下，职能领导拥有自主权，但对资源没有控制权。他们仍然决定着自身领域内的工作如何进行，但没有人向他们汇报，他们也不负责安排任何人的时间，这就消除了各个职能自立山头的情况。在这种配置下，职能领导的工作方式就像敏捷教练：教练进入团队开展工作，而不是拥有团队。他们可以自由决策，但其决策可能会被成果负责人否决。随着职能领导权力的削减，他们在对成果负责的序列中也降到第二位，成果负责人位居首位。这有助于避免因缺乏果断行动而陷入僵局。

职能领导不向成果负责人汇报，因为在层级上他们是平等的。如果与成果负责人有分歧，他们可以向高层报告。职能领导和成果负责人拥有同等的待遇。比如，如果成果负责人受邀参加公司外出活动或者其他会议，职能领导也要受邀参加。毕竟，谁有资格坐在哪张桌子上，这也是层级的体现。这种安排需要成果负责人尊重职能领导的自主权。如果成果负责人滥用这种安排并漠视职能领导，不久之后会损害到成果。

尽管在这种模型中专家不向职能领导汇报，但职能领导对专家的绩效评估也有很大的话语权。这样，职能领导就能对不受自己控制的团队施加影响。

6.5　确定成果负责人

在配置 #3 中，只有一个权力中心对业务成果负责，那就是专职负责实现业务成果的某个人（不同于场景 5-1 中 Mary 和 John 的老板）。让一个人全权负责，此人有充分授权，并对产品领导力（质量、创新、市场定位）、市场领导力（收入、关注度）、运营和客户满意度（支持、培训）负责。

目前为止一切都好。但这个人应该是谁呢？他应该来自于产品部（业务或者设计专家）、市场营销部、还是人事部或者综合管理部？根据具体情况，这个人可能来自其中任何一个部门。如果来自产品部，她需要得到销售部领导的支持，反之亦然。此外，还可以有一位人事或综合管理者向她汇报、为她提供支持。

麦肯锡的"三个地平线"框架[⑦]可以帮助做出这个决定。第一地平线（H1）代表成熟的业务线，其重点是维持或提高市场表现，使剩余价值最大化。在这条地平线的产品最需要具备顶级销售能力、善于与人打交道的成果负责人。第二地平线（H2）是指有巨大增长潜力的新兴业务线。这种视野需要精通产品的成果负责人。第三地平线（H3）更像是新想法和实验的孵化器，我们在这里不做讨论。但是，考虑到业务变化的速度越来越快，独立软件供应商和互联网公司很少有机会在第一地平线（H1）上停留超过几个季度。产品永远没有完全成熟的一天，而是始终在不断走向成熟的路上，直到被市场抛弃。数字化浪潮必然会将这种动态扩展到其他行业。

因此，对于前面提到的 Mary 和 John 的情况，如果产品属于 H1，那么
John 应该成为成果负责人。他应该倾听 Mary 关于销售方法的担忧，如
果担忧确有可取之处，就需要做出调整；否则，他可以要求 Mary 提高
产品可用性并完善产品文档。无论哪种情况，他都要对产品的成功负责。
因为 Mary 并不向 John 汇报，因此虽然她听从 John 的安排，但她可以把
与 John 分歧的原因向高层汇报。

另一方面，如果产品属于 H2，那么 Mary 就应该成为成果负责人。John
继续负责各条产品线的销售工作。但是，如果 Mary 确信其产品需要不
同的销售方法，她可以否决 John 并要求其改变。Mary 的否决权让 John
不能忽视 Mary 对销售方式的担忧。另一方面，由于在公司的级别相同，
John 也可以把自己观点摆在高管面前，从而确保在销售方面，Mary 不是
唯一的事实来源。

6.6　迁移

从配置 #1（矩阵模式）迁移到配置 #3（教授 - 企业家模式），是颇为
棘手的。一些职能领导会对权力的丧失感到不满。另一方面，教授型人
才更愿意 100% 专注自己专业领域，而不是将时间消耗在预算和人员控
制权带来的各种琐事上。也可以考虑聘请新的职能领导加入这一配置。

另一种方案是，根据兴趣和能力，让职能领导和成果负责人结对。对
产品成果负责的角色通常需要操心很多方面的事：产品愿景、市场脉
搏、与销售和市场对接、与客户沟通、确定功能优先级并为开发团队提
供指导、保持对售后支持的关注等。即便是两人组合，也有足够多的工
作让他们都忙起来。

那其他的管理人员，比如研发经理、交付经理、迭代经理或是产品团队中的 Scrum Master 呢？因为职能领导不再控制预算和团队，所以所有其他管理人员都会直接或间接地向成果负责人汇报。

6.7　决策问责

让人们清楚地对结果负责，并赋予他们临场决断的权力，这为下级组织提供了自主权和目标。但是，这并不能确保成功。如果结果不如人意，需要有人对此负责。需要有人解释失败的原因，有时候需要承认错误。承认错误是为了学习，而不是为了羞辱或诋毁。艾柯夫（Ackoff）⑧指出，错误有两种类型：一是行为错误，也就是做了不该做的事；二是不作为错误，即没有做该做的事。

行为错误比不作为错误更容易被发现。英勇的救援行动比安静而有远见的行动更容易受到称赞，然而，后者却能将问题扼杀在萌芽状态，不会让问题发展到需要救援的程度。不作为的错误往往是未能预见问题或抓住机会，例如，应用程序中断可能是由于未经授权的生产变更（行为错误），也可能是由于数据中心的空调故障导致服务器过热并自动关闭，后者有可能是不作为的错误——没有对空调系统进行预防性维护。数据中心的负责人有没有预料到，增加更多的服务器可能会使空调系统过载？会不会是工程师提出的潜在故障，负责人没有时间理会？

若是可以坦承眼前的错误，就很容易从中吸取经验。然而，我们往往也倾向于犯一些不那么容易坦诚直面的错误，例如没有充分注意到同僚、下级或旁观者的警告。

不可恢复的灾难

Sellmore 公司为实体零售商提供了一个电子商务平台，好让实体零售商免于开发和运营平台的麻烦，只专注于自身业务。最近一家大型零售商 PetaMart 经过对 Sellmore 的评估，决定不采用其服务，原因是后者没有为数据中心提供自动化的故障切换和灾难恢复（DR）方案。Sellmore 公司的 CEO 认为，CTO 应该为此事负责。

CTO 是早已远离技术的 IT 管理者，主要面向业务。迫于压力，他与基础设施负责人 Ivon 进行了简短的讨论，然后回到 CEO 面前，宣称他们将在三个月内准备好解决方案。Ivon 听到这个消息后，感到很震惊，因为他已经明确告诉 CTO：随着新应用、新版本的推出，基础设施的形势每天都在变化。他跟 CTO 说的是：仅针对目前的情况，推出一次性快照的 DR 解决方案就需要三个月，而且这个方案刚推出就必然已经过时了。如果要始终保持最新版本，那么需要在 DR 解决方案上投入更多的工作。CTO 对他的顾虑一笑置之，说他们只是需要展示一些东西来获得 PetaMart 的业务，可以以后再推出全动态的 DR 方案。

3 个月之后，SellMore 通知 PetaMart 公司：DR 方案已经到位，并询问 PetaMart 公司能否继续合作。PetaMart 冷静地回复，他们希望有一份独立的 DR 能力报告，并由他们自己选择的外部顾问 / 审计师来出具。Ivon 坦率地告诉 CTO：第三方出具的独立报告会揭穿他们的 DR 方案并不完善。CTO 暴跳如雷，仿佛听见了新闻似的。他对 Ivon 说："当初是你做了虚假的承诺，现在居然还有脸说是我让你这么干的？！"

6.7.1 决策记录

上文中的决策就是所谓的 HiPPO 决策——薪水最高的人说了算（Highest Paid Person's Opinion）[9]。如何从组织设计上解决上述情况的问责问题呢？更重要的是，能否设置某些机制来阻止 Sellmore 的 CTO 表现出的那种傲慢行为？电子邮件记录可以帮助定位责任并防止貌似合理的抵赖[10]，然而，这是在事后的追责机制。在进行决策的过程中，是否有办法防止决策者忽视利益相关人的意见呢？在第 6.4.3 节的教授 - 企业家模型中，我们如何确保企业家不会习惯性地否决教授呢？我们又如何阻止拥有决策权的人无视同事的意见呢？

我们可以从持续集成这种工程实践中获得启发。持续集成是一种确保构建完整性并在完整性受到损害时定位责任的方法。持续集成服务器维护构建记录：谁触发的构建、什么时间、变更了什么以及结果如何。当构建的完整性遭到破坏时，"谁破坏了构建？"这个问题就很容易回答了。

对于影响业务成果的决策，有必要用系统持续完整地记录过程中的所有输入。决策记录系统提供了一种方式，可以对提议的决策征求意见、参与不归自己负责的决策讨论、记录决策的背景和原因并明确决策的所有权。这样的系统支持协作的、分布式的、离线的决策制定，并最大限度地减少对会议的需求——无论是实体的还是虚拟的。它比电子邮件跟踪要好得多，因为可以让更大的群体参与决策过程，而不仅仅在私人收件箱里查看。

这并不是使决策民主化。一旦有了责任映射图，就比较容易就决策的责任人达成一致。如果决策责任人仍然不能确定，业务成果的负责人可以根据具体情况指定一名责任人。决策权归属于决策责任人，决策记录只是促使他们认真考虑其他人的意见。相反，召集会议讨论一个问题的常见做法，往往以大量讨论但没有决定而告终。决策往往在会后做出，并作为会议的结果呈现出来，但没有人对此负责。为了确保责任落实，会议议程应该明确说明要做出什么决策以及谁是决策的责任人。

6.7.2　工具

有些免费的开源软件（如 Loomio[⑪]）可用于记载决策记录。下面的描述并不是为某个特定的工具背书，更多的是想介绍这类工具可能具备哪些能力。图 6-5 通过一个相对简单的例子说明了决策制定过程中的步骤。

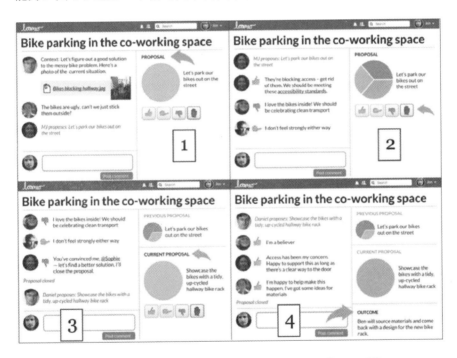

图 6-5　使用 Loomio（www.loomio.org）作为决策记录系统

1.　共享上下文。详细描述正在讨论的问题。人们开始发表评论，有人提出解决方案。

2. 其他对提案进行权衡。

3. 根据人们的建议，放弃一个提议，并提出另一个方案。

4. 后一个方案得到了广泛的认可，并被记录下来。

亲测有效！

《连线》杂志上刊登的一篇关于 Loomio 的文章[12]，报道了某个合作伙伴遍布世界各地的旅游公司是如何成功使用 Loomio 来进行咨询决策的。对于重要的决策，他们会向员工和一些成功的合作伙伴收集意见。虽然维护决策记录并非为了推动问责制，却在无意中收获了问责制。

6.7.3 范围

并非所有的决策都需要如此记录。人力资源和敏感的商业决策可以不记录，或者只限于在更小的群体内分享。产品层面的决策则可以与整个产品团队共享。在日常工作中，以下容易产生争议的领域都可以考虑采用决策记录：

- 有关市场和销售策略的商业决策

- 改变或者调整商业模型的决策

- 启动或停止项目的决策

- 自建或者采购软件的决策

- 采用技术标准的决策

- 高层架构或设计决策

- 决定产品路线图的决策

- 在教授 - 企业家模型中，成果负责人否决职能领导的决策

- 基于外部评估决定是否继续研发的决策

6.7.4　阻力

当然，采用这样的系统必然会遇到重重的阻力。表 6-2 列出了一些可预见的反对意见和对应的澄清。如上所述，讨论的开始即明确谁是最终的决策制定者，会带来很大的帮助。可以用责任地图来辅助明确责任人。任何决策总会有一个或多个责任人，但是常常没有正式的渠道知道他们是谁。

表 6-2　决策记录的阻力

异议	澄清
导致决策缓慢	并非如此。假如现在达成一项决定需要在十天内开三次会，那么在采用决策记录系统后，决策制定者在第一次会议后就可以立即在系统中发布决策建议初稿，这不会花更多的时间
如果决策责任人必须寻求共识，他们就会失去权威	首先，决策记录系统强制要求每个决策都要有负责人，而往往一半的争吵都围绕这个问题。其次，没有必要推动共识。决策责任人可以自由地做出与某些输入相反的决策，并对其负责
对于那些不应参与该决策的人来说，会是一种巨大的干扰	说得就好像人们从来不在其他事情上分心似的。时间管理是每个人自己的责任。只需要邀请那些有决定权或输入权的人参与。此外，这个系统节省了时间，因为它省去了某些不必要的会议—仅仅只是为了照顾一些人的感受，即使他们没有任何输入，也都会被邀请的会议
该系统的信噪比会很低，决策者将浪费时间去筛选不请自来的、低水平的输入	决策者可以自由地忽略他们认为无用的意见。可以按投票数排序，从而突出值得注意的输入。可以借助社区的力量来避免虚假输入
记录每一个决策的背景和利弊很浪费时间	这肯定会有一些成本，但回报是更大的透明度和更少的遗漏错误。每个团队可以自行决定他们想要进行多详细的决策记录

事实上，很多领导并不情愿以书面形式来阐述自己的立场，因为担心以后被证明是错误的。他们喜欢私下、单方面制定决策，然后当作团队的集体决定。在职业发展方面，这种策略可以保持决策正确的回报，同时最大限度地降低决策失误的风险。但这是对问责制的嘲弄，同时又违背"快速失败、快速学习"的理念。决策机制并非必须如此。如果一个决定只是以事后之明才能看出错误，那么决策者就不应该为此受到惩罚。我们只能期望决策者充分采集信息后做出深思熟虑的决定，但不能要求全知全能、永不犯错。在决策记录的帮助下，高层领导得以确认是否所有决策都做到了充分采集信息并深思熟虑。

最后，值得注意的是，艾柯夫（Ackoff）曾经提出一个更全面的组织学习适应管理支持系统[⑬]，这里提到的决策记录系统有点类似于其中的一个组成部分。

6.8　计划和执行

有时候，计划和执行角色的分离会导致责任空悬。在 IT-B 中，执行最接近交付软件、兑现业务成果的目标，而计划则至少隔着一层。中层领导、IT 主管及其以上的领导者都是高层计划人员，他们所有的直接下属也是计划人员。除了开会，他们几乎从不直接与执行人员一起工作，也从不直接服务客户。

执行包括如下活动：充实故事细节、创建推广材料、组织活动、引导客户进行健康检查、处理客户工单、电话销售、编码、测试、撰写文档、构建、部署、系统管理等。而计划则包括：提供架构或设计、制作或评估商业案例、批准资金、安排工作、配备团队、选择供应商、做发布计划、跟踪进度、创建状态报告、协商范围、核对预估、执行回顾、设计约定/政策/度量指标。大多数 IT 组织内，一个人要么只制定计划，要么只负责执行。这种角色的分离是不合理的，原因如下。

执行者的薪酬级别是否低于计划者？

Ava 是一个项目经理，她整天忙于跟团队和项目利益相关人打交道，在工作中使用项目计划和跟踪工具、电子邮件、状态报告、估算、风险表以及燃起图。她曾经是一名优秀的测试工程师，但早已不从事测试工作。一方面，她忙于项目管理，没有时间做测试。另一方面，她被灌输了这样的观念：她已经成长并超越了测试阶段。组织和市场的规范也认为，测试这个工作低于 Ava 当前的薪酬水平，Ava 的时间很宝贵，不值得花在测试上。就这样，她也从一个面向执行的工作转岗到了面向计划的工作。

6.8.1　分离的危害

规模较大的组织需要一定的层级，且一定程度的分工也是必须的。然而，层级和分工都会带来问题。一般情况下，层级倾向于将决策权集中于高层。这会侵蚀执行者的自主性，损害他们内生的动力。计划和执行的分离进一步加剧了这种侵蚀。

计划与执行的分离不是一种传统的分工方式。传统分工沿着技能边界进行（比如视觉设计专家缺乏开发者的编码技能，反之亦然），而计划和执行的分离则是按照层级边界进行分工，使得管理者和劳动者之间产生了阶层。前面的例子中，Ava 有测试技术背景，但因为按照层级分工的原因而停止了测试工作。当组织设计规定了计划和执行之间的分离，晋升就意味着走向计划主导的角色。这会带来几方面的问题。

- **能力**：并非每个人都同样擅长计划和执行。但是，如果职业生涯没有其他的上升通道，所有的执行者——无论擅长与否——都渴望成为计划者。这会导致优秀执行人才的流失。

- **尊重**：一些组织内部，执行者和计划者有相同的薪酬待遇，但是并没有获得等同的尊重。比如，执行者可以成长为技术专家，也可以获得薪酬的增长等，但对他们进行绩效评估的往往是计划者，而他们从来没有机会对计划者进行绩效评估。绩效评估不可能完全客观，因此这种安排在计划者和执行者之间建立了一种不平等的权力关系。

- **公信力**：领导者越是能在必要的时候动手解决实际问题，团队成员就会越发尊重他们。否则，领导就只能要求被尊重，却不能靠自己的行动赢得尊重。保持亲力亲为，能够帮助管理者理解为什么实际工作量会远远超出预期。他们可以边做边观察，如果他们能够做得更好，那么就可以将经验传授给团队。

- **责任**：决策由那些既不承担责任又不参与执行的人做出（比如，架构师如同住在象牙塔里，只在白板或者建模工具中设计，从不通过代码来实现）。如果在执行过程中出现了问题，人们的默认反应是归咎于执行不力，很少反思是否可以做出更好的决策。为什么执行者不指出有缺陷的决策才是问题的根源？这是因为决策的集中导致了权力的集中。项目经理、产品经理、架构师不仅在日常的项目管理中有决策权，他们还有对团队进行绩效考核的权力。不管怎么鼓吹 360 度反馈，反馈的权重终归还是受级别的影响。对决策质疑太多，可能会对执行者的职业发展造成影响。所以，他们也只能私下发发牢骚。

当然，许多计划者并不都是专制的决策者，他们确实会向团队咨询。然而，没有任何制度机制可以使协商决策成为常态。决策并不必须是民主的，甚至不必是协商一致的，但确实应该咨询执行人员。不过，每当有人建议要使决策过程更具包容性，就总有人反对：这会拖慢事情进展，使组织陷入瘫痪。在上一节我们已经解释过，未必如此。对于权力和责任的清晰理解有助于避免潜在的僵局，承担责任的人需要有最终的决策权。但情况常常是权力很明确，责任却很模糊。计划和执行的分离，往往只是赋予了权力，并没有指定责任。

在计划和执行分离的情况下，责任如何界定呢？也只有在出现问题的时候才会有这种诉求。有时，在执行过程中出现了明显的错误，责任就很容易界定。有时，计划人员指责执行人员不按要求来，一意孤行，把事情搞砸了。这就滋生了一种无条件服从的文化。另外一方面，很多组织对执行进行了审查，却并没有对决策提出质疑的机制。即便偶尔对决策提出了质疑，决策制定者也总能以外部因素的不可控为由来规避责任。

6.8.2　森林和树木

> 不让身处问题现场的人去寻求如何改善，而是让他们生成报告并盼着远离现场的人去改善。这不会给解决问题带来任何建设性的见解。
>
> ——佩蒂特（Ross Petit）[14]

计划和执行的分离将导致执行者不能在执行之外做决定，他们只能给计划人员提供输入。这被认为是一个好的做法，因为执行人员很可能只见树木而不见森林。然而，基于同样的比喻，我们也可以说计划人员很可能只注意到露生层和冠层，而忽略了灌木层和地面层[15]。除非有人具备异乎寻常的领会能力，否则，只能靠平时掌握细节的人退后一步来达到"既见树木又见林"的效果，而不能指望原本不掌握细节的计划人员一夜之间了解细节。计划和执行的分离不会带来任何帮助。

例如，内部销售人员和现场销售人员非常了解目标客户群体。销售工程师了解潜在的最终用户想要什么。支持工程师了解产品对用户需求的满足程度。开发人员知道，以略微不同的方式实现相同的功能，付出的努力可能差别巨大。IT 运营工程师知道什么会导致服务器瘫痪。产品管理人员通常对长期悬而未决的功能需求、竞争者的能力和行业趋势有敏锐的认识。与其让他们为决策提供输入并代表他们做出决定，不如让计划人员在这个过程中发挥支持和审核作用。这就要通过真正的授权来赋能规模化运作。

6.8.3　职责重叠

为了弥合计划和执行之间的鸿沟，我们可以将职责重叠起来。比如在组织内要求计划人员投入 20% 的时间来从事实操工作。架构师可以花一些时间编码、进行性能测试或处理项目中的技术债务，这样就能理解实践过程中事情的难易程度。总监、副总裁、工程主管或开发主管，可以花一些时间为部署脚本或持续集成基础设施提供支持。项目经理可以安排时间进行软件测试。IT 财务分析师可以帮助编写或评审用户故事的验收标准。

甚至，他们可以每周花一天时间与工程师结对。结对可以使上下文切换更加顺畅，而且不用专门费心划出正好能填充 20% 时间（参见第 10.3.4 节）里的一小块工作。每天抽出 2 小时来处理零碎的工作，并没有太大帮助。每周一天比较理想，但通常不现实。至少，计划人员应该努力每月拿出 4 天时间来与一线实操人员结对。

职责重叠有什么好处呢？这是一种获得团队信任的方式。相比空谈和基于计划、图表和指标的权威，展示执行能力并以身作则，能够更好地领导团队。定期参与执行工作有助于我们了解现实情况，并更好地制定计划。在基层员工眼里，一层又一层的领导早已脱离实际工作，毫无可信度。另一个好处就是，通过换位思考，我们可以获得新的视角。这会带来更为明智的决策——光是这个好处，通常已足以值回计划人员花在实操上的 20% 时间。

6.8.4　应对阻力

不幸的是，反对亲力亲为的往往不是高管，而正是计划人员自己。特别是已经有一段时间没有动手操作的人，他们可能会担心暴露自己已经技能生疏的窘态。这需要适当的软处理。一种方案就是让计划人员参加为期一周的"回归实践"工作坊，在这里，不会有面对自己团队的尴尬，同时也要给他们准备一颗不会被降职的定心丸。

有些计划人员喜欢对下属指手画脚，如果项目产出没有达到计划要求又甩锅给下属。他们担心，一旦下属发现自己在执行方面并不是什么超级英雄，自己就会失去对团队的控制。这些计划人员必须得到帮助，以摆脱指挥型领导风格，转而采用支持型或教练型的领导方式。

在某些情况下，计划人员的工作负担过重，使得任何关于执行的讨论都显得可笑。这个问题只能视具体情况具体分析。第 8.6 节（引入项目助理）和第 10.3.4 节（避免兼职任务）提供了一些可能的办法。

对于那些长期从事计划工作的人员，这是个巨大的习惯改变。但当执行人员刚被提拔到从事计划角色的时候，要求他们把 20% 的时间投入到执行相关的工作中，会简单得多，效果也会更好。鼓励他们永远不要远离执行，这是使组织规范逐渐形成一种制度的好方法。

6.9　组织债

本章和前两章探讨了组织重组的话题。转向成果导向的跨职能团队、放弃矩阵型组织、采用教授 - 企业家模型，这些都是结构重组的例子。厘清责任、指定成果负责人、计划和执行职责重叠，这些都是运营重组的例子。这种有意的重组与被动的调整是不同的。

组织的重组往往是被动的，随着提拔、聘用、合并、收购等事件的发生或者是为了留住顶尖人才，组织慢慢发生了变化。虽然这些被动的调整不可避免，但有必要偶尔后退一步，主动思考："重组是否违背了我们此前介绍的原则。我们是否错误地创造了自主权和责任失衡的职位？我们是否模糊了成果所有权或损害了成果负责人的权威？我们是否创建了面向活动的团队？"如果是这样的话，说明我们已经背上了组织债。我们需要一轮审慎的重组来偿还这笔债务。

这和软件中的技术债®相似。在临近发布前，开发人员会使用快速而拙劣的方法实现功能。如果放任不管，代码库将随着时间的推移而腐化，从而成为一种负担。因此，优秀的技术领导总是从产品负责人那里争取时间重构代码，从而尽快偿还技术债务。重构过程是以良好的设计原则为依据的。组织债务也需要做类似的处理。有意的重组有助于偿还组织债。回到基本原则，我们需要审视：员工是对活动负责还是对成果负责？组织取得良好的成果了吗？是否所有成果都具备独立的价值和可实现性？（第 4.1 节）。就像软件一样，组织债如果不及时清偿，就会以竖井、政治和地盘争夺的形式逐渐成为组织的负担。

6.10　观点小结

- 敏捷软件开发倾向于代码的集体所有制。然而，跨团队业务成果的集体所有制则完全是另外一回事。

- 非正式的权力结构比正式的更糟糕。如果组织采用业务成果的集体所有制时自欺欺人，就会出现这种非正式的权力结构。

- 明确的责任有助于澄清决策权与建议权，可以帮助避免决策僵局。

- 每个业务成果或子成果都需要一个全职的、专门的成果负责人，其权力与实现成果的责任相称。

- 计划和执行的分离并不是一种良好的分工机制，它会导致责任空悬的问题。

6.11　行动小结

- 尽可能地重构组织，实现从成果的多权力中心到单权力中心的转变。

- 发布责任地图，清楚地描述多所有者成果的责任线。这是信息辐射器的另一个例子。

- 尝试教授 - 企业家模型。创建具有自主权而非权威的职能领导角色，以帮助避免地盘争夺的问题。

- 推动透明的决策记录。它提供决策的问责制，可以帮助避免不作为的错误。

- 通过让计划人员抽出部分时间（比如 20%）参与执行工作，从而避免计划和执行完全分离。

- 运用本章和前两章阐述的原则，定期清偿组织债。

注释

① http://science.howstuffworks.com/question200.htm

② http://www.jofreeman.com/joreen/tyranny.htm

③ http://time.com/10228/obamas-trauma-team/

④ 感谢 Nicolay Worren（推特账号 @NicolayWorren）向我推荐这份报告：http://www.boozallen.com/media/file/HRPS_Challenges_Strategies

⑤ http://www.economist.com/news/business/21610237-businesses-must-fight-relentless-battle-against-bureaucracy-decluttering-company

⑥ http://www.youtube.com/watch?v=ypEMdjslEOI#t=3855

⑦ https://www.mckinsey.com/business-functions/strategy-and-corporate-finance/our-insights/enduring-ideas-the-three-horizons-of-growth

⑧ Ackoff 1999

⑨ http://www.forbes.com/sites/derosetichy/2013/04/15/what-happens-when-a-hippo-runs-your-company/

⑩ http://en.wikipedia.org/wiki/Plausible_deniability

⑪ www.loomio.org

⑫ http://www.wired.com/2014/04/loomio/

⑬ Ackoff 1999

⑭ http://www.rosspettit.com/2012/04/shorten-results-cycle-not-reporting.html

⑮ http://en.wikipedia.org/wiki/Rainforest#Layers

⑯ http://martinfowler.com/bliki/TechnicalDebt.html

第 7 章

一致性

我们一直在提倡自主的团队，如果有人担心自主团队会削弱 IT 和业务战略的一致性，也是很自然的事情。在这短短的一章中，我们将看到如何使 IT 和业务战略保持一致。我们还将着眼于改善 IT 和业务之间的协作。本章内容与第 3 章中"设计的目的是促进自主性"的主题遥相呼应。确保一致，可以让我们在设计自主团队时不必担心失控，失控的自主性正是竖井形成的常见原因。

7.1 阐明通用一致性的战略

无法通过日常取舍来阐明的战略，是无效的战略。

- 在企业架构中，只说"应该为高可用性而设计"是没用的。"相较于一致性，需要更重视可用性"，这么说才更有价值。

- 阐明"自研"与"外采"的利弊，并提供在 IT 环境中做出选择的指导方针，对于一些让人头疼的变革项目，这将有助于避免让人觉得难受的事后调查。

IT 和业务的不同层面都存在着取舍。越是有意承认并阐述这些取舍，大家越容易与战略保持一致。

卓越运营、产品领先、亲近客户

在竞争激烈的市场环境下，组织必须充分发挥各自的优势。这不仅关乎组织或企业选择投身于哪个细分市场，同时也关乎选择什么样的经营风格。《市场领导学》一书[①]认为："为了在 21 世纪取得好成绩，一家公司只能在卓越运营、产品领先或亲近客户三个价值准则中选择一个，并押上整个公司的市场声誉。"

简单来说，"卓越运营"是指以优惠的价格提供足够好的产品或服务（例如，低成本航空公司业务），因此成本控制非常重要。"产品领先"是指创新和质量（苹果的产品就是这样一个耳熟能详的例子）。"亲近客户"是指对客户的需求有细致入微的理解，它通常适用于服务行业，这意味着需要全力为客户提供一个完整的解决方案，为此，可能需要整合自家产品之外的解决方案。

透过这个框架的视角我们会发现，我们所欣赏的那些公司大多表现出这三个特征中的某一个。卓越运营是指视成本效益重于其他属性的理念。另一方面，第 3.3 节中描述的"响应能力高于成本效益"的信条，则更适合那些由产品领先或亲近客户而驱动的组织。一旦组织决定了自己的经营风格（即价值准则），并在内部进行了广泛的沟通，它就会成为进行权衡取舍的实用指南。从这个角度看，第 5 章中所有反对活动导向的团队和共享服务的论点就更有意义了。管理者大多有一种想要尽可能提高利用率或生产力（即卓越运营）的本能冲动，重申价值原则有助于平衡这种冲动，促使他们考虑响应能力。

即便对于由卓越运营驱动的企业，其 IT-B 组织也往往更倾向于研发而非运营。卓越运营适用于运营；而 IT-B 的使命是战略产品或业务能力的研发，而非运营。例如，一家电商公司的目标是卓越运营，那么 IT-B 该怎么样呢？这取决于电商平台是自建的还是采购的。如果是自建的，该平台就应当成为市场竞争的差异化因素，因此最好是由一个产品领先的价值准则驱动的团队来运营它。

一家公司，两张面孔

Koparati Inc. 是一家 IT 公司，它提供定制化构建服务（软件开发和系统集成），同时也提供套装软件产品。服务和产品作为两个不同的业务单元运行。然而，为了给员工提供多样化的经验和成长机会，员工可以从产品部门转到服务部门，也可以从服务部门转到产品部门。这也使得两个部门可以共享招聘和人力资源团队。大多数情况下，IT 产品研发和 IT 应用开发服务涉及的技能是相通的，但遵循的价值准则有所差别。

像 IT 服务这样的线性收入业务需要非常高的客户导向，而非线性收入业务（比如产品研发）则需要超常高度的产品导向和客户导向。例如，在 IT 服务中，客户期望你针对它的情况找到量身打造的解决方案；而在产品中，解决方案不是为任何单个客户设计的，而是为某个细分市场定制的。产品支持团队在提供客户支持时，被鼓励改进产品文档，而不是花大量时间来手把手教提出问题的用户。产品支持的重点，更多被放在发展用户社区，以便于用户可以互相帮助。

Koparati 的领导层认识到了这些差异。服务部门的价值准则是亲近客户，而产品部门的价值准则是产品领先。有了这个清晰的认知，才能准确地描述两个部门分别需要什么样的行为，并对员工进行相应的引导。在产品部门，员工可以基于产品领先的价值准则来权衡照顾单个客户和关注产品的时间。

7.2 IT 与业务对齐

业务战略必须放在首位。当业务战略得到普遍理解和接受后，IT 才能与业务对齐。有时候，这第一步本身就是一个障碍。业务战略可能只存在于高层领导的头脑中，除了愿景、使命和年度计划，没有其他途径来阐述或分享业务战略。信不信由你，造成这种情况的原因可能很简单：

- 高管只是还没来得及把它落实到书面上；

- 他们自己也不是很确定，还不想将战略落实到纸上；

- 公布战略可能是暗示某条业务线不如其他业务线重要。为了避免部分人的不满，高层领导选择的是不把情况讲清楚

如果 IT 部门未征得业务部门同意，就假定自己共同拥有业务战略，则会出现另一种麻烦。在这种印象下，IT 投资的一些新产品或新点子，未见得能得到业务部门的肯定。IT 对数字型企业的战略意义是无疑的，但如果业务部门不认可，愿景就会变成空洞的陈词滥调。在托平卡（Joseph Topinka）2014 年出版的 *IT Business Partnerships* 一书[②] 中，第 1 章的第一句话就证实了这一点：

> 据全球商业研究和咨询公司 Forrester Research 估计，只有不到三分之一的业务部门在战略规划工作中会让 IT 参与。

有鉴于此，以下情景并不罕见。

业务和 IT 对于拆分的分歧

在一家电商平台供应商中，大家都知道必须拆分现有的单体平台，以便提高销售额。然而对于拆分的意义，业务和 IT 各有各的想法。如图 7-1 所示，业务（业务经理）认为，"核心平台 + 插件"的方式对销售有好处。例如，他们想将欧洲语言功能作为基础英语包的插件来销售。

另一方面，平台架构的领导者（IT-B）则认为，应该对目录、购物车和发票等功能进行拆分，这有助于潜在买家将其现有的解决方案与拆分后的平台各组件进行结合和匹配。因此，他们开始使用架构预算方法，沿着能力边界来进行拆分。

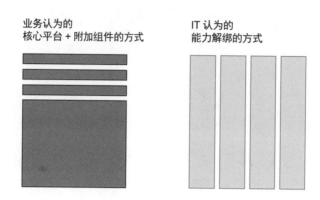

业务认为的
核心平台 + 附加组件的方式

IT 认为的
能力解绑的方式

图 7-1　两种分拆的视角

当我（作为一个外部顾问）指出业务其实并不关心这种类型的拆分时，他们基本上都会说：业务并不清楚如何通过平台来赚钱，只有靠 IT 先做出来并展示给业务看。同时，业务经理想要的"可配置插件"功能也进入了开发，只不过用的是业务部门的项目经费。

无论出于什么原因导致各部门与战略没有对齐，最终责任都在于高层领导：他们有责任确保业务战略得到阐明、分享和认可。一旦有了明确的战略，业务部门就需要确定 IT 是按业务优先级来使用资金的。如何确保 IT 的优先级与业务部门持续保持对齐呢？无论钱是花在业务功能上，还是花在企业架构和基础设施上，都需要将实际的工作与战略优先级明确对应起来，让大家都看见并达成共同理解，这有助于优先级对齐。我们来看看如何做到这一点。

7.2.1　MIT 的运营模式

运营模式在 *Enterprise Architecture as Strategy* 一书[③]中有所描述，这本书源于 MIT 斯隆管理学院信息系统研究中心的研究工作。运营模式为 IT 战略提供了高层次的导向：首先按照两个 IT 的维度——集成和标准化——画出四个象限，然后将业务上下文投射到四个象限中。这个过程需要高层管理的积极参与。如果业务部门的日常运作依赖于其他部门的数据，那么集成性质的需求就会被确定为高优先级。如果跨部门运作的标准化有很大的提升空间，那么标准化性质的需求就会被确定为高优先级。然而，非必要的标准化要是与业务需求不一致，往往会适得其反。确定了对集成和标准化的需求，我们就能在集成 - 标准化的四象限中选定运营模式，然后再根据普遍理解的运营模式来给企业架构的设计提供参考。

7.2.2 步速分层应用策略

Gartner 公司提出的步速分层应用策略[④]根据必须变更的范围、所需的变更控制程度和需求明确程度对 IT 系统进行分类。此后，该分类方法被用于指导各类系统的选择、投资、规划和管理。记录型系统（例如工资和人力资源系统）就像公用设施（水、电等）：尽管必不可少，但必须是经济划算的。差异型系统（如商业 SaaS 产品）给组织提供竞争性优势。创新型系统的建立是为了尝试新的想法并将那些表现良好的想法转化为差异化系统。

这种分类方法与系统发生的变更步速相关。记录型系统往往是（且必须是）最稳定和最长期存在的，而创新型系统则是短暂存在的。系统分类使得 IT 与业务得以基本对齐。现在，我们可以用分门别类的方法来处理这些系统。

布兰德（Stewart Brand）在他的《建筑养成记》（*How Buildings Learn*）[⑤]一书中提出了步速分层的概念，描述了为何建筑的外层（如室内布置、电线和管道）比内层（如墙壁、梁柱和地基）变化更快。在另一本题为《万年钟传奇》[⑥]的书中，他将这一概念扩展到了社会体系，例如城市甚至整个文明。他指出，虽然外层受众人瞩目，但它们依赖于内层且由内层来驱动。换句话说，稳健的记录型系统为差异型和创新型系统提供了必要的基础。

7.2.3　一致性图

一致性图（有些类似于影响地图[⑦]）是简单的信息辐射器，显示了业务诉求和日常工作之间的关系。我们使用一个简单的映射机制：业务诉求→架构区域→技术故事。也就是说，用这种方式来展示技术故事对架构目标有什么贡献以及架构目标与业务有什么关联。一致性图的例子如图 7-2 所示。

(a)　各个架构区域被映射到业务诉求上，每个区域内日常架构工作都被列出。例如，"拆分解决方案"的业务需求，可能会引发"实现数据隔离的架构"这样一条行动项，然后形成一系列的技术故事来执行。并非所有的团队都会随时参与所有日常架构工作，因此，创建团队级的映射图并突出活动区域是很有用的。

(b)　团队 A 的映射图描述了他们当前的工作（自动部署到测试环境）如何支撑"持续交付"的架构目标、后者又支撑"缩短交付周期"的业务目标。

(c)　团队 B 的映射图描述了他们当前的工作（抽取客户数据库）如何支撑"实现数据隔离"的架构目标、后者又支撑"拆分解决方案"的业务目标。

(d)　最后，可以在业务和 IT 之间的定期同步会上展示这个映射图。该图有助于业务了解各条线工作如何与业务目标对齐，还可以用来采集对各方面进展的业务满意度，并基于这些输入来调整下一周期工作的优先级。

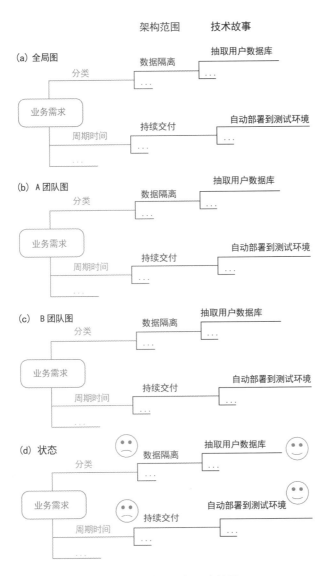

图 7-2   架构 - 业务一致性图

如果所有的团队都以一致的方式使用该图作为信息辐射器，将有助于大家共同理解架构工作如何与业务诉求对齐。也可以用类似的映射图来促进业务项目和业务目标保持一致（映射机制改为业务诉求→项目群→项目）。

7.3 结构一致

IT-B 团队与业务单元对齐后，追求日常工作的一致性才有基础。例如，一个保险企业可能有独立的多个部门，如新业务（获客）、保单管理和索赔管理。IT-B 团队也可以按照同样的业务线来组织，每个独立的 IT-B 团队都负责对应业务伙伴的所有 IT-B 需求，无论是维护现有系统还是构建并迁移到新系统。

这样的结构一致化使我们非常接近于理想状态，即将 IT 嵌入业务单元、消除业务和 IT 的分离（第 1.2 节）。然而，如果 IT-B 组织仅仅被看作是一个大的 IT 资源池，只要有预算不管什么项目都不加区别地分配 IT 资源，则很难让这种重组凑效。我们需要以能力为导向、而不是以项目为导向的 IT 愿景。这个话题将在第 8.2 节中展开。

7.4 让业务发挥作用

IT 经常因为不能满足业务期望而被指责。然而，业务对于 IT 工作的成功也举足轻重。正如 IT 需要与业务对齐一样，业务也需要与 IT-B 的执行模型对齐。当然，这首先假设了 IT-B 负责执行模型，但遗憾的是，情况并非总是如此。

如果产品负责人来自业务方，那么有一点他们必须要明白：与产品研发团队的交互并非一劳永逸。如果他们自己无法充分参与到产品研发中，那就需要从 IT 部门挑选代表来代行决策。业务干系人必须明白，苛求研发工作的可预测性会适得其反，试着用价值而非计划驱动工作，能获得更好的产出（第 8 章）。他们必须了解迭代开发的价值，理解最小可用产品（MVP）和最小可售产品（MMP）的概念，明白产品能不断迭代渐趋成熟。在这个过程中，有一个特殊的 IT 角色能给他们提供帮助，这个角色精通业务，名为 IT 业务伙伴。

IT 业务伙伴——一个新的角色

托平卡（Topinka）[8]为 IT 业务伙伴角色的常态化提出了充分的理由。以下是该角色能为以下事项提供帮助。

- 对齐 IT 与业务。

- 对齐业务与 IT 的执行模型。

- 呈现 IT 对业务的价值，最终为 IT 争取在商讨业务战略时的话语权。

他指出，有些公司已经有人在承担这一任务，他们的头衔各有不同，如业务关系经理、IT 联络员、客户执行经理甚至是高级业务分析师等。他们向 IT 领导报告，职位高且写用户故事的业务分析师。这些人的首要工作[9]就是翻译——将业务目标、背景和关注点翻译给 IT，将 IT 的想法和成果翻译给业务部门。

7.5　观点小结

- 无法用日常的取舍来阐明的战略，是无效的战略。

- 结构一致为工作一致提供了基础。

- 正如 IT 需要与业务对齐一样，业务也需要与 IT 的执行模型对齐。

7.6 行动小结

- 阐明组织的价值准则，用于指导日常的取舍。

- 首先澄清业务战略，然后寻求 IT 与业务的一致。

- 通过运作模型和步速分层等框架来确保高层次一致。

- 用一致性图将日常工作与战略目标关联起来。这些图表是有用的信息辐射器，也是评估各种项目对业务目标影响的视觉辅助工具。

- 考虑设立 IT 业务伙伴的角色，帮助业务部门和 IT 持续了解彼此。

注释

① Treacy and Wiersema 1995
② Topinka 2014
③ Ross, Weill, and Robertson 2006
④ https://www.gartner.com/doc/1635516/gartners-pacelayered-application-strategy-governance
⑤ Brand, S. 1994. *How buildings learn: What happens after they're built*. New York: Viking Adult.
⑥ Brand, S. 1999. *The clock of the long now: Time and responsibility*. New York: Basic Books.
⑦ Adzic, G. 2012. *Impact mapping: Making a big impact with software products and projects*. Surry, UK: Provoking Thoughts.
⑧ Topinka 2014
⑨ http://blog.hellersearch.com/Blog/bid/194081/IT-Business-Partner-Job-Description

第 8 章

项目

软件社区的先锋派已经超越了传统项目。一个流行的例子是第 5.4.2 节所讲述的 Spotify。但早在那之前，Forrester 公司 2009 年进行的一项调查[1]也显示，应用开发领域的领导者们正在有选择地从以项目为中心的执行模式转向以产品为中心的模式。在本章中，我们将探索这个转变背后的原因，及其对企业 IT 的影响。就第 3 章提出的关键主题而言，本章阐述的要点是"追求价值而非可预测性"。我们主张按照业务能力来组织IT，投资建立能力团队而非项目团队。本章最好与接下来关于财务和人员配置的两个短章一起阅读，因为这几个主题密切相关。

8.1　计划驱动的软件项目怎么了

一个项目算是一个临时组织，这个组织需要在预先规定的时间内、使用预先确定的资源、产出该项目独有的预先定义的结果或成果[②]。这句话里出现了三个"预先"，表明这是一个基于可预测性的定义。尽管也有其他的定义，但上述定义在很大程度上反映了 PMP 和 PRINCE2 等培养出来的项目管理社群的心态。即使这些项目经理使用 Scrum 来管理所谓的敏捷项目，他们也会受项目或发布计划的强烈指引，而非只关注有优先级排序的待办事项列表。发布计划代表对范围、预算和进度的精心预测——正如第 3.1 节所述，这个预测几乎从来都不会实现。

这种计划驱动的心态也反映了项目出资者的要求，而后者可能受华尔街模式的影响，总是希望能预测季度业绩。我们对华尔街的行为无能为力（不过，戴尔正是因为这个原因退市而转为私有化的[③]），但在组织内部，我们肯定可以选择采取不同的行为方式。

正如第 3.1 节强调的那样，行为上的改变是必须的，因为无论预期可预测性的原因是什么，预测的准确性总是不尽如人意。这是因为软件开发是设计过程，因此很难预测。与其追求可预测的产出，更好的做法是追求有价值的产出。例如预测团队在预期的日期前能可靠地交付一些用户关心的、有用的东西，但究竟交付什么（内部范围），即使提前一个月也无法预测。"我们什么时候能完成？"或"需要多长时间？"等经常听到的问题，应该被更正为"到这周或这个月结束，我们能做些什么？"这是从以计划为核心到以交付价值为核心的转变。能够两者兼得当然更好，但鉴于过去同行们追求可预测性的效果，如果一开始就同时追求价值和可预测性，很有可能会以悲剧结束。相比之下，还是价值比可预测性更重要。

计划驱动型项目是传统的 IT-B 部门计费和投资方式造成的结果。我们需要将项目资金与 IT 预算周期脱钩。另一个有问题的方面是，虽然项目团队属于临时团队，只持续到项目结束，然而它创造的东西却要持续很长时间。行业中的许多组织，特别是新一代的独立软件开发商，已经认识到了计划驱动的局限性，并转向了价值驱动模式。为了理解这种模式，我们需要了解项目导向的方法和能力导向的方法对 IT-B 部门的执行而言有何区别。我们还需要了解计划驱动型项目如何被包装成商业个案以及这种包装手法的问题所在。接下来的三个小节将涉及几个方面。

8.2　为能力而非项目编制预算

传统的 IT 预算编制过程首先需要对即将到来的项目进行估算，据此来计划支出。为了便于估算，高级别的项目范围须在前期就固定下来。鉴于第 3.1 节所描述的软件开发的变化无常，针对固定范围的计划通常会遇到麻烦。如果时间和预算固定、但可以自由地替换（甚至减少）内部范围，事情就好办很多。然而，在传统预算的世界里，保持预算不变的同时减少内部范围会被视为欺诈。针对设计过程（而非生产过程）的预算需要转变思维，因为预算模型对 IT-B 的执行模型和人员配置模型有很大的影响（图 8-1）。基于计划 / 项目的预算编制方法会强制推行"项目"执行模式，强调按计划交付。项目还意味着临时团队，这并不是提高以业务为中心的 IT 能力的最佳方式。通过转向基于团队能力的预算方法（如下所述），可以将执行模式引导到以稳定、长期、结果导向的跨职能团队来实现价值。

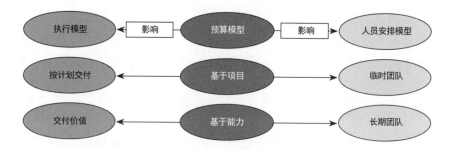

图 8-1　预算模型的影响

按照基于能力的预算编制方法，我们不会批准一系列项目的预算，而是根据对不同业务 IT 能力需求的战略评估，为所需的团队能力批准预算（将在下一节描述）。这个方法之所以可行，因为 IT-B 的的成本大部分是人员工资。因此，我们可以根据能力计划（预算）成本，并按照能力团队开发的功能记录实际发生成本。成果负责人批准将团队能力用于某项具体的工作，从而将预先批准的资金投入使用。我们不是将资源（人员）分配给计划中的项目，而是将范围（或路线图，或一组问题陈述）分配给长期存在的团队。规模化敏捷框架（SAFe）描述了这种方法的一种变体[④]。

能力预算不需要跟踪项目层面的成本变动，因为做预算时用不着再考虑单个项目的成本。成果负责人确保团队能力的预算，并根据价值交付的需要实时分配预算。以关键（业务）业绩指标（KPI）形式呈现的、面向结果的度量，有助于推动资金使用的问责制。这种方法避开了以项目为中心的思维，由此产生的预算编制过程比起基于项目的预算编制过程得以大幅度的简化。

8.3　以业务能力为中心的 IT

根据定义，项目是一个临时组织（团队），执行团队通常由来自全局 IT 资源池的人员组成，他们完成项目后会回到资源池中。资源池可能包括员工、合同工以及来自 IT 供应商的完整团队（包括外包／离岸团队）。这是一种糟糕的能力发展模式——这里所说的"能力"并不是指工程能力，而是指对 IT 资产中内嵌业务的理解。这种理解只能存在于人们的头脑中，外部文档顶多能提供一定的帮助。获得这种能力的最佳方式是组建一个稳定、长期的跨职能团队，这样的团队及其长期负责的系统共同构成 IT 的业务能力。为了有效的决策和问责，每个领域的能力都要分配一个能力负责人。

能力与业务能够很好地保持一致。能力团队是围绕业务能力边界来组织的，而不是围绕架构边界（如 API 或前端）来组织。例如，电子商务业务具有购买、销售、商品管理、营销、客户服务、订单管理和履约等能力。保险业务具有保单管理、索赔管理和新业务等能力。电信业务具有网络管理、服务开通和保障、计费、收入管理等能力。能力平台对数字化转型工作尤为重要（第 1.4 节）。如图 8-2 所示，多个软件应用、API 或产品可能构成一种能力。软件产品可能来回变动，但能力长期存在（只要业务没有发生根本的变化）。正如表 8-1 所指出的，产品／应用／API 团队比项目团队存在时间长，但比能力团队短。在企业 IT 中，能力团队拥有与该能力相关的所有系统，包括记录系统、差异化系统或创新系统。本着 DevOps 的精神，它们要由能力团队来构建和运行。

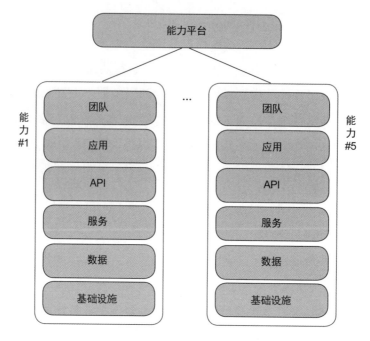

图 8-2　能力包含什么

表 8-1　长期能力团队

组织单位	生命周期	效果
IT-B 项目团队	构建 IT 资产的短期组织形式	生命周期不适宜团队的构建
产品、API 或应用团队	中期 IT 资产	围绕产品、API 和应用维持团队，次优的选择
以能力为中心的团队	长期组织资产	围绕业务能力维持团队，最优的选择

独立软件开发商早就明白了这一点，他们从来不以项目方式来组织产品开发团队。同样的道理也适用于企业 IT。一旦有了长期存在的能力团队，他们就会拥有自己的产品（内部或外部）、API 和应用程序，我们就会发现，启动新项目的需求减少了。毕竟，大多数项目都是对现有功能的增强，所以它们可以被视为功能路线图上的新增项。这些新增项可以用已经划拨出来的能力预算资金来完成，只要业务负责人批准。图 8-3 说明了这两种 IT 执行方式的区别。基于项目的方式会从一个免费的

IT 资源池中抽调团队，团队快速组建、经过相对较短的项目周期后又快速解散。项目团队完成开发后转去做新的项目，留下运营维护团队来处理他们留下的作品。而另一种方式，基于能力的方式，则是从较粗粒度上划分业务能力，并为每项业务能力分配一个稳定的、长期存在的团队。能力团队有他们自己的路线图和预算。只有跨能力的工作项需要以项目的形式单独投资和管理，但仍然不需要为之设置单独的团队，而是将变更范围适当地分解成特性、史诗和故事，并指派给相关的能力团队。项目成果负责人与能力所有者进行沟通，来影响优先级的确定并协调依赖关系。

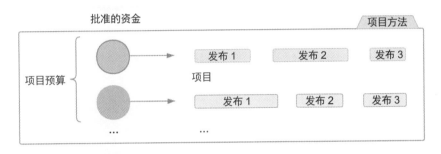

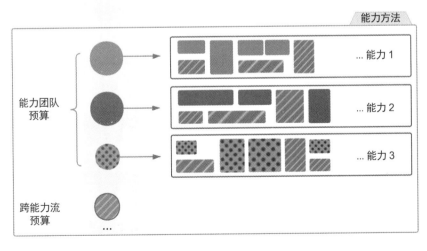

图 8-3　项目团队与能力团队的对比

如果 IT-B 能力被外包了，怎么办？此时还能负担得起长期存在的能力团队吗？关于人员配置的 10.2 节描述了如何在不增加成本的情况下实现这一目标。不断增减人数的项目模式无助于能力建设，差异化系统最好不要以这种方式发外包。

突发的计划外项目呢？如果能力团队没有剩余产能，难道不需要另外成立一个项目团队吗？答案是不需要。在能力团队之外另建临时团队并不能增强组织的能力，只会导致知识的丢失和维护方面的问题。最好是临时补强能力团队，让他们承担计划外的工作。这样做会减慢能力团队正在进行的工作，但这是可以容忍的，至少优于在能力团队之外单独开发一堆软件再让能力团队来接管。

在一个业务方习惯于要求可预测性（尽管从来也没有真的获得可预测性）、固定范围和设定最后期限的地方推出这种模式，需要相当强的关系管理技巧。如第 7.5.1 节所述，设立 IT 业务合作伙伴的角色可能会有所帮助。第 10 章讨论了对长期稳定的团队的其他一些常见保留意见。

8.4　项目商业论证

IT-B 的工作通常意味着创建或增强 IT 资产。它需要得到高层赞助人和财务部门的资金批准，这些人可能会期望看到一份从财务角度论证项目可行性的材料，其中包含项目的成本收益分析，这样的材料称为“商业论证”（business case）。一份商业论证可能显示，不升级某个系统造成的成本远高于升级的成本，或者开发一个新系统的收益远高于所需的投资。在预算编制过程中，各个投资提案互相竞争，只有一部分项目能得到满意的投资，而商业论证是否有力，正是影响资金分配的因素之一（其他不太为人所知的因素包括人际关系的强度以及让重要人物满意的需要等）。

编写一份财务商业论证时，涉及到很多假设和调整⑤。常见的假设包括：运行旧系统和新系统的多年成本预测、开发新系统的现金流测算、使用预测、资金成本等。常见的调整包括：项目风险调整、通货膨胀、税收、现金流贴现、资产折旧等。使用基于这些假设和调整的数字，商业论证要呈现诸如净现值（NPV）、内部收益率（IRR）、投资回收期、盈利能力指数、投资回报率（ROI）或总拥有成本（TCO）等指标。考虑到涉及如此之多的变量，商业论证难免有些投机性，在实际收益方面往往会大打折扣。这有点类似于一个国家如何证明举办奥运会的资金支出是合理的。

一旦资金获得批准，IT-B 的工作就开始了，IT 财务人员会对照预算（计划）支出（基于商业论证中的预测现金流）来追踪实际支出。然而，在产生成本和创造收益之间，计划驱动的 IT-B 项目还有很长的交付周期。跟踪产生的成本很容易，但在开发过程中没有产生任何收益。因为这个阶段可能长达几个月，所以 IT 经理满足于按计划跟踪交付进度。如果某项工作花费的时间比计划要长，则意味着成本会上升，商业论证的测算就需要修订。如果修订超出某个阈值，计算可能表明商业论证不再成立——也就是说，预计的收益不再足够覆盖成本。冷酷的理性会告诉我们，现在是时候停止努力并撤销投资了。然而，一旦承认失败，就意味着 IT 经理和其他支持该商业论证的人颜面尽失。因此，商业论证通常会被重新改写，加入更多的预期收益，并修正各种假设和调整（根据新获得的信息来将其合理化），使其回到可行状态。

这一切都与实际收益无关。收益只在软件投入使用后才会产生。在计划驱动的项目中，真正的收益很难跟踪，而且很少有跟踪。这很不幸，因为使用实际收益数据验证商业论证的假设和调整非常重要，本应为下一轮投资提供参考。

在收益验证缺失的情况下，整个商业论证的目的只有一个，那就是确保资金的投入[6]。为此，收益通常会被夸大[7]。即便没有对收益夸大其词，也可能忽略各种无形的风险。Denning 与 Christensen[8]指出，戴尔在决定将什么业务外包给华硕时，过多地依赖于内部收益率和投资回报率分析。戴尔最终失去了自己的专业技能，并在华硕创造了一个强大的竞争对手。显然，他们的外包商业论证忽略了内部知识流失和失去创新能力的成本。

8.4.1　持续交付和分析支持的收益验证

通过分析生产系统的使用情况并以小批增量方式发布特性，就可以跟踪新特性的影响。首先，根据使用情况分析建立使用模式的基线。然后，每一次增量发布到生产中，都要分析其与基线的偏差。如果偏差是稳定的，就在此基础上重新设定基线。这样，我们可以对商业论证进行精细化的验证。更妙的是，快速反馈和小批增量版本降低了每次发布的成本，使人们可以尝试新的想法，而不用编写复杂的商业论证。在精益创业方法[9]中，这被称为"构建 - 测量 - 学习"反馈循环。

8.4.2　弱化金融商业论证

一旦有了上述快速验证实际收益的能力，我们就可以降低大规模前期财务商业论证的重要性。许多组织都有这样一种观念：倘若没有财务商业论证就要求资方出资，我们就会被赶出会议室。但是，如果依据不可靠的商业论证行事，我们一样也会被市场淘汰出局。并且如前所述，大多数 IT-B 部门的财务商业论证都是不可靠的。

无论是否有使用分析的支持，适应性心态都需要关于实际收益的快速反馈。确定性心态会把大规模前期财务论证当作梦想空中楼阁的软枕头。类似土木建筑这样的物理领域不可能像软件那样具有可塑性，几乎没有选择，只能基于大规模前期商业论证来玩高风险游戏（例如，举债兴建巨型体育场馆，用于承接大型体育赛事）。而软件提供了快速反馈的机会，我们不应该错失这个机会。

毫无疑问，在投入资金之前，前期的考虑肯定是非常宝贵的。这里的论点只是反对强行对成本和收益进行貌似客观的、死板的量化评估。没有前期的现金流预测会导致财务上的轻率吗？如果让成果负责人每个月或每个季度共享实际收益的验证结果，那就不会。

8.5　价值驱动型项目

不同于计划驱动型项目，价值驱动型项目的目标是有价值的结果，而不是可预测的结果。它们关注的是解决问题、交付价值，而不是按计划交付。在价值驱动型项目中，产品 / 解决方案 / 成果负责人比项目 / 交付 / 开发经理扮演更重要的角色。为了突出区别，我们可以举一个简单的例子：这是由单一能力团队执行的计划驱动型项目；这个项目是独立的，不隶属于更大的规划；我们假设这个团队所做的发布可以直接进入生产并触达终端用户。表 8-2 总结了这些区别。

表 8-2 计划驱动型项目和价值驱动型项目的对比

	计划驱动型项目	价值驱动型项目
资金	IT-B 部门的预算是基于即将到来的项目。资金来源于根据详尽的商业论证批准的年度预算	IT-B 部门的预算分配给了稳定的团队能力。资金来自预先批准的团队能力预算。在有短反馈循环的情况下，一个简单的、定性的商业论证就足够了
范围	高层次范围要在投入资金之前确定	只有在一轮方案探索的基础上，才能确定要解决的问题、期望的结果和可能的成果水平。与计划驱动型项目相比，范围通常要小得多（例如，一次只规划一个功能）。在计划驱动型项目中，冗长的筹资过程不鼓励小项目
团队	工作由专为该项目设立的团队完成	工作由一个或多个预先存在的产品 / 能力团队完成
依赖	要在依赖关系的雷区中前行，需要谨慎的发布计划	内部依赖与外部依赖（第三方 API、框架等）的处理方式并没有什么不同。松耦合的架构，以及约束松散、向后兼容的 API，确保频繁的发布不会被依赖所阻碍。粗粒度的能力团队拥有其他近似的系统，所以大多数的依赖都在一个成果负责人的控制之下
成本	根据高层次的范围来估算项目成本	对不同层次的解决方案分别估算成本
时间	发布计划明确指出在什么时间交付什么范围（即，预定的范围必须在预定的日期前交付）	没有这样明确时间明确范围的发布计划，而是初始确定一部分初始范围，并将这些故事添加到团队的待办事项列表中并确定优先级。这些故事开发完成对外发布后，再确定下一轮的范围。通常会带来一个结果：价值驱动型项目比计划驱动型项目多发布许多版本。默认情况下，没有最后期限。如果外部因素规定了一个紧迫的最后期限，我们的方法是：在那个期限之内尽可能交付有价值、有用的东西，即便此时的交付物不是解决业务问题的最佳方案也没关系。通过多次迭代，最佳的解决方案自会到来

8.6 项目经理

既然讨论项目，怎么能忽视项目经理呢？计划驱动型项目里，项目经理的工作并不令人羡慕。他们负责确保一个基本上不可预测的过程按计划完成。有了这项艰巨的任务压在肩头上，对价值的考虑就退居其次了。

许多项目经理的工作与项目本身的内涵完全脱节，他们只关心燃起图、进度报告、RAID 报告、人员配置计划等。对正在开发的功能和为什么要开发这些功能的原因，他们只有肤浅的了解。他们可能知道特性 X 完成了70%、特性 Y 完成了 25%，却不知道为什么特性 Y 更重要，不知道有一种方法可以用大约一周的时间来完成一个最小但可行的特性 Y。他们甚至可能无法在应用程序上演示关键的用户旅程，更不用说自行测试了。

有时，计划角色与执行角色的分离（详见第 6.8 节）会造成这样的结果。但通常情况下，这是因为经理角色承担了太多行政管理的额外工作：为新成员申请座位、工牌、权限、软件许可证等，跟进和批准时间表和费用，安排会议，申请旅行 / 签证，安排团队外出活动等。这不是公仆式领导。公仆式领导主要是指深入倾听和照顾团队，而不是帮团队打开水。我们可以将行政管理工作转移给名为项目助理的初级角色，从而轻松地释放出项目经理 20% 的时间用于实操（详见第 6.8.3 节）。项目助理有点类似于行政助理的角色，但有两个关键的区别。首先，项目助理帮助整个团队（或多个团队）完成原本由项目经理处理的行政任务。其次，我们需要注意，项目助理的分配不会成为经理的身份象征，项目助理也不负责管理项目经理的日程表、或是帮他们挡掉不想参加的会议。

当执行模式从计划驱动转变为价值驱动时，重点就从计算价值转变为创造价值[⑩]。产品和解决方案将收获比项目更多的关注。项目经理最好接受这种变化，并直接参与价值提升的过程。

8.7　治理

立法、司法和行政是民主政体的三权分立。在 IT 中，治理之于管理，就像民主政体中的立法机构之于行政机构。根据第 6.8 节的讨论，治理者（如

GRC团队、大多数PMO、企业架构委员会、许多投资组合和项目管理人员）
是终极计划者，而大多数经理（如项目经理、产品经理、开发和发布经理）
是普通计划者。

治理团队对框架、标准、工具、度量、方法、风险和合规性等事项进行立
法。当治理团队与实际情况脱节时，他们可能会对过程和控制过于规范
和详尽，从而削弱执行团队的自主性和响应能力。然而，民主政体的立
法机构往往有良好的反馈回路。在制定法律之前，有公开征求意见的过
程。人们会抗议有问题的法律，媒体也会要求政府承担责任，不受欢迎
的立法者甚至会被投票赶下台。IT 组织却没有这些东西。为了获得第
一手反馈，很重要的一点是不要设置全职的治理角色。通常，职能领导
（如第 6.4 节和第 6.8.3 节所述）会承担一部分治理责任。

治理虽然重要，但它毕竟是活动，而不是成果。因此，授予一个纯粹的
治理团队以自主权是有风险的。相反，最好是将每个治理领域组成一个
实践社区（详见第 5.7 节），由来自不同能力团队的实践者组成。

8.8   变革计划和倡议

大型计划和项目有时是高调的变革计划或倡议的结果。典型的剧本是这
样的：一位转型专家被雇用并获得了大笔预算来执行一个变革项目。为
了快速推进变革，该专家利用预算新建了一个独立于现有组织的 IT-B
单位。这个新的单位有权决定如何整合和引导与现有系统的依赖关系。
有时，在匆忙行动中，现任管理者的知识和担忧被搁置一边。许多这样
的项目在一两个季度后就会陷入困境，失去方向。少数项目能存活到发
布，甚至在发布后还能有几个版本。专家很快就会宣布胜利，并在转型
完全完成之前，带着团队中的一部分人去奔赴更大的任务。可是，问题

出在老系统的运营、迁移和退役上，这也是变革计划承诺要解决的问题。运营团队不得不接手变革计划交付的不完整的高科技系统，并因此而感到沮丧。

第 3.1 节提到的"混沌宣言"报告，对大型项目进行了严厉的批评。报告指出，大型项目通常比小项目的表现更差。根据此报告的观察，大型项目与地位、知名度、权力和建立帝国有关——这就是为何尽管有糟糕的记录，但它们仍能得到资助的部分原因。此报告主张将大型项目作为一系列具有独立价值的小项目来做，而不是像传统项目管理那样将大项目分解为里程碑和阶段。然而，此报告警告称，在传统的资金和跟踪制度下，很难实现这种转变，因为相关的管理负担不鼓励小项目。与其费力地逐步转变，不如快刀斩乱麻，直接由项目制切换为能力制（详见第 8.2节）。如果资金是提供给固定的团队能力而不是项目，那么每次为一个功能或史诗分配已经获得批准的资金，几乎不会产生额外的管理负担。

8.8.1 数字化转型计划

前面的讨论也适用于数字化转型计划（详见第 1.4 节）。孤立开展数字化转型，是短期成功但中期失败的一个原因。例如，为移动渠道建立一个新的团队很容易，但这个团队迟早会发现，他们需要与其他团队管理的现有系统深度整合。更重要的是，按业务能力（如目录、订单、履约）组织的团队，比按渠道（如互联网、移动网络和线下商店）组织的团队能够更好地处理跨渠道交易，比如在线下单到店取货。

8.8.2 限制在制品数量

在大型 IT-B 组织中，经常会有数百个正在进行的项目。如果项目的启动速度大于完成速度，就会导致未完成工作的积累，并在此过程中渐渐失去市场竞争力。正如道路上的交通拥堵一样，项目拥堵也是能力过负荷的表现。解决堵车的办法并不总是修更宽的道路或立交桥。同样，往已延期的项目中加人只会使其延期更长（布鲁克斯法则[⑪]），而雇佣更多的人启动更多的项目只会导致更多未完成的工作。相反，更有效的做法是暂时搁置不太重要的项目，并顺利完成重要的项目。在看板方法中，这被称为限制在制品（WIP）数量。《凤凰项目》一书[⑫]描述了 WIP 是如何对 IT-I 项目生效的[⑬]。

对于长期的能力团队，可以设置两个不同的 WIP 限制：一个是能力边界内正在运行的项目（或功能）数量，另一个是跨越能力边界的正在运行的项目数量。我们如何确定第一个 WIP 的合理范围呢？上限受到以下多种因素的约束：

- 团队产能。

- 特性组合——它们在代码库中有多少重叠？

- 在保持其他未完成特性增强关闭的情况下，一次发布一个特性增量的能力[⑭]。如果成果负责人希望用"构建 - 测量 - 学习"反馈循环来对特定功能进行商业论证，这种能力是至关重要的（详见第 8.4 节）。

- 前三点共同决定了 WIP 可容纳的上限。一旦开发价值流的任何阶段出现队列增长过快的情况，就很明显地表明 WIP 的数量已经达到上限。

WIP 的下限则受到"需要迭代构建特性"的约束，每次迭代都应当基于上一次迭代的反馈（最好是来自生产的反馈）。在这个约束下，我们就不能把所有产能都投入到某一个特性上，因为这会导致在没有反馈的情况下过早构建太多特性。在开发的特性数量太少，还会导致太多人在同一个特性上并行工作，并减少了基于反馈来学习的机会。

维护一个投资组合看板可以帮助我们管理在制品数量。这是一个类似故事卡片墙的信息辐射器，用于组织内计划开展和正在进行的项目。每张卡片代表一个项目，并包含其目的、成果负责人、内网主页和团队位置。通常来说，投资组合经理及以上人员更需要这些信息，但没有理由限制其他人访问这些信息。

8.9　观点小结

- 对"可预测的软件开发"长久以来的追求并没有取得令人满意的结果。现在是时候停止追求可预测性，转而追求价值了。

- 项目意味着临时团队。临时团队不适合发展业务 IT 能力。业务 IT 能力需要稳定长期的项目团队。团队就是能力。

- 传统的商业论证主要是作为获得资金的机制。预估的效益很少在实施后得到验证。

8.10　行动小结

- 转向价值驱动型项目。与计划驱动型项目相比，价值驱动型项目是一种更合理的架构，因为这样的项目拥有自己的团队。价值驱动型项目团队与现有的能力团队合作，在项目之初就定义了问题，但不一定一开始就知道完整的解决方案。他们考量项目工作的基础是"我们在这个日期之前能解决什么问题？"而不是"我们必须在这个日期之前完成"。

- 结合持续交付、使用分析和价值驱动型项目，实现可靠的收益验证。

- 与其为排队的项目逐一批准预算，不如根据对不同业务 IT 能力需求的战略评估，为每个能力所需的团队产能批准预算。

- 采用基于能力的预算编制，转向长期稳定的团队。这将项目规划从预算编制过程中剥离出来，让 IT-B 经理和成果负责人及时做出投资决策，并更好地促进团队内部的能力发展。

- 引入项目助理，将经理从行政工作中解放出来，帮助他们拿出 20% 时间用在实操上。

- 在投资组合级别限制在制品（WIP）数量，就像在项目级别限制在制品数量一样。

- 维护一个投资组合看板作为信息辐射器。

- 将大型项目作为一系列具有独立价值的小项目来执行。

- 为了获得第一手反馈，鼓励担任管理职务的人员兼职参与实操工作。

注释

① https://www.forrester.com/report/ProductCentric-Development-Is-A-Hot-New-Trend/RES55099
② CCTA. 1999. *Managing successful projects with PRINCE2*. p22. Stationery Office Books
③ https://www.linkedin.com/pulse/20141209034750-25383300-going-private-is-paying-off-for-dell
④ Lean|Agile budgeting with the scaled Agile framework: Beyond project cost accounting. https://web.archive.org/web/20151221082644/http://scaledagileframework.com/new-leanagile-budgeting-with-the-scaled-agile-framework-beyond-project-cost-accounting/
⑤ 更详细的解释可参见 Blackstaff 2012
⑥ Ward, J. 2006. Delivering value from information systems and technology investments. Cranfield, UK: Cranfield School of Management, Information Systems Research Centre

⑦ http://www.rosspettit.com/2012/01/business-cases-simplicity-over.html
⑧ http://www.forbes.com/sites/stevedenning/2014/05/26/clayton-christensen-do-we-need-a-revolution-in-management/
⑨ Ries 2011
⑩ https://hbr.org/2013/08/tests-of-a-leadership-transiti/
⑪ https://en.wikipedia.org/wiki/Brooks%27s_law
⑫ Kim, Behr, and Spafford 2013
⑬ http://itrevolution.com/resource-guide-for-the-phoenix-project-kanbans-part-2/

第 9 章

财务

从第 8 章可知，为 IT-B 工作投入资金的方式，在一定程度上造成了计划驱动型项目的流行。本章进一步阐释会计、预算和项目财务如何影响软件团队的资金投入、构成和运作。本章将要指出一些会计和预算实践的负面作用，并在不过于深入研究财务和会计的情况下提出替代方法。为了回应第 3 章所述的三大主题，本章要讨论财务模式的目的是追求价值回报而非追求可预测性。

9.1　相关性

为什么要在一本关于 IT 组织设计的书中讨论预算和会计？你可能觉得敏捷实践者就是喜欢到处挑毛病，起初是开发组织，然后是产品管理和交付治理组织，再后来是 IT 运营，现在又到了财务。实际上，这是约束理论[①]带来的效果。

系统的吞吐量每次只受一个瓶颈的限制（也就是链条中最薄弱的环节）。当我们提升了当前的瓶颈，下一个瓶颈就会成为限制因素。敏捷软件社区借助用户故事、测试 / 行为驱动开发、重构、持续集成和 DevOps 等手段很好地提升了若干瓶颈。然而，在某些情况下，会计或预算方法成为了瓶颈。因此，我们会遇到一些反对意见，像"我们不能做 DevOps，因为我们需要区分哪些工作属于资本支出，哪些属于运营支出"或者"我们不能拥有长期的团队，因为资金是基于项目的，而项目是短期的"。

因此，让我们来探讨一下传统 IT 财务模式自带的瓶颈。

9.2　成本中心还是利润中心

在财务上只对其成本负责的组织单位，被称为"成本中心"。传统上，一旦出现财政危机，在需要削减预算的时候，首先考虑的就是成本中心的预算"利润中心"则是组织中能够带来收入的部分。尽管利润中心通常缺少一个或多个成本中心的支持就无法发挥作用，但它们被认为比成本中心更有价值，并经常得到更大的尊重。这些概念起源于大规模生产，并在 IT 组织中落下脚来。

IT 从来不直接产生收入。IT-B（第 1.1 节）在 ISV 和互联网业务中更贴近营收，但在企业 IT 中，通常远离营收。在 ISV（例如 SaaS 公司）和小型互联网企业中，IT-B 通常嵌入到业务中，因此不存在成本中心或利润中心的问题。对于企业 IT，默认情况是将整个 IT 部门都视为成本中心。如果再对按功能划分的各个 IT-B 组织分支进行成本中心的分类，情况会变得更糟，这会导致测试、开发、用户体验和架构进入局部最优的地狱，每个人都试图保护自己的地盘，避免承担外部强加的成本。

让 IT-B 以项目模式工作，一定程度上也是将 IT-B 视为成本中心的结果。IT-B 被视为一个车间，按照严格的范围、成本和时间参数来分配工作（项目）。鉴于软件开发不是生产过程（第 3.1 节），大量的证据已经表明，项目模式导致业务与 IT-B 失去了共同创造价值的机会。

9.3   内部结算

内部结算是一种在用户之间分摊共享资源和服务费用的方式，以鼓励审慎使用资源和服务。通常，IT-I 费用（例如，基础设施、许可证、工单服务等）通过简单的按比例计量或更复杂的被称为"作业成本法"（ABC）的计量机制向业务部门收取[②]。一些 CIO 甚至试图把 IT-I 变成利润中心，把通过内部结算系统收取的服务费用计为营收。

IT-B 通常无需内部结算，因为它的成果已经被资本化，在财务报表上体现为公司费用。但当内部用户开始使用 IT-B 所构建的服务时，内部结算通常就开始生效了。

虽然 ABC 计量机制可以确保费用的公平分摊，但实施和运行这套计量机制的成本很高，而且有副作用。当每件事都明码标价时，团队成员可能会发现他们不能简单地按需申请资源和服务。具有成本意识的业务部门领导可能会对计划外的申请表示不满，或者可能会设置审批门槛，哪怕实际发生的成本很小。因此，细粒度的内部结算倾向于鼓励成本效益而不是响应性。从这个角度来说，粗粒度的、事后核算的内部结算效果更好，只不过对费用的分摊往往不那么精确。

9.4　资本支出和运营支出

在关于团队设计的章节（第 5.8 节和第 5.9 节）中，我们谈到，很多组织将运维团队与开发团队分开，是为了降低成本（及其他一些原因）。之所以反对拥有一个长期的、跨职能的团队来进行原型设计、开发、运营、支持和维护，一个常见理由是基于成本和会计方面的考量。我们在第 5.8 节已经论证过，基于成本角度来反对跨职能团队，在经济上并不划算。现在我们来看看来自会计角度的反对意见。

传统会计认为，开发是投资（即资本支出），维护或运营是费用（即运营支出）。支付给 IT-B 员工的工资通常属于资本支出，而支付给 IT-I 员工的工资属于运营支出。购买任何软件或硬件都是资本支出，而租赁、SaaS 或云平台的订购是运营支出。DevOps 将开发的投资与运营的费用混在一起，会计人员显然不喜欢。

DevOps 团队是一个长期的、成果导向的、跨职能的团队，既负责资产创建工作（投资）又负责运营工作（费用）。我们不能简单地将支付给团队成员的工资资本化。当然，为了让审计人员高兴，我们可以把所有成本都计为费用。然而，会计人员可能仍然不高兴，因为这会对利润表产生负面影响，导致公司对投资者的吸引力降低。此外，费用预算可能无法包含开发过程中的所有成本。不过换个角度来说，以费用的形式一次性支付成本，在税务上可能更有利，具体要根据业务情况来判断。

将开发成本资本化会在资产负债表上形成一项资产，然后80%至100%的成本可以不计入当年的损益表。不过，真实世界中，投资者足够精明，能够在资产负债表上发现可疑资产。然而，有时——尽管没有明说——将成本资本化是为了保持损益表漂亮，从而保障管理者当年的奖金。

考虑到这些因素，我们不能简单地把所有成本都资本化或是都计入费用。为了运行真正的DevOps团队，我们必须追踪花在运营活动上的时间，并将其余时间资本化；或是追踪开发时间，并将其余时间计为费用。下一节将介绍一种可以用于追踪的方法。

9.4.1　不依赖考勤表的资本支出和运营支出会计

对于计算资本支出和运营支出的目的而言，考勤表通常是一个很差的信息源。没人喜欢填考勤表，考勤表的粒度越细，条目中的错误越多。而且填写考勤表完全与日常工作节奏脱节。相反，如果团队能够及时更新活动状态，那么敏捷项目管理工具是更好的信息来源。

只要养成习惯给每个故事卡打上"资产创建"或"运营"的标签，我们就可以得到给定时期内资产创建与运营工作所花费总时间的报表。这份报表不会显示出花费在会议（或其他事情）上的时间，但这不是问题，我们可以估计一个比例。例如，10个人的团队每周要花费400小时的工资成本，假设故事卡相关的活动总计包含300小时的资产创建工作，那么剩下的就是运营支出。假设10%的团队时间被会议占用，我们就从资产创建工时中减去10%（即30小时），并将其添加到运营工时中。如此，我们就有了270小时的资产创建和130小时的运营工作。

有几件事必须牢记，故事卡活动报表的设计必须确保下面两点。

- 它只涵盖指定的报告期间，而不是故事卡的生命周期。

- 它不包括任何等待／空闲时间（例如故事等待开发、测试所花费的时间）。

一个最简单的故事卡片墙只有三个竖栏："等待开发"、"正在开发"和"完成"，无法追踪卡片的等待时间，这就不能满足上面第二个条件。典型的故事卡片墙有更多的竖栏（例如，"分析"、"开发"、"测试"和"完成"），但即使这样，也无法区分等待时间和活动时间。一张卡位于"测试"栏中，可能表示它已准备好接受测试，也可能表示实际上正在进行测试。如果是实体墙面，团队可以检查卡片上是否标记了某人的姓名，从而知道该卡片是在接受处理还是在等待处理。为了从软件卡片墙中获得准确的活动报告，我们需要用不同的竖栏区分等待处理和正在被处理的故事卡（例如："等待分析"、"分析中"、"等待开发"、"开发中"）。在精益术语中，"等待"列被称为"排队区"，"处理"列被称为"加工中心"。"加工中心"与"等待区"交替，就构成了完整的开发价值流，如图 9-1 中的卡片墙所示。一旦团队养成及时将卡片移动到正确栏位的习惯，就可以轻松生成故事卡活动报表，将等待时间排除出去。接下来，让我们看看如何判断一张故事卡是资本支出还是运营支出。

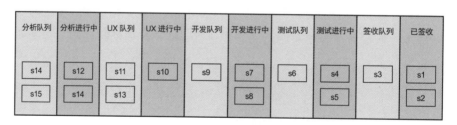

图 9-1　加工中心和等待区交替的故事卡墙

9.4.2　活动分类

围绕业务功能开展的所有工作，无论是分析、设计、开发、用户体验、部署还是测试，都属于资产创建。另一方面，监控服务器、升级软件、维护和升级基础架构、设置自动备份等活动则属于运营工作。开发或评估工具的工作量、一级和二级支持团队所花费的时间都属于运营支出。

线上 bug 的修复工作传统上被视为运营支出。这个逻辑是有问题的，因为如果我们认同软件开发是设计过程（第 3.1 节），那么维护软件跟维修汽车就不是一回事。bug 修复是对设计的改进，需要新的部署才能将修复程序推送到生产环境中。维护过程通常不会只解决某个特定用户一时一地的问题，而是会改善所有未来的产品。

这就是为什么修复生产缺陷的人应该成为开发团队的一部分原因。从这个角度来看，传统的会计做法是在开发资本化的同时缺陷修复也费用化，这是错误的。处理技术债务、构建和部署基础设施的工作也是同样道理。因此，对于这些传统上被计为费用的活动，应该将其成本资本化。如果实在无法在这一点上说服会计师或审计师，我们再回到将这些活动归为运营指出的传统做法。

如果开发是设计过程，那么生产环境就是进行生产的工厂。IT 运营通过管理服务器、网络、存储等保持工厂运行，将其计为费用是合理的。

9.5　传统预算

如第 8.3 节所述，预算对 IT-B 的人员配置和工作方式的影响最大。预算编制是对支出做计划的工作。预算计划受预期收入或投资的影响。如果使用得当，预算编制工作有助于将有限的资金以最佳方式分配给相互竞争的需求。但它也有不利的一面。

现代预算实践起源于管理高度集中的学派③。负责批准预算的人仍然被称为"财务内控"。内控人员的职责是让人们遵守预先批准的计划。众所周知，他们不赞成改变计划或偏离计划，即使这些计划已经落后于现实好几个月。这种控制心态与敏捷 IT 是相对立的，敏捷 IT 的口号是"拥抱变化"，而不是控制变化。

至少，预算过程必须是参与式的。参与式预算要求负责支出的人提出一份拟议预算，而不是自上而下强压一个数字（例如基于去年预算或去年实际开支上浮 5%），这在一定程度上缓解了集中控制的问题。重要的不仅仅是成果，编制预算的过程也是宝贵的——计划虽然是无用的，但制定计划的过程却是无价的④。这个过程让部门经理思考在不同情况下可能发生的事情，并与掌管经费的人分享见解，后者据此做出合理的分配。

9.5.1　目标

根据批准的预算分配成本 / 利润目标是通常的做法。财务上的激励措施与这些目标的实现息息相关。例如，IT-I 组织的预算可能基于节约 5% 成本的预期。如果预期达成，CIO 就可以拿到固定奖金，超出预期节约金额的 1% 会成为他的额外浮动奖金。同时，也会监控服务水平，以确保节约成本不会导致服务水平降低。

但是，这种做法对 IT-B 组织来说可能有风险。IT-B 给组织增加了多少价值很难衡量，而且让 IT-B 承载了太多业务的价值，不应该允许它单独围绕自己的目标优化。另一方面，如果 IT-B 不是一个单独的组织，而是嵌入到业务中，这些问题就都不存在了。这是新一代 ISV 和许多重视技术的互联网企业所采用的模式。

尽管不鼓励 IT-B 单独设定目标，但企业 IT 也不能总是认为自己已经吃定了内部客户。影子 IT[⑤]——业务部门绕过内部 IT 自行采购 IT 承包商和云——的例子不断增加。这表明业务正变得越来越缺乏耐心，也越来越愿意自行解决问题。解决影子 IT 的问题，需要灵活、有力的投资组合管理。

9.5.2　预算编制

在典型的企业 IT 环境下是这样的：IT 投资组合管理者们要按要求为下一年制定详细的支出计划。这就要求他们在可见度非常有限的情况制定项目计划。为了获得资金，他们过早地提交详细的计划，并夸大项目的收益[⑥]。年底将近时，他们急急忙忙地赶着把钱花光，以免下一年的资金会被削减。于是，预算编制的名声越来越差，甚至有了"预算工程"这样的说法。

好消息是，已经有了替代方案。总体而言，所有替代方案的共同点是，它们都认同，部门经理需要有能力响应面前的变化，对计划进行一定范围内的调整，而无需等待集中审批。换句话说，我们需要一个支持响应的机制，这个机制应当符合"敏捷宣言"的原则：响应变化高于遵循计划。在这个机制中，不是由财务团队集中管控资金是否按计划使用，而是由业务成果的负责人负责在预先批准的资金范围内兑现业务价值。资金与业务成果挂钩，而不是与计划挂钩。

9.6　敏捷预算

敏捷的预算编制方法承认，成果负责人需要频繁修正方向，因为，如果成果负责人在资金使用上有一定程度的自主权，就可以对业务或市场做出最好的响应。这种方法依靠问责机制而非支出跟踪机制来确保资金的恰当使用，相当于用环岛而非红绿灯的理念来设计交叉路口⑦：环岛的方式要求协作，红绿灯的方式则要求严守规则。

亲测有效！

这里讨论的预算编制建议似乎有标新立异的嫌疑，其实并非如此。有着 150 多年历史的瑞典商业银行早在 1970 年就已经成功落地了这些措施⑧！这家银行年利润超过 20 亿美元，而且从来没有接受过任何来自政府的救助。该银行在 2013 年的公开年度报告⑨中讲到：

> "我们的工作中没有预算，没有集中的销售目标，也没有传统意义上的营销。相反，我们采用高度分散的工作模式，每个分行在各自的本地市场都有高度的自主权。因此，银行大部分重要的业务决策都由我们的分行经理来决定。"

换句话说，分行经理的职能是作为成果负责人，具有相应的自主权和责任。瑞典商业银行是"超越预算圆桌会议"⑩研究网络的成员之一，该研究网络成立于 1998 年，拥有超过 25 名成员，旨在回应日益增长的对传统预算编制方式的不满。

9.6.1　敏捷式滚动预算

一个好的做法是按月度或季度进行滚动预算编制。例如，在每个季度快结束时，经理们都会更新他们未来四个季度的计划。这样就建立起了计划更新的常规流程。按季度进行更新，可使对短期目标的预测更准确。

然而，只有当重要的新信息能及时用于季度更新，这方法才能奏效。也就是说，如果反馈周期比计划周期还长，这个做法就行不通。计划周期越短，就需要反馈周期也越短。

这正是敏捷方法给我们带来的一个好处——快速反馈。在顺序开发的时代，反馈周期可能长达几个季度，所以每季度更新预算没有意义。在使用敏捷方法后，每两周交付 / 演示一次价值是很正常的。几个月不允许变更预算计划，跟几个月开发过程中不允许变更需求有类似的缺点——都会阻碍我们从反馈和其他新信息中学习。

9.6.2　协作式预算编制

"为了改善跨部门协作，可以尝试汇集几个部门的资金，组成一笔小额、可自由支配的预算。在分配过程中，让每一方委派代表参与，并根据其各方投入资金的比例来决策和受益。如果投入资金的项目从整体上有益于组织，你会惊奇地发现，每个人都有能力把自己的思维提升到更宏观的层面，认识到必要的权衡，并共同努力以最有效的方式使用资源。"[11]

前述建议来自一篇描述 Enspiral[12]（一个去中心化的社会企业家网络）尝试协作式预算编制的文章。在该文章里，他们分享了过程中的见解。

- "管理时间大大减少了，决定做什么和把精力花在哪里的认知负荷被分散到整个网络。"

- "真正的透明度不是理论上能拿到的数字，而是以人们能理解和参与的方式，主动获取信息……现在，对于数字，人们已经有了自己的看法。"

- "支持一件事意味着拒绝另一件事，这个流程让每个人不再从个人角度出发来思考，而是从个人选择和贡献如何支持集体目标的角度出发来思考。"

- "我们已经能够将预算编制和出资流程与我们的战略直接联系起来了。"

- "协作式方法为组织的构造带来了革命性的可能，特别是在决定资金、信息和控制权如何分配的时候。"

- "协作式出资使我们能够真正说到做到，将集体所有权与赋能、自主权结合起来……不过，协作式出资不是预算编制的灵丹妙药。每个组织所面临的既有问题仍然存在，不同的是它们现在被透明地呈现出来，并且整个集体对这些问题负责。"

Enspiral 正在开发一个名为 Cobudget[13]的免费开源工具来帮助完成这个过程。

9.6.3　企业 IT 的风险投资

在一些组织里，企业预算编制已经开始以创业融资的形式进行改造。按照这样的思路，可以将 IT-B 投资组合经理视为风险资本家，将财务主管和业务发起人视为风险基金投资人，将产品负责人（或成果负责人）视为创业者，将各式各样的项目（或功能团队）视为处于不同融资阶段的初创企业。现在，就可以由投资组合经理根据上一轮融资后各自的表现，来决定后续的投资。这让他们可以灵活地持有储备资金，进行短期试验，结束那些看似没有眉目的项目，并用稳定的资金流支持好的项目。一旦财务主管批准了一年的预算开支，出资重心就转移到了投资组合经理身上。

9.7　观点小结

- 区分成本中心和利润中心的理念，是无法与 IT 及业务敏捷共存的。

- 区分资本支出和运营支出的会计考量，不需要影响团队设计或工时报告。

- 如果按照建议使用敏捷项目管理工具，就可以在不另外填写考勤表的情况下，用项目管理工具来统计花在资本支出与运营支出活动上的时间。

- 敏捷软件开发对价值交付提供快速反馈，相应地，预算周期也可以酌情缩短。

- 敏捷预算有助于管理者更多专注交付价值，而不只是关注遵从于预算计划。

9.8　行动小结

- 使用问责机制而不是支出跟踪机制来确保资金的合理使用。不是由财务团队来集中管控资金是否按计划使用，而是由业务成果的负责人负责在预先批准的资金范围内兑现业务价值。资金与业务成果挂钩，而不是与计划挂钩。

- 要警惕细粒度的内部结算计费机制，因为它们倾向于鼓励成本效益而不是响应能力。

- 考虑使用协作式的预算工具，比如 Cobudget。

- 考虑转用某种风险投资模型，让投资组合经理和成果负责人在使用资金时可以更侧重于自行斟酌。

注释

① http://en.wikipedia.org/wiki/Theory_of_constraints

② http://www.apptio.com/blog/activity-based-costing-best-allocation-methodology

③ McKinsey, J. O. 1923. *Budgetary control*. New York: The Ronald Press Company.

④ 二战中丘吉尔和艾森豪威尔分别说过大意如此的话

⑤ Krigsman, M. 2013. Rogue IT: Sad truths and unfortunate stories. http://www.zdnet.com/rogue-it-sad-truths-and-unfortunate-stories-7000023779/

⑥ Ward, J. 2006. Delivering value from information systems and technology investments. Cranfield, UK: Cranfield School of Management, Information Systems Research Centre.

⑦ https://www.agilealliance.org/resources/videos/beyond-budgeting-an-agile-management-model-for-new-business-and-people-realities-the-statoil-implementation-journey/

⑧ Libby, T., and Lindsay, M. R., Svenska Handelsbanken: Accomplishing radical decentralization through "beyond budgeting," 31 July 2006. http://www.researchgate.net/publication/256068797

⑨ http://www.handelsbanken.co.uk/shb/inet/icentrb.nsf/vlookuppics/handelsbankenrb_aboutthegroup_annual_report_and_sustainability_report_2013/$file/annual_report_and_sustainability_report.pdf (2021 年总资产达到 3774.26 亿美元)

⑩ http://www.bbrt.org

⑪ https://www.managementexchange.com/story/collaborative-funding-dissolve-authority-empower-everyone-and-crowdsource-smarter-transparent

⑫ http://www.enspiral.com

⑬ http://cobudget.co/

第 10 章

人员配置

第 7 章和第 8 章从财务和治理的角度探讨了如何取代计划驱动型项目，本章将从人员的角度展开讨论。是否拥有合适的团队对产出有巨大影响。在软件开发工作中，不管是在 IT 侧还是在业务侧，人都是不可替代的。组建一个好的团队需要明智的人员配备。在本章中，我们将共同探讨在实现更好的人员配置过程中，会遇到哪些挑战和机遇。

10.1 应对人才危机

即便组织设计已经在尽力激发员工的内部动机，但还是得有人能抓住机会脱颖而出——这样的人需要兼具能力、态度和诚信的品质。遗憾的是，自 20 世纪 90 年代以来，这个行业发展得如此之快，具备优秀 IT 技能的人员供不应求。行业的迅速增长也意味着 IT 人员已经习惯于以稳定的速度上升——他们往往在一个级别上停留的时间不够长，不足以掌握这个级别所需要的技能，也来不及将自己的技能传授给新人。

培训和外包能在一定程度上缓解这种人才的短缺。然而，优秀的培训师要么很难找到，要么对于长期的任务来说又太贵。此外，培训是一个缓慢的过程。有人试图通过一周的培训课程来训练培训师，以这种方式扩大培训规模，这些尝试大多以失败告终，因为新上任的培训师并没有实际操作的经验，因而无法高效地传授技能。

外包也不是万能的。从行业层面上看，外包并不会减少对优秀 IT 技能的需求，它只是把寻找人才的问题转嫁给了 IT 供应商。而这些供应商在给项目安排人手时会尽可能地提高杠杆。这里的"杠杆"是指用少数能力强、有经验的人和许多新手组成团队的做法。在给定的人员组合下，杠杆越高，供应商能同时进行的项目就越多。如果使用杠杆的程度是由高管（详见第 6.8 节）而不是团队中的专家领导决定，就会有很大的风险。然而，高杠杆团队的一个好处是，对于如何设计解决方案，团队内部不会有太多激烈的意见冲突。新手渴望学习和证明自己，而且没有太多先入为主的执念。从这个角度来说，工作的进展至少不会停滞不前或遭遇太多波折。

是否可能从需求侧缩小优秀人才的供需差距？一种选择是，行业从定制软件更多地转向从 ISV 购买软件。这一方式早已有人开始践行，对于那些被认为不具有战略意义的 IT 系统，围绕着"自建还是购买"的讨论，传统的观点是尽可能地购买，只在没有其他办法时才选择自建。对于 IT 是业务主要推动力的组织而言，有些系统对收入增长或竞争优势（差异化的系统）至关重要，因此他们会选择（内部或外包）自建这些系统。如果能保证长期获得优秀的 IT 人才，那这种做法就完全没问题。否则，对公司业务来说，这是一场高风险的赌博。

10.1.1　限制范围和复杂度

如果大部分工作涉及整合现有的系统，或者市场上根本没有现成的解决方案（大多数互联网企业就是这个情况），那么就无法通过购买替代自己构建系统。在这些情况下，虽然不得不使用定制的解决方案，但仍可以限制解决方案的范围和复杂度。IT 部门总是想采用最新的技术，而业务部门则总是倾向于使范围尽可能全面。两者叠加在一起，原始的需求就会严重膨胀。原本只需要一个恰如其分的解决方案，中等技术水平的团队便可构建出来，到最后却演变成为一个充满野心的解决方案，需要由稀缺的尖端人才来建造。在人才匮乏的情况下，IT 部门和业务部分需要学会控制范围和复杂度，以获得一个恰到好处的的解决方案，而不是追求宏伟的幻想。

印度和巴西大选[①]中使用的电子投票机，就是一个很好的例子：在资源有限的情况下使用刚好满足需求的技术，并克制想要得到完美解决方案的冲动。他们使用的是一种无纸化系统的变体，称为"直接记录系统"。它在技术和逻辑上都比基于光学扫描的纸质选票系统更简单。但它在触觉上的缺乏，对那些习惯于纸质选票的人来说，是一个明显的变化。不过，这既没有影响选民的投票率，也没有增加无效票的数量。

限制范围和复杂度的建议，并没有违背发展差异化系统的目标。差异化主要体现在解决方案的整体效用和用户体验，而不是功能的丰富度或使用最新的技术。

10.1.2　组织设计助力人才留存

人才紧缺不仅与招募有关，同样也涉及留住人才。有种说法，人们离开的是领导，而不是他们的组织。然而，在许多情况下，领导们之所以如此，是由组织文化决定的，或更宽泛地说，是因为组织设计。因此，正如本书中的提议，重构组织，使其强调更高的响应性、自主、专精和目的，这不仅有助于实现 IT 和业务的敏捷性，而且从长远来看，还有助于留住人才。

10.2　超越项目团队

在 IT 组织中充斥着系统无法管理的故事。一般来说，这些故事有一个共同点——最初构建该系统的团队早已不在，而日常业务运营（BAU）团队中没有人来自原来的开发团队。原来开发该系统的人要么已经转到其他项目，要么承包商早已离开，或者系统是再分包给其他供应商构建的。这是"项目"这种组织形式的通病：项目团队的生命周期短，而他们构建的系统生命周期长。起初正是考虑到这些系统对公司的重要性，才选择由自己构建而不是购买成品。尴尬的是，不到两年的时间，这些系统就不可避免地陷入困境，变成了"遗留系统"。

面对现实吧，无论有多少文档、交接和知识传递，都无法弥补软件团队全部换人所造成的知识流失。然而，这正是项目模式必然的结果。IT 能力并不存在于成熟度模型、流程模板、文档、代码或 IT 基础设施中，它存在于团队中，随着团队一起成长。团队需要时间来发展能力。塔克曼（Tuckman）的团队发展理论[2]认为，团队要经历一系列的次优阶段（组建期、激荡期和规范期），然后才能在执行期找准自己的定位。项目模式的人员配置，可能会在团队刚刚走出规范期的时候就被解散。根据我的经验，新组建的团队，需要四到六个月的时间来理清人际关系并使团队氛围变得融洽。关于这个话题，凯利（Allan Kelly）在InfoQ 上发表过一篇不错的文章[3]。

以前有观点认为，项目团队是基于项目预算的自然结果。有了基于团队能力的预算（详见第 8.2 节），我们可以从短生命周期的项目团队转向长生命周期的产品或能力团队。能力团队的生命周期甚至比产品团队更长，因为产品一旦过时，就不得不全面重建，而能力团队则可以长期存在。长生命周期的团队至少能持续一年，甚至三到四年或更长时间也很常见。能力团队的持续时间，可能与他们所服务的业务能力一样长。生命周期长的团队可以减少对临时招聘的需求——团队随着项目周期增减人员，才导致经常需要临时招聘，然而，合同工的间歇性进入和退出会削弱团队能力。在由于其他原因需要临时招聘的情况下（例如，长期员工岗位数冻结），也应该尽量签订长期合同。

10.2.1　成本

长生命周期的团队不会比项目团队产生更高的成本。如图 10-1 所示，团队保持在一个稳定的中等规模，而不是受制于项目增产和减产的高低起伏。稳定的规模可以从预算反推，从而使全年的人员成本保持不变。现在，我们就可以根据固定的团队能力来计划工作，而不是根据预先计划的工作来确定团队的规模。

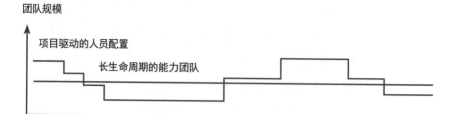

图 10-1　团队的稳定性

10.2.2　挑战

要建设一个长生命周期的团队，在团队方面也有诸多挑战。有些人不喜欢在同一个团队里呆很久，这会让他们感到厌倦；他们渴望多样性，并开始寻找其他机会。这种情况没什么问题——团队能容忍偶尔有一两个人离开。只要大多数长期员工准备好接纳新来的替代者，团队的能力损失就是最小的。相比之下，传统项目模式下，项目收尾的过程更快、更具破坏性。一个典型的收尾和交接周期是三个月，在这三个月内，团队人员构成的变化在 80% 以上。

另一方面，个人定位精准的团队往往会保持长期良好的内部关系。他们常常在工作之外进行社交活动，并且比一般的团队表现得更好。

10.2.3　其他反对意见

如果一个稳定的长生命周期团队没有足够多的工作可以做，怎么办？如图 8-2 所示，这种担忧通常是针对应用团队的，而不是负责多个系统的能力团队。与起伏不定的项目团队相比，一个中等规模的能力团队（如图 10-1 所示）可以按照不断演进的能力路线图稳定地工作。此外，也可以允许团队有一些相对宽松的时间，团队可以利用这些时间来提升技能或做些自己感兴趣的小项目。

一个稳定的、长生命周期的团队，是否存在随着时间推移而变得狭隘保守的风险？它会不会因为过于熟悉自己负责的系统的所有特性而停止创新？鉴于 IT 人员的职业流动性，一定会有一些自然的人员流动，会不时带入新的思想。此外，正如下一节将提到的，能力和个性的良好组合有利于确保持续的活力。

10.3　改进人员配置

10.3.1　按技能而非角色配置人员

跨职能的团队一开始可能是各种各样的专家协同工作。如果其成员能够灵活地在不同时间戴上不同角色的帽子，这些团队的效能会进一步提高。例如，Ravi 可以在某天戴上测试员的帽子，第二天戴上分析员的帽子，第三天戴上售前工程师的帽子。

随着时间的推移，专家们获得相邻的技能，成为 T 型人才（如第 5.4.4 节所述）。现在，它变成了一个跨职能（多技能）人员的团队，而不仅仅是一个跨职能的专家团队。这种转变是好事，原因有很多。

- 如果专家能亲身体验和实践价值流中的其他阶段，他们在自己负责的阶段也能更好地开展工作。

- 由多技能人员组成的团队，比技能单一的专家组成的多技能团队具有更好的响应能力。

- 如果专家能够做其他事情，那么他们的利用率也会得到提高。

拥有许多 T 型人才的组织，可以受益于基于技能而非角色的人员配置。T 型人才是多面手，为了人员配置方便而把他们归类为开发人员、测试人员、用户体验人员……并不能体现他们的多才多艺。相反，如表 10-1 所示，我们可以维护一个技能清单，按技能而不是角色来配置团队人员。请注意，这里的"技能"是在一个更高的抽象层次上定义的，而不是像 Solr 或 Ruby 之类具体的工具和技术。人员 A 不再仅仅是一个开发人员，而是一个具有良好的开发和测试技能以及不错的支持技能的人才。人员 E 不再仅仅是一个测试人员，而是一个擅长测试并在分析和利益相关者管理方面有足够能力的人才。识别每个人的二线技能，就可以按技能配置人员，从而提高整个团队的能力和响应力。这样的技能搭配通常是非正式的。不过，可以在组织内将其制度化并保持二线技能清单更新，这是更有效的做法。

表 10-1   按角色配置人员 vs. 按技能配置人员

按角色配置人员		按技能配置人员	
角色	*人员*	*技能*	*一线*
开发人员	A、B 和 C	开发	A、B 和 C
测试人员	D 和 E	测试	D、E 和 A
用户体验人员	F 和 G	用户体验	F 和 G
经理	H	交付管理	H
分析师	I	利益相关方管理	H
支持人员	K	分析	I
性能工程师	L	支撑	K
技术文档人员	M	性能优化	L
构建与部署人员	N	技术文档写作	M
基础设施运维人员	O	构建与部署	N 和 C
		基本设施建设	O

相比由临时承包商 / 顾问组成的团队，如果团队由长期雇员组成，更容易实现跨职能成员团队的目标。这是因为市场给具有专业技能的临时工的报酬，要高于具有一般技能的临时工。临时工更关心如何保持一份受

市场欢迎的简历，并抵制从硬核专家转为通才型专家——但要从专家组成的跨职能团队转变为跨职能成员组成的团队，专家自身必须经历这样的转变。

从按角色配置人员到按技能配置人员的转变，自然伴随着从专业人员到T型员工的转变。这会影响员工的头衔和称号。

10.3.2　职衔

T型人才精通一两个领域（有非常好的技能），并在其他若干领域拥有足够好的技能。在不同的任务中或在同一年的不同时期，他们可能扮演截然不同的角色。固定的、面向专业的头衔，如工程师、经理、设计师、QA、分析师或架构师，不适合以技能为基础的人员配置所呈现的动态场景。一种选择是使用与专业技能无关的头衔，如高级/首席/总监/杰出员工等。另一种选择是在内部放弃职衔，在需要时使用薪级。可以制作各种印有短期、特定角色头衔的名片，以供外部交流时使用。

据我观察，面向专业的头衔会有微妙的副作用。例如，当某人被贴上经理的标签时，他所说的任何超出标签范围的话，会自动降低可信度。我们会贬低别人在其专业头衔领域之外的可信度。很快，人们开始相信自己的标签。开发人员拒绝测试。作为一个开发者，如果沟通能力好，也会被质疑。经理们回避写代码，甚至害怕学会哪怕最基本的用户级技术能力。他们会说"我不能处理技术问题"，仿佛那是一项他们引以为傲的大成就。我们在标签造成的竖井中变得越来越固执，真正的多面手在这个过程中会感到心灰意冷。一个拥有分析师头衔的人，可能在领域建模方面有很好的天赋，但他的投入可能会被开发人员忽视。一段时间后，他要么开始相信自己所谓的限制，或者开始寻找另一份能认可他更多技能的工作。

10.3.3 剖析技能

尤其值得一提的是"开发",这是一大组技能的集合。弄清开发是否拥有正确的子技能组合,会让我们受益匪浅。代码的天然属性决定,相比其他领域,开发工作更倾向于紧密地结合在一起。分析和用户体验等上游活动的工作都汇聚到开发这个环节上,持续集成也在开发环节进行,将所有开发人员的工作整合到一起。这是一个综合的过程,需要的不仅仅是编程技巧。例如,一个典型的开发者将在以下一两个方面具有优势。

- **编程语言和算法**:这个方面属于计算机科学的领域。具有这些优势的人都精通多种语言,有时被称为语言极客。他们善于使用合适的算法来解决难题。

- **技术**:了解各种工具,不断试验新技术。对技术有敏锐嗅觉的人,他们从不抱怨没有工作。通常,他们会在兴趣驱使下主动开展一些自己的小项目。

- **沟通**:清楚地说明设计和架构,交流开发工作的状态,并阐明风险、问题和依赖项。能够编写可读的代码。

- **交付**:能够放下身段并完成任务。他们可能不是周围知识最丰富的人,但很擅长运用所学知识来完成工作。他们对自己承担的任务也不挑剔。

对于开发团队来说,良好的组合是交付占 60% 至 80%、其他方面占 20% 到 40%。交付技能占比过大的团队,可能会使用错误的技术解决所有问题。反之,交付技能占比过低的团队,可能会花时间尝试用最新的技术来解决所有的问题,或者围绕设计、技术选择或工具等问题陷入无休止的争论。

在人员配置上有实际经验的人，可能会认为所有这些关于正确组合的讨论都是不现实的，因为就连招聘一个技能刚好满足岗位要求的人都难度不小。然而，之所以造成招聘难的局面，部分原因正是因为采用临时项目组的做法。频繁的增员和减员导致更难配备合适的人员。长生命周期的产品团队则较少提出增员减员的需求。维护如图 10-2 所示的技能画像，有助于传递这样的信息：各个维度都是有价值的，并且不同的人有不同的长处。借助第 13.7 节所述的保密调查技术，就可以创建和定期更新这些画像。

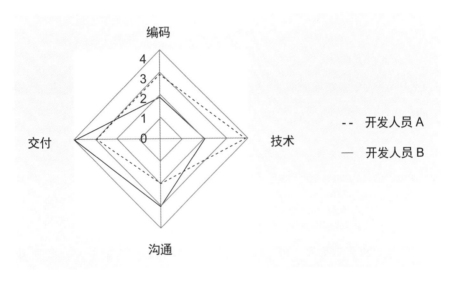

图 10-2　开发人员技能画像

技能画像也可以更好地指导招聘。在面试中，我们倾向于认可那些与我们有相同优势的人。技能画像帮助我们意识到这种倾向。如果管理人员希望在团队中增加一些专注于交付的人员，那么最好是要求具有类似能力的团队成员来面试候选人。

10.3.4   避免兼职任务

鉴于人才紧缺的现状（第 10.1 节），将稀缺的专家兼职分配到多个团队的做法是很诱人的。如果这些团队离得很近，共享的专家总是在附近，姑且还可以接受。否则，不能及时获得专家的时间就会降低团队的响应能力。而且在团队之间反复切换上下文，也会导致共享人员无法集中精力。并且兼职任务还会削弱共享人员对团队产出的责任感。

要想快速摆脱对共享专家的依赖，一种方法是从每个团队中提名一个结对伙伴。当共享专家为某个团队工作时，他／她就与该团队指定的人员结对。在短期内，这可能会降低共享专家的工作效率，并增加团队成本。但从中期来看，最终有望培养出针对稀缺技能的二线能力。由于全职的结对伙伴更了解团队场景，因而也有助于共享专家更有效地为团队做出贡献。

结对伙伴需要具备一些专业领域的基本技能——这可以通过自学或参加培训课程获得。即使有这样的准备工作，没有耐心的的专家很有可能陷入"知识的诅咒"[④]——这是一种认知上的偏见，使得专家很难从还是新手的结对伙伴的角度来思考问题。尽管如此，结对是培养内部多技能人才的有效方法，可以作为外聘 T 型人才的有效补充（详见第 5.4.4 节）。

10.3.5   团队个性组合

长生命周期的产品或能力团队，有条件在团队中实现良好的个性组合。好的个性组合，可以让团队发挥不同个性维度的优势。虽然应该从哪些维度评估哪些因素还存在争议，但总的来说，进行一些评估，对于鼓励健康的个性组合是很有帮助的。自我评估和通过保密调查进行的团体评估相结合（详见第 13.7 节），可以用来得出团队成员的个性特征。这种做法能让人们意识到不同性格的价值。如果缺乏这样的团队意识，那么最强大和最有影响力的成员的个性，会比其他成员的个性更受重视。

虽然与个性组合没有直接关系，但性别组合也很重要。几乎所有曾经在全男性的团队和性别比较平衡的团队工作过的人，都会证明这样一个事实：在性别平衡的情况下，团队会有更好的发展。

10.4　观点小结

- IT 部门总是想采用最新的技术，而业务部门则总是倾向于使范围尽可能全面。两者叠加在一起，原始的需求和对应的人员诉求就会严重膨胀。

- 有了基于团队能力的预算，我们可以从短生命周期的项目团队转向长生命周期的产品或能力团队，而不增加成本。消除周期性的人员增减后，人员配置团队会对团队组合给予一定的关注，而不仅仅是竭尽全力满足要求。这也减少了短期临时工的需求。

- 长生命周期的团队不一定比项目团队产生更多的成本。

- 以专业为导向的职衔，与 T 型人才组成的跨职能团队格格不入。

- 技能分析、个性分析和性别平衡有助于在稳定的长期团队中实现良好的技能组合。

10.5　行动小结

- 从两个方面来弥合 IT 人才的供需差距。其一，从需求方面弥补差距，除了业务差异化的系统，应当尽量选择采购而不是自建；其二，从供给方面弥补差距，培训、结对和有选择的外包。在持续存在差距的地方，业务和 IT 部门需要分别缩小需求范围和降低复杂度。

- 培养 T 型人才，而不是基于角色进行人员配置。这也有助于将跨职能的专家团队转变为跨职能（多技能）人才组成的团队。

- 通过建立结对制度，减少稀缺专家的兼职工作。

注释

① https://en.wikipedia.org/wiki/Electronic_voting#Direct-recording_electronic_ (DRE)_voting_system
② Tuckman, B. W. 1965. Developmental sequence in small groups. *Psychological Bulletin* 63:384–99.
③ http://www.infoq.com/articles/kelly-beyond-projects
④ http://hbr.org/2006/12/the-curse-of-knowledge/ar/1

第 11 章

工具

本章要揭示一个经常被忽视的导致 IT 运行不良的因素：工具，以及描述工具如何影响协作。组织敏捷性的蓬勃发展离不开即兴协作（第 3.4.5节），"设计的目的是激发即兴协作"，这是本书的关键主题之一，这需要人们不受约束地使用工具和访问信息。我们将揭示工具链引起的竖井以及缓解它们的常见办法。我们还会反驳"竖井是人的问题，与工具无关"这样的观点。最后，我们将看到正确的工具评估方法如何帮助我们促进工具应用，并限制同一种工作中对不同工具的滥用。

11.1 鼓励即兴协作的访问控制

大多数组织只向员工分享必须让他们知道的信息。然而，对于某一名员工来说，真正必须知道的信息相对很少。对于其他并非必须知道但有可能感兴趣的信息，员工会被屏蔽在外。但这不是好事吗？为何要用无关的信息来干扰员工呢？确实，我们不应该把无关的信息推给所有人，但也不应该利用访问控制来限制信息分享。人们应该能够自由地获取信息，因为有人可能会发现这些信息有意想不到的用途。只保护那些绝对需要保护的信息，其他信息一律公开。与其只允许获得必须知道的信息，不如只限制必须保护的信息。有时，行业法规不允许这种访问控制的反转。如果确实不可避免，我们总可以回到传统的信息控制机制。

图 11-1 中，外圈代表一个组织的整个工具和信息情况。深色区域代表禁止某些员工访问的信息，浅色区域代表允许访问的信息。在传统模式下，我们考虑员工完成日常工作需要哪些信息，并只赋予他们获取这部分信息的权限。在鼓励协作的模式下，我们考虑哪些信息需要被限制访问，并且仅限制对这些信息的访问。如果组织与员工自由分享信息，员工也会在彼此之间自由分享。如果组织相信只有在严格的需求基础上才能分享信息，那么组织中的人自然也会对他们的同事采取同样的策略。

图 11-1　访问控制反转

维基（Wiki）是彻底改变访问控制的一个很好的例子。维基是维基百科背后的技术，维基百科的兴起颠覆了商业百科全书的商业模式。在一个典型的维基中，每个人不仅默认可以阅读所有内容，甚至可以编辑任何内容。这一特性过去常常招致保守派的嘲笑。然而，大多数采用者都很成功，事情并没有变得混乱不堪。对于恶意编辑，维基有一个很可靠的应对办法——所有的编辑都是可追溯的。作者的可追溯性阻止了轻率的编辑。此外，管理员还可以将一个页面回退到任何早先的版本。这些特性的存在，阻止了恶意编辑的发生，事实上，回退功能很少被使用。编辑者身份认证必不可少，但细致的授权就不那么重要了。

此外，还有规模扩展的问题。在组织中，"默认拒绝"类型的访问控制不如"默认允许"那样方便扩展。新团队成员在获取访问授权时通常会遇到延迟和拒绝。能以更低成本解决问题的机制往往更容易扩展。

11.2　工具链的微妙影响

跨职能 IT-B 团队包含分析师、开发人员、架构师、系统管理员、数据库专家、用户体验设计师等角色。如果他们选用不同的工具来完成类似的活动，就会形成类似竖井的状况。这种情况也适用于专业工具。如果每个人都只能使用他们的主要工具，那么就很难获得相邻的技能，无法成长为第 5.4.2 节所述的通用型专家。

11.2.1　工具访问的竖井

图 11-2 中的团队有什么问题呢？这是一个跨职能的团队，所有成员在同一个地点集中办公，但在工具和权限层面，他们是相互隔离的。产品分析人员不能访问销售线索管理工具来查看与潜在客户的持续沟通。市场和销售团队不能访问产品待办项管理工具来查看最新的功能优先级或可

能的发布日期。开发人员不能访问监控仪表板来了解生产服务器的运行情况，他们只能询问运营同事。我们并非要求开发人员获得登录生产服务器的权限，只需要为其开放监控系统的只读权限。

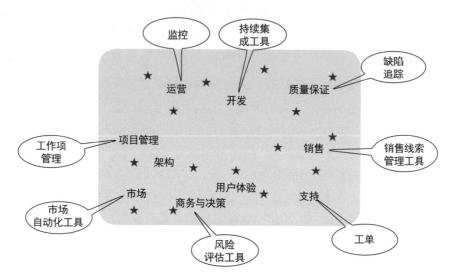

图 11-2　在同一地点集中办公的团队在信息空间中形成了竖井

对于专业创作工具（如图形编辑器、视频编辑器、模型编辑器、代码编辑器或代码分析器等诊断工具），即便不是所有人都能访问，也可以接受。上述所有工具均有报告功能，正好适合用作信息辐射器（第 2.4.4 节）。信息辐射器要向所有人公开。否则，一个跨职能的、在同一地点集中办公的团队，可能会在公司的信息空间中被相互隔离。

例如，如果 Salesforce 的许可只够销售团队使用，这就意味着产品开发团队的人即便有需要，也无法访问 Salesforce。比如，他们想知道流失的客户提出了哪些功能需求，就得去麻烦已经忙得团团转的销售人员。虽然销售人员一般都很友好，愿意和你聊天，但他们往往并不喜欢提取数据这样的工作。因此，访问工具的限制会进一步降低效率。

首先，采购人员要转变思维，需要意识到工具访问需求的普遍性。只在刚需时才提供使用权的时代已经一去不复返了。然而，为所有人采购许可的成本可能非常高，尤其是当产品供应商不提供多样化的使用许可方式时——我们希望为只读用户提供较便宜的许可，为读写用户提供常规许可。虽然这是个相当重要的考量因素，但在采购的检查清单中却往往被忽视。如果有更多客户提出类似的要求，供应商一般都会答应①②③。另外，公司可与供应商协商，提供一个可共享的只读账户，供组织中所有的人使用。

如果所有人都坐在同一个房间里，隔离访问并不会有太大的问题。但事实往往并非如此。没有访问权限会产生多方面的阻碍：这会减少我们对同事活动领域的了解，会因为无法自主获取信息或意识不到这些信息的存在而做出糟糕的决策。

可能有人会说我们把事情扯远了，他们会说："促成或破坏合作的不是工具，而是人。"然而，工具并非是价值中立的。虽然我们可能有合作的意愿，但工具环境却会潜移默化地改变我们的习惯，并给合作带来挑战。在进一步讨论"工具并非价值中立"的论点之前，让我们看看工具的使用和工具的专业性如何以其特有的方式造成竖井。

11.2.2　工具使用的竖井

如果人们使用不同的工具进行相似的活动（例如版本控制、工作跟踪和文档编制），他们就会围绕工具的使用形成阵营。因此，我们有 Windows、Mac 和 Linux 阵营（以及其下的若干子阵营），vi 和 Emacs 编辑器阵营以及无数的编程语言阵营。虽然阵营之间的竞争大多是相对友好的，但偶尔也会变得很激烈④。

　　智者尊重工具，但并不会将个人身份与工具身份混为一谈。

　　　　　　　　　　—— 《凤凰项目》合著者贝尔（Kevin Behr）的推文

我们在特定工具上投入越多，就越有可能从这个工具及其生态系统中获得身份认同感。我们的自尊源于各种身份之间的对比，因而可能会导致彼此竞争的工具影响下的身份认同感在团队中发展成竖井。这就跟种族、语言、意识形态甚至货币造成的效果类似。如果在单一团队内使用多种工具，追求工具和文化的多元化，我们会面临很大的挑战。另一方面，如果不同类型的专家在类似的活动中使用相同的工具、技术和实践时，就为跨职能协作创造了良好的条件。

有时，我们看到不同的团队使用不同的工具来处理相似的问题。这是可以容忍的团队自治行为，只要不会导致团队之间的汇报、整合或协作出现重大问题就行。另一些时候，我们可能会发现某个工具被一个团队广泛使用，而另一个团队却很少使用，尽管两者有着相似的需求。在一个案例中，我了解到之所以出现这种情况，是因为第二个团队在工具评估方面没有发言权。第 11.4 节将谈到工具评估问题。

11.2.3　工具专业化的竖井

团队中过于细分的专业化工具会导致竖井，比如下面这几种情形。

- 虽然数字营销只是数字化转型（第 1.4 节）的一个方面，但它却带来了一系列令人眼花缭乱的专业工具，如电子邮件营销、移动营销、社交营销、搜索和社交广告、活动和网络研讨会、社区和评论、忠诚度和游戏化等。根据"按成果而非按行动进行组织"的原则（第 4.1 节），应当为每个产品指定多个营销多面手，每个人都使用所有工具。这会比建立共享的营销服务、每个专家只使用一种工具更有效。

- 让开发工程师在持续集成中使用一种工具，而让部署工程师在部署时使用完全不同的工具，这样的做法非常糟糕。这可能会导致竖井的产生，因为开发人员很少会去关注部署工具的情况，反之亦然。

从跨职能协作这个更高的角度来看，弱化了专家之间界限的工具，比强化这些界限的工具更好。

11.3　技术并非价值中立

有人说，造成竖井的不是工具和组织架构，而是人。他们还会列举个别在困境下进行合作的例子作为佐证。通常情况下，这些英雄是组织中的少数派，一两年后他们的热情就会消失殆尽，然后，另一群少数派英雄取而代之。然而，总体来看，如果在组织设计时埋下了诱发竖井的元素，就会导致竖井的形成。因此，我们不应该把竖井的问题仅仅看作是人的问题。的确，人会导致问题，但是组织架构、文化和策略（包括关于工具的策略）有可能放大或缩小这个问题。

人们普遍认为，人是技术的主宰——我们发明和控制技术，并对其使用进行有意识的选择；技术并不会控制或影响我们。虽然这对一些警觉的人来说可能是真的，但对整个社会或组织来说却并非如此。媒介理论家麦克卢汉（Marshall McLuhan）是"技术并非价值中立"这一论点背后最有影响力的声音之一。他有一句名言[5]：

> 我们塑造了工具，然后工具也塑造了我们……我们对所有媒介通常的反应，即"如何使用它们才是最重要的"，是技术白痴的麻木立场。
>
> —— 麦克卢汉（Marshall McLuhan）

例如，研究表明，语言表达影响着我们的思维方式[⑥]。那么语言到底是什么呢？它是最早发明的通信技术之一。因此，一种通信技术已经被证明可以影响我们的思维方式！其他通信技术也会如此吗？麦克卢汉（McLuhan）对大众传播技术的回答是肯定的，他说："媒介就是信息。"[⑦]

后来，技术历史学家克兰兹伯格（Melvin Kranzberg）提出了他的六大技术定律[⑧]，其中第一条断言：

> 技术不分善恶，但也并非中立。

他解释说，之所以如此，是因为一项技术的引入，往往会对人类和社会产生意想不到的影响，其影响范围往往远超当初想要解决的问题。此外，这种影响是上下文敏感的——相似的技术在不同的上下文里具有不同的效果。

语言影响思想，工具影响行动。因此，如何选择工具是极其重要的。我们塑造了工具及其访问策略，它们反过来也塑造我们的协作。当我们选择不同的专业工具时，它们会把我们推向不同的专业分组。新的技术可能在某些方面更好，但在其他方面却不尽人意。例如，编写自动化单元测试和进行测试驱动开发的做法，在开发过程中降低了日志的价值。因此，开发人员倾向于省略日志记录[⑨]，直到技术负责人或 IT 运维人员告诉他们日志在生产环境中的重要性。

除了技术以外，流程和结构同样不是价值中立的。环境会影响我们的态度和信仰：部落和村庄鼓励集体主义，小家庭和城市鼓励个人主义。作为团队结构影响软件形态的一个例子，康威定律[⑩]表明，一个软件系统的接口结构会反映其生产团队的结构。总的来说，互动总是相互的，我们塑造了环境，环境也塑造了我们。电子邮件就是一个很好的例子。

11.3.1　电子邮件如何塑造我们

在电子邮件出现之前，收件箱与文件柜在物理上是分开的（图 11-3）。已读和已完成的文件被仔细归档到文件柜或直接丢弃，收件箱只接受新文件。我们并不常关注收件箱，顶多一天查看一两次。人们并不期望书面信件能在两小时内得到回复，他们只用电话处理紧急事务。公司的通知、公告和通告经常被贴在公告栏上，而不会在工作日中被硬塞到每个员工的面前。沟通虽然是工作的一部分，但仍被认为有别于实际的工作。

图片来源：jojje11/Fotolia（左）pogonici/Fotolia（右）

图 11-3　在过去，文件柜和收件箱是两个概念

电子邮件打破了沟通和实际工作的平衡。麦克卢汉（McLuhan）指出，正如我们塑造了技术，技术也同样塑造了我们。那么，电子邮件是如何塑造我们的呢？

● **电子邮件的收件箱也是文件柜**。假设我们决定从不断膨胀的收件箱那里夺回控制权。比方说，每天只在固定时间检查电子邮件两次，其他时间保持关闭。但是，关闭电子邮件客户端（无论是在笔记本电脑、平板电脑还是手机上）也意味着锁上了我们的文件柜。得益于 GB 级容量的收件箱和出色的搜索算法，电子邮件客户端也是我们在实际工作过程中经常需要访问的文件柜。因此，我们不得不重新打开收件箱。过滤器、规则、标签或文件夹可能帮助我们避免查看新的内容，但我们已经开始违背这项技术的初衷。

- **车载斗量，一刻不停**。因为电子邮件的成本如此低廉，所以我们会大量收发电子邮件。暂且不考虑垃圾邮件，试想为什么企业公告栏会消失？在工作日，各种各样的公告充斥着我们的收件箱。至少企业应该规定，只在接近下班时发送公告。但对于一个全球性的公司来说，没有合适的时间。IT 矩阵使这个问题变得更加复杂，每封邮件都必须抄送给许多职能部门的领导和他们的副手。

- **一种新的瘾**。社交媒体无疑会让人成瘾。然而，在公司内部，电子邮件提供了一个强大的替代品，尤其是在公司防火墙屏蔽社交媒体的情况下。许多 IT 人员每天花很大一部分时间读写电子邮件。电子邮件通知为那些选择被打扰的人提供了无尽的干扰。新邮件提供了一种心理刺激。有些人会因为半小时都没有新电子邮件而感到无聊并休息一下。电子邮件成瘾导致实际工作减少和沟通增多，其中大部分沟通与读邮件的人并不直接相关。

- **无意义的文档**。电子邮件孕育了文档泛滥的文化。轻松将事情记录在案的能力增加了这样的趋势。这是人们处理紧急但不那么重要的事情时不用电话的另一个原因：他们会写一封电子邮件将其记录在案，并等待快速回复，即使收件人只有几米之遥。组织不应当鼓励这种行为。

11.4 工具评估

在企业 IT 中，工具评估活动有可能决定是否采用工具。滥用工具，可能导致前面描述的"工具使用的竖井"。然而，却很少有地方有针对工具评估的指导文档。

拥有工具评估指导文档是非常有价值的，因为评估可能很棘手——特别是从现有工具向外迁移时。使用中的工具的缺点是众所周知的，但被评估的工具却不是这样。我们可以检查新工具是否没有旧的缺点，但可能没有可以发现新缺点的评估场景。

好的评估绝不仅仅是技术性的。例如，必须考虑新工具是否会被采用、是否需要培训。评估人员需要明白最合适的工具比最好的工具更重要，并相应地提出标准。不同的特性对不同的拥护者很重要，评估团队的构成应当有代表性，并且需要一名获得授权的领导者来做权衡。将最终用户排除在评估团队之外，或根据采购清单进行评估，而很少考虑最终用户的意见，这是一种反模式。

对于有助于管理业务流程的工具，可能会有购买并定制的提议，以使该工具适合现有流程。但如果现有的流程可以做一些改进，又怎么办？这是一个很好的机会，让我们来重新审视现有的流程，并在将其编入新工具之前对其进行简化。此外，随着工具的新版本面世，定制部分的维护成本可能会越来越高。除非定制提供了竞争优势，否则最好主动改变，调整流程以便与工具保持一致。

外部因素可能会间接影响工具评估——例如，什么工具最能为个人履历增光添彩？这些因素无法被消除，但可以让一个人（也就是首席评估员）对评估的最终结果负责，以此来控制这些因素。首席评估员不仅要对工具的建议负责，还要对其成功采用负责。透明的决策记录（第 6.7.1 节）将有助于确保他人的意见不会被忽略。对花在工具上的钱，计算投资回报率几乎是不可能的。工具的采用和使用范围是比较好的指标。

本着团队自治的精神，如果是用户自己管理工具，工具能标准化固然很好，但不能标准化也没关系。而对于 IT-I 管理的工具来说，一定程度的标准化则是完全必要的。

11.5　观点小结

- 我们塑造组织的工具和访问环境，并由此来塑造组织协作的轮廓。

- 如果组织对不应该被限制访问的信息加以严格的访问限制，那么我们就不能指望组织中的人在与同事共享信息时会有不同的态度。

- 一旦专家们针对类似的活动使用通用的工具、技术和实践，就可以为跨职能协作创造肥沃的土壤。

- 在工具评估中，最合适的工具比最好的工具更重要。

11.6　行动小结

- 只在有必要时限制访问某些信息，而不是有必要时才允许访问。这会更好地促进即兴协作。

- 选择弱化而不是强化专家之间界限的工具。

- 选择负担得起的工具，争取让团队中的所有人都至少拥有只读权限。

- 为工具评估和推广制定指导方针。安排成果负责人参与并维护决策记录，增强其工具选择和工具采用的责任感。

注释

① http://service-it-remedy.web.cern.ch/service-it-remedy/clients/aruser/login5.html
② https://success.salesforce.com/ideaView?id=08730000000BrT7
③ https://answers.atlassian.com/questions/171528/read-only-jira-user-without-license
④ http://discuss.fogcreek.com/joelonsoftware/default.asp?cmd=show&ixPost=13940
⑤ McLuhan 1994
⑥ http://edge.org/conversation/how-does-our-language-shape-the-way-we-think
⑦ http://en.wikipedia.org/wiki/The_medium_is_the_message
⑧ Kranzberg, M. 1986. Technology and history: Kranzberg's laws. *Technology and Culture* 27:545-60.
⑨ http://programmers.stackexchange.com/questions/230131/do-we-need-logging-when-doing-tdd
⑩ http://www.thoughtworks.com/insights/blog/demystifying-conways-law

第 12 章

指标

利用指标来扩大管理半径是一回事，扩大业务成果则完全是另一回事。更宽的管理半径并不能保证更多的业务成果。本章探讨组织对指标的态度如何影响敏捷性。我们先介绍指标、仪表盘、目标和激励的一些常见缺点。本章旨在告诫读者不要过度依赖指标，继而提出改革指标体系的方法，使之更符合第 3 章所阐述的核心主题。

12.1　指标不能说明全部情况

软件开发是一项社会活动，因此确实不太容易度量。当然，我们可以度量很多关于软件开发的指标，但永远不能认为一组给定的指标确实描绘了全貌。我们可以尝试扩展度量范围，使其详尽无遗，但定期度量和跟踪大量的指标成本会很高。如图 12-1 所示，我们往往将度量的范围限制在一个可以度量的子集上，其中的一些指标虽然容易度量，但并不是很有用（例如，每周每个测试人员发现的缺陷数量）。另一方面，虽然投资回报率是个很有用的指标，但往往无法度量和跟踪某一款软件的投资回报率。因此，在实践中，我们只能通过度量来获得一部分的图景。认识到这一点很重要。然而，企业 IT 经常忽视了这一事实，而是自欺欺人地认为报告的指标呈现了一个完整的图景。这种思维方式的根源或许可以追溯到"不能度量的东西就不存在"或者"不能度量的东西就不能管理，所以是否存在也无所谓"的管理思想。正如我们将在本章中看到的，这种思想不健康。

图 12-1　我们度量的内容

12.1.1　能够度量，不能预测

即使可以度量，也很难根据这些度量做出对未来的预测。尽管有各种各样的度量，但组织通常很难准确地回答以下问题。

- 什么时候能完成计划范围内的工作？

- 一个新特性能在多大程度上提高产品的销量或内部采用率？对一个计划中的特性进行范围调整又会对采用率产生多大的影响？

- 团队中人员的增减将如何影响速率？

- 在未来 3、6、12、24 个月内，技术债务变成实际问题的可能性有多大？问题会有多严重？

这是因为所有的软件开发都是一个设计活动（第 3.1 节）。它不适用于详尽、客观、定量的度量，更不适用于预测。速率就是一个很好的例子。

12.1.2　速率

速率（velocity）是指团队在给定的冲刺或迭代中交付的功能数量。它通常用于跟踪软件交付的进展。例如，如果要在 4 次冲刺（或迭代）中交付 72 点的功能，则所需的平均速率为 72/4=18 点每迭代。72 个点是在 4 次迭代中要覆盖的总交付量，在任一个冲刺过程中所达到的速率则是该次冲刺所覆盖的交付量（从这个意义上说，“速率”并不是这个指标的最佳名称）。通常用“燃尽图”来跟踪截至当前日期累计完成的交付量以及相对于预定目标尚待完成的距离。

然而，很多组织无法正确使用速率。最常见的原因是对“完成”的定义不好。理想情况下，只有当一个故事完成开发，并在功能、回归、端到端集成、跨平台/跨浏览器/跨设备能力、性能、可操作性和安全性等

所有方面都通过测试后，才能把它的点数计入团队速率。人工对每个故事进行所有这些测试是不切实际的，除非有持续交付流水线的自动化协同，但很少有团队能达到这样的自动化水平。

因此，我们对"完成"的定义进行了折衷，认为只要对其进行了功能测试、回归测试和集成测试并由测试人员和产品负责人签字，就可以算作完成。我们在开发周期的后期为其他测试留出了一些时间和预算。只要所有阅读报告的人都理解速率的新的含义，这种新的"完成"定义就是可以接受的。

任何对"完成"定义的进一步妥协都会损害该指标的效用。例如，有些组织忽略了端到端集成测试，因为这是组织的另一部分中不同团队的职责。这种团队设计是糟糕的。一些团队简单地将"开发完成"定义为"完成"，结果就是他们报告的速率基本上毫无价值。我遇到过一种特别糟糕的情况：团队将用户故事分解成任务，然后针对每个任务评估工作量点数，按照任务的完成来计算速率。故事是独立而有价值的，而任务不是。如果按照任务的完成来计算速率，就可能看到这样一种奇景：一个版本的开发完成率达到 70%，而没有一个任何故事真正完成了开发。

因此，度量并不能说明全部情况。

12.1.3   应对未知的未知

为什么要投入这么多精力来估算和跟踪软件开发呢？因为我们希望预测过程。然而，正如第 3.1 节所述，由于设计过程存在未知的未知因素，可预测性总是无法实现。我们不可能估算不知道的事情。在这些情况下，适应性比可预测性更重要。因此，跟踪反馈速度的指标（例如，构建时间和周期时间[①]）至少与帮助预测的度量指标同样重要。

12.2　仪表盘促进无知

平衡计分卡[②]的出现旨在为充满财务指标的管理报告提供一些平衡。平衡计分卡将财务视角与客户视角相平衡，将内部业务视角（必须做好不能出错的事）与创新和学习视角相平衡。通过结合非财务指标，平衡计分卡试图为组织的状况提供一个全面的视图。

仪表板类似于记分卡。IT-B 仪表盘倾向于以交付为导向，也可以做到一些平衡。一个长期的跨职能团队可以使用一个仪表板，其中包括一个客户视角（成果）、一个质量视角（代码、架构和文档的健康状况）、一个性能视角（可用性、响应时间等）和一个团队视角。然而，即使是平衡的仪表盘也有其问题。仪表盘就像一份报告的内容摘要。拿到一份报告时，我们会首先阅读内容摘要。如果摘要大致符合期望，我们就会跳过报告的主体部分。问题是，度量从来都不是详尽无遗的。只有深入研究，我们才会意识到哪些方面可能遗漏了。例如，可以收集 IT 开发工作的各种度量（例如，代码库指标、测试指标、构建指标、交付进度等）。还可以为每个度量定义红色、黄色和绿色的阈值，然后要求团队根据各种指标对自己进行评估，并将结果反馈到仪表板，仪表板使用加权公式将所有这些度量汇总到统一的项目状态指示器中，显示红色、黄色或绿色的项目状态。一些大型组织开发出了成熟度的度量，其中包含递进的几个级别，在每个级别中又针对每项度量指标定义了阈值（例如，级别 4 要求最低测试覆盖率为 70%）。

然而，大多数时候，一个全绿的状态指示器没有任何实际意义，它只能说明"被度量的东西似乎没问题"，但总会有更多的事情没有被度量（第12.1 节），庆祝绿色指标就是无视未知。有人可能会说，那度量更多指标就好了，这样全绿的状态指示器就会真正成为整体项目健康的标志。

然而，这在快节奏的知识工作环境中有些不现实。工具和技术不断变化，而度量工具却跟不上变化的步伐。维护项目的度量基础设施需要付出巨大的工作量。将指标汇总到仪表板的趋势助长了对实际情况的忽视。我们忘记了我们只看到被度量的东西。我们只在度量指标不是绿色的时候才采取行动。

汇总细粒度指标以创建高级仪表板，这会给团队带来压力，使其保持细粒度指标为绿色，即使这可能不是当前最重要的事。如果中层管理者不希望在状态更新会议上向项目赞助人解释为什么仪表板上有黄色和红色，他就会督促团队确保所有指标都是绿色。然而，诸如测试覆盖率之类的细粒度度量在绿色时不如红色时有用：它们的作用是单方面的，只有在异常发生时才有用。100% 的测试覆盖率值得庆祝吗？如果大多数测试没有任何断言呢？另一方面，50% 的覆盖率至少明确地告诉我们，一半的代码没有被覆盖（或者度量中存在错误）。

有人可能会说，仪表板只是一种工具，要靠使用的人来把它用好。这一论点被称为价值中立论，从电视到核裂变，什么东西都有人说它"只是工具""用得好不好，全看谁在用"。第 11.3 节已经批驳过这种观点了。可能会有一些警惕的用户，但总的来说，仪表板会起着愚弄人的效果，我们会逐渐相信仪表板说明了全部情况。

12.3   目标和奖励的问题

"做这个，你就会得到那个"，这样的说法会让人们关注"那个"，而不是"这个"。奖励能激励人们吗？当然能。它们能激励人们去获得奖励。[3]

—— 科恩（Alfie Kohn）

度量不同于目标或奖励。指标可以只用作度量。度量不一定意味着目标或奖励，也可以只是标示出信息所在的地方（例如，我们看汽车上的速度表只是为了知道车开得有多快，并不一定是因为心里有个目标速度）。

管理团队或单位绩效的传统方法如下。

1.　建立机制，从各个维度来衡量绩效。

2.　为这些维度的当前绩效水平建立基线。

3.　为未来几个报告周期内提高绩效水平设定目标。

4.　有选择地为达到或超过目标引入明确的奖励措施。

5.　密切监视进展。

这是组织各个层级都在用的常用方法。目标逐级分解下沉：组织级目标驱动部门级目标，部门级目标又驱动团队级目标，在某些情况下，目标会一直分解下降到个人目标。这似乎是一种有条不紊的方法，而且经常能在某些维度上带来好的效果。它帮助个人和团队集中精力。管理者可以调整各个维度之间的优先级或是增加报告和监控的频率，从而实施控制。所以，这有什么问题吗？

问题在于系统和人之间的互动与相互影响（第 11.3 节）。我们塑造指标体系，反过来，指标体系也影响我们的行为。目标或奖励的引入会把信息度量转化为动机度量。

奥斯丁（Austin）[④]这样定义动机度量：这些度量明确希望影响到接受度量的人，以激发付出更多努力去达成组织的目标。相比之下，信息度量的价值则主要在于它们所传达的客观状态和研究信息，这些信息提供了对现状的洞察，并使更好的短期管理和组织流程的长期改进成为可能。注意，奖励显然是针对动机的，而目标也是针对动机的，只不过是隐性的（第 12.3.7 节）。动机度量是有问题的，下面要详细解释。

12.3.1　目标会诱发局部优化

如果一个团队被要求达成目标，它就开始为自己着想。它优先实现自己的目标，而不是同级团队或上级单位的目标。系统论告诉我们，局部最优不一定导致全局最优。相反，为了达成全局最优，可能要求所有子系统处于局部次优。

测试恶作剧

在一次任务中，我发现外包开发团队对端到端测试团队使用的测试场景一无所知，每次运行端到端测试都会记录几个缺陷。我问开发团队经理：是否可以事先询问测试场景。经理说不行，因为端到端测试是外包给另一家供应商的，他们不会共享场景。这就好像测试场景是某种考卷，考前不能泄露。后来我发现，还有一个因素影响着这种行为：端到端测试团队的能力是通过他们报告的缺陷数量来衡量的。如果他们做了任何会减少测出缺陷数量的事，只会同时降低他们自己在客户眼中的价值！

开发团队内部也有同样的情况。团队里开发人员和测试人员并排坐着，然而，测试人员从不直接向开发人员报告潜在缺陷 —— 他们本可以在发现缺陷时直接叫一个开发过来展示给他看，但他们从不这样做。相反，测试人员总是首先在缺陷跟踪系统中记录缺陷，辅以完备的屏幕截图和重现步骤。即使明知道某个开发人员正在处理这块

代码，顺手就可以把缺陷修好，测试人员也还是孜孜不倦地在系统里录入缺陷。当被问及原因时，测试人员给出了几个理由。

1.　在系统里记录缺陷，为相应的代码修复提交提供了可追溯性。

2.　如果不记录缺陷，会扭曲对缺陷的度量（例如缺陷率和缺陷密度）。

3.　直接跟开发人员报告缺陷，会打扰开发人员，扰乱他们的工作流程。

4.　如果没有记录，他们可能会在回归测试期间错过该场景。

5.　如果记录的缺陷少了，看起来就好像测试人员没有干活。

理由 1 和理由 4 可以用自动化测试来解决——一旦发现缺陷，首先就要编写测试重现该缺陷，然后再修复代码。理由 3 有办法解决：测试可以从卡片墙和站会上知道开发人员是否还在处理有问题的这块代码。此外，测试人员缺省可以找开发人员交流，只有当开发人员偶尔不想被打扰时需要暂时回避。很多缺陷其实是无效的，仅仅是因为测试人员看错了用户故事文档，或是文档没有及时更新（即，没有体现分析人员和开发人员最近讨论后定下来的变更）。在测试和开发之间建立良好的沟通机制，可以避免开发人员浪费时间来处理这些无效的缺陷。

毕竟，这就是让跨职能团队集中在一起办公的原因——鼓励尽可能直接沟通并解决问题。如果组织的文化重视可工作的软件高于面面俱

> 到的文档，那么修复缺陷的价值就高于用文档记录缺陷。剩下的理由
> 2 和理由 5 纯粹是度量问题。回顾我们关于重新审视软件开发的争论
> （第 3.1 节），缺陷率和缺陷密度适合用作生产过程的指标，但并不
> 适合用作设计过程的指标。理由 5 让我们看到，如果用指标来衡量团
> 队的价值会如何损害团队的协作。

上面的场景就是局部优化的例子——为了达成一个团队的目标，牺牲了
另一个团队的利益。如果为了短期优化而牺牲中期利益，那就是局部优化。

目标重于利润

某家私营 ISV 又到了销售季度的最后一周。尽管有季度销售目标，
但即便收益略低于预期，也不至于使分析师和市场失望。从目前的情
况来看，他们离销售目标大约还有 35 万美元的差额。Sanchez 是一位
销售经理，他一直试图与一家老客户达成价值百万美元的续约和扩大
合作。这单业务本身是确定的，但客户的采购团队需要时间来处理，
Sanchez 没有把握在本周内能完成签单。他希望其他的签单能弥补本
季度 35 万美元的缺口，但随着时间越来越近，签单量还是不够。

现在是本季度的最后一天，差距仍然很大。Sanchez 绝望地打电话给
这家百万美元订单的客户，直截了当地问："我怎么才能在今天拿到
采购订单呢？"采购团队感觉到了他的绝望，大胆地要求打 50% 的
折扣。Sanchez 犹豫不决，试图以原价提供更多的免费席位（订阅用
户数）。采购部对此不感兴趣，回复说他们需要更多的时间来弄清楚
储备额外的席位是否有意义。Sanchez 不想在已经确定的交易上提供
巨大的折扣，但更重要的是，他不想错过本季度的目标。他让步了，

并以 50 万美元的采购订单结束了这个季度的任务。季度目标超额完成 15 万美元，但由于追逐短期目标的副作用，年收入损失了 50 万美元！

12.3.2　目标是一种控制机制

为了控制团队的精力投入方向，需要设定一系列目标并定期跟踪进度；如果想获得更好的控制，只需要增加目标的范围并更频繁地跟踪——这就是所谓的微观管理，所有团队都讨厌这个。微观管理只会增加报告开销，很少提高团队绩效。例如，坚持将故事分解为任务、按任务估算工作量、跟踪任务级别的进度，是没有用的。甚至有人追踪一项任务内的完成度（"这个任务完成了 70%"），这就更荒谬了。如果故事已经满足了小、独立、有价值等要求，将其进一步细分得出的任务很可能无法独立开发，没有独立的价值。与其费尽心力进行细粒度的跟踪，还不如把这些时间用于消除瓶颈或者干脆帮助团队成员完成一点手头的实际工作。

12.3.3　目标和奖励侵蚀内在激励因素

口是心非

一家 ISV 的产品线包含三个产品——Kappa、Omega 和 Zeta。在过去的几年里，Kappa 产品在市场上的表现要比 Omega 或 Zeta 好得多。然而，公司领导层相信 Omega 和 Zeta 的潜力，并努力帮助它们成长。

他们希望销售团队能够分享这一承诺。公开场合里，每个人都认同：
Omega 和 Zeta 是令人兴奋的创新产品，只是市场还没有成熟，他们
很有兴趣销售这两个产品。

但销售团队私下里明白，Kappa 的转化率远远高于 Omega 和 Zeta，
因此专注于 Kappa 可以获得更高的佣金。自然而然地，缺乏销售的关
注进一步削弱了 Omega 和 Zeta 的前景。有人可能会说，这里的问题
不是奖励，而是缺乏专门针对特定产品的销售团队。然而，这家公司
一开始决定由一个销售团队负责全部三个产品，正是为了促成产品之
间的交叉销售，因此"专门负责特定产品的销售团队"并不是个好办法。

目标和奖励会削弱内在的激励因素，这可以说是它们最大的问题。完成
手头工作的内在动机被"达成目标并获得奖励"的动机所取代。回想一
下，第 3 章中说过：自主、专精和目的是内在动机的要素。目标削弱了
具有内在动机的人的自主性，扭曲了他们的目的——达成目标赚取奖励
成为新的目的。面对一个外加的目标，专精也会受到影响，因为奖励会
促使我们只做刚好足够达到目标的工作，对于没在目标规定范围内的事
情则置若罔闻。

强行指定的速度目标会给软件团队带来严重的约束。速度可以作为度
量，但不应该成为目标。目标限制了行动的选择。如果团队受到速度目
标的限制，就可能无法解决技术债务问题。约束强到一定程度，团队成
员会感觉自己没有被授权，从而失去自主性。

公共医疗和教育往往表现出类似的特点。一整套指标和目标被加诸于服
务提供者身上，不仅仅出于官僚主义，也是为了集中控制服务的大范围
高效交付。有了指标和目标，接下来就是对学校和医院的表现进行相应

的跟踪。这导致老师和医生感到沮丧，失去主动性，完全照本宣科。这就是目标错置[⑤]——考核目标替代了社会福利的最初意图。

既不想下放控制权，又想扩张规模，是造成这种现象的根本原因。非政府组织 Locality 和 Vanguard 咨询公司的塞登（John Seddon）教授共同发布的报告[⑥]挑战了这样一个假设：英国公共服务的经营应该寻求规模经济。该报告发现，基于内在激励因素的体系被大规模颠覆为基于外在激励因素的体系。正如报告所指出的，问题的关键并不在于公共部门或者私人部门，而是传统的规模化思维并不适用于服务行业的场景。

受目标激励的团队往往不会对问题本身负责。他们只关注那些影响目标的因素，剩下的交给别人去处理。在某种程度上，问题不在于目标本身，而在于目标背后的奖励。然而，组织中的所有目标都有隐性或显性的奖励。KPI 目标隐含着"在绩效考核中获得高分"的奖励。销售提成和可变薪酬则是更明确的奖励。认识到这些因素，一些公司已经取消了销售提成[⑦]——我们很快还会回到这个话题上来。

自组织团队需要自主性。他们需要一个更有意义的目的，而不仅仅是目标。有意义的目的是内在的激励，让个体有机会自由裁量。如果没有足够的自主权来行使自由裁量，这些机会就会白白浪费。外界要求团队达到的目标越多，团队行使自由裁量权的范围就越小。自主使我们主动抓住机会达成目的，对专精的追求则让我们主动抓住机会追求卓越。目标扭曲了目的，限制了自主，忽视了专精。

12.3.4　目标导致博弈

目标不可避免地导致人们对系统进行博弈。从下面的场景中，我们就会看到，博弈既可能是无意的，也可能是故意的。可以通过设计更明智的目标标准来减少这种情况，但这不是重点。当设计奖励机制的人和不得不在奖励机制下工作的人之间不断上演猫捉老鼠的游戏，内在的激励就会消失。

招聘的博弈

招聘团队的目标是下个月要招 5 名开发人员。他们很快发现，在招聘过程中，所有候选人早晚都会被拒。这可能是因为应聘者确实不够优秀，也可能是面试官过于挑剔。面试官显然认为是前者。招聘团队在与面试官交谈后，认为原因在后者。

然而，对目标负责的是招聘人员，而不是面试官。他们的选择有限：

- 尝试物色更优秀的候选人；

- 尝试向更高层级的领导表达招聘团队对面试官挑剔的担忧；

- 以某种方式使招聘不力成为面试官的问题。

第一种选择可能需要与专业的招聘机构合作，而且周期很长。考虑到跨部门关系和政治，第二种选择可能没有效果。

迫于指标的压力，招聘人员只好向系统加了更多的候选人。面试官来不及面试这么多人，但迫于招聘人员的压力，只得同意让下级同事来进行面试。下级同事认为候选人不错，于是招聘顺利进行了。招聘目标完美达成！我们找对人了吗？只有时间才能证明一切。

绿色仪表板和红脸用户

UpAndDown 公司有个关键的内部应用程序，但这个应用经常宕机。于是，CIO 决定将"系统正常运行时间"作为 IT 运营团队的 KPI：要想拿到全浮动薪资，就得保障 99% 的正常运行时间。然而，真正的问题在于写代码的方式。一些运维工程师曾经试图解释，开发人员需要接受编写更好代码的培训，但这一建议被视为超出了运维经理的管辖范围。运维团队没有太多办法可想，只能监控应用程序并在它崩溃时重启。在引入这个 KPI 之前，监控和重启过程是手动的。只有在手动检查或用户报告问题时，运维团队才知道应用程序已经宕机了。

引入正常运行时间的 KPI 后，运维团队自动化了监控任务，并在应用程序宕机时自动重启。这个办法满足了可用性监控程序的要求，监控程序开始报告良好的可用性数据。KPI 达标了！然而，这个解决方案并不能满足应用程序的用户，因为自动重启直接忽略了正在进行的用户旅程，用户发现他们经常不得不在半道重新开始工作。这个问题很难浮出水面并引起负责该应用程序的 IT 经理注意。如果偶尔使用的用户尝试登录，系统是正常的。只有当用户试图连续使用系统几个小时、希望完成几个用户旅程时，才会发现很多任务会中途失败，导致他们不得不从头再来。

12.3.5　古德哈特定律

前面几个小节让我们看到，针对度量值设置目标时，度量值是如何失去其价值的。这种影响不仅限于 IT。早在 1975 年，英国央行顾问古德哈特（Charles Goodharts）就在经济政策目标上观察到了类似的现象。这就是"古德哈特定律"⑧，根据维基百科的记述⑨，它最流行的表述是"当一个度量成为目标时，它就不再是一个好的度量"。组织范围度量的设计者最好注意到这种影响。忽视这种影响会导致管理层对着毫无意义的指标做出决策。在第 12.5 节中，将要讨论减轻这种影响的方法。

12.3.6　隐含的目标

度量行为本身可能导致行为的意外改变，行为者甚至可能意识不到改变的发生。这里有一个日间交易的例子。对交易员而言什么更重要？是盈利的交易次数多于亏损的次数，还是最终结果盈利？显然应该是后者更重要。然而，一旦我们开始跟踪盈亏次数比，它就可能成为一个隐含的目标。情绪调节也会起作用，我们会尽量减少亏损的交易。换言之，当一个新的指标被引入我们的注意力领域时，我们会不由自主地改变行为，而这种行为的改变未必有利于更大的目标。

这并不是避免度量的理由，而是要警惕它如何影响行为。我们可以通过信息辐射器（第 2.4.4 节）在公共空间发布关键指标（例如，本季度的销售额、团队速率、未完成的缺陷计数、口碑值等），很好地利用这一效果。请注意，只有那些不带来目标压力的度量指标，才适合以这种方法发布。如果某些度量指标起了反效果，那就停止使用这些指标，只使用可以带来期望行为的度量指标。不要试图做更多的度量来推进目标，在指标方面，越多并不是越好。

12.3.7　目标隐含着奖励

有些人认为，给予物质奖励可能有问题，但设置目标是好的甚至是必要的。然而，目标总是意味着奖励。即使奖励机制不是明确的提成、奖金或浮动薪酬的形式，目标通常也带有隐含的奖励机制。例如，持续完成目标可能带来加薪或晋升。因此，前面章节中描述的奖励措施的所有危险都适用于与结果不完全一致的目标。目标能否与结果完全一致？如第12.1节所述，穷尽一切的度量通常是不可能的，因此基于无法穷尽的度量设置的目标不会涵盖结果的所有方面。奥斯丁（Austin）有针对这个主题的深入阐述[10]。

12.4　改革指标体系

正如此前讨论的，不假思索地给所有度量指标设置目标，可能会适得其反。如果度量显示有问题，需要在上下文中展开讨论，而不是简单粗暴地降低评级。结合上下文的讨论可能会显示整体情况正常，度量结果只是指出了一个局部的不足。我们需要用数据来提醒自己，但不能盲目依赖指标和数据来驱动自己。

亲测有效！

《大西洋报》（The Atlantic）有一篇文章[11]介绍了芬兰独特的教育体系。经济合作与发展组织（OECD）每三年进行一次 PISA 调查[12]，比较不同国家 15 岁的儿童在阅读、数学和科学方面的情况。尽管芬兰的教育体系相对简单，但自 2000 年以来，芬兰在每次调查的三项能力中都排名或接近前三位。芬兰的教育体系不像韩国和新加坡那样致力于将学生打造成超级学霸，学生也并不感到那么疲惫。

为什么这与有关指标的章节相关？芬兰没有标准化测试（即没有标准化度量）。唯一的例外是所谓的全国高考，每个人都在大致相当于美国高中的高中结束时自愿参加。取而代之的是，公立学校系统的教师接受培训，自己创建独立的测试方法来评估在校生。

为了改革指标体系，我们需要从三方面来应对它：指标、目标和奖励。

12.4.1　取消奖励措施

奖励措施是指标体系中最具腐蚀性的方面。废除奖励通常比废除目标来得容易。

亲测有效！

《纽约时报》2013 年的一篇文章[13]报道了一些公司（包括 IT 公司和非 IT 公司）如何彻底抛弃了销售提成这一由来已久的做法。这篇文章描述了 2012 年之前 Thoughtworks（一家 IT 咨询公司，也是作者撰写本书时的雇主）的情况，报道称一些销售人员在提成的驱动下产生了与组织目标相左的行为。因此，领导层决定只保留销售目标，但废除了对个人的奖励。参考销售人员在改革之前的总收入，企业对他们的薪酬结构做了调整，改为只拿工资没有奖金。尽管有一些人辞职了，但公司仍然取得了良好的收入增长。

2014 年，Thoughtworks 销售总监道兹（Keith Dodds）表示："从内部来看，这意味着销售人员之间在稀缺资源上的竞争要少很多。在过去，如果拿不到项目，就会直接影响个人的收入。而按照新的规则，销售人员的激励发生了变化，他们不会为了最大化自己的收入而把自己负责的客户需求凌驾于其他客户之上。于是在资源紧张的情况下，大家能够更健康地讨论决定优先级。"

引用的文章列举了其他一些成功取消销售提成的公司，包括一家汽车经销商和制造商。然而，它也提到了另一家软件公司，该公司一开始没有销售提成，但后来却开始使用提成了。应该如何看待这个现象

呢？可以参考施耐德（Schneider）的文化模型（第2.3节）：销售提成似乎最适合胜任型和控制型文化。在敏捷文化（合作型和培养型）中，取消销售提成有可能更见效。

12.4.2　逐步放宽目标

和设置目标一样，强行推行目标的过程也会损害自主性、削弱内在动机。按照下列的步骤，可以让团队逐渐从被动接受目标走向更大的自主权。

1. 通常的现状：目标强加给团队，并经常跟踪。

2. 与团队一起确定目标，并经常跟踪。

3. 与团队一起确定目标，不经常跟踪。赋予团队更大的自由度，同时让他们承担更大的责任。

4. 与团队一起决定度量（不是目标），不经常检查。

12.4.3　允许评估

传统的管理智慧说：

> 如果不能度量，就无法管理。

IT-B管理有个更有用的信条：

> 如果不能评估，不管是客观还是主观、定量还是定性的评估，就无法管理。

当然，度量并不排除评估，但有一种倾向是希望实现不言自明的度量（即从评估中消除人为因素）。显然，这有助于规模管理。但同样显然，这个想法行不通，不然管理就可以自动化了。评估必须由人来进行，因为评估必须先有心理模型和假设，然后根据度量和其他输入来证实或证伪这些模型和假设。否则就只有一堆数据，无法从中获得任何见解。评估就像通过基本面分析挑选股票，我们不仅要看账面上的数字，还要对行业板块和公司领导层进行定性评估。

此外，如果有很多东西要测量，就必须自动化测量。因此，我们得依赖于来自营销分析工具、销售管理系统、CRM 和客户支持系统、项目管理和工程工具的报告。开发和维护定制报告需要时间和精力。它还要求这些系统的用户遵守良好的数据输入规则——基础数据质量好，报告质量才可能好。另一方面，用户不喜欢被强迫输入数据，他们更愿意专注于手头的工作：开展营销活动、转换潜在客户、提供支持或构建产品。甚至数据输入时的约定也会略有不同，例如不同的销售人员对"60% 把握成交"的含义有不同的想法。总之，自动化度量（报告）不是不言自明的，当被度量的过程是设计过程而不是生产过程时更是如此（第 3.1 节）。

另一方面，人的评估可以容忍度量缺陷。它可以通过主观和定性报告来实现，这些报告补充了不那么可靠的定量和客观度量。这样一来，数据就是给我们提供信息，而不是由数据推动着我们做事。一方面坚持个人和交互比过程和工具更重要，另一方面在指标和解释方面禁止个人和交互，这是不一致的。以下是几个促成人为评估的示例。

- **指标一致性图**：在第 7.2.3 节中描述的一致性图基础上创建指标图有助于评估。图上将显示每个指标的结果（或子结果），这有助于防范指标与结果相背离。这个图表还可以作为一个很好的信息辐射器，方便团队成员了解每个指标的用途。

- **RAG 报告：** 本着"评估重于度量"的精神，以红黄绿（RAG）三色显示指标状态，通常比显示原始数字更有用。这也避免了原始数字给人传递一种虚假的准确感——由于数据输入或度量错误等原因，大多数 IT-B 度量值都可能会有几个百分点的偏差。

如果度量值围绕在阈值上下振荡，RAG 指示器就会反复变色。图 12-2 中，上面一行呈现了这个问题。尽管度量值只是在 50 上下小幅波动，指示器却会在红黄两色之间来回变色。同样，当度量值在 70 上下小幅波动时，指示器就会在黄绿两色之间来回变色。向上级报告时，可能不太容易解释指示器为何这么频繁地变色。

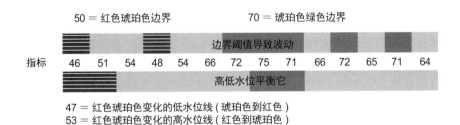

50 ＝ 红色琥珀色边界　　　　　70 ＝ 琥珀色绿色边界

47 ＝ 红色琥珀色变化的低水位线（琥珀色到红色）
53 ＝ 红色琥珀色变化的高水位线（红色到琥珀色）
67 ＝ 琥珀色绿色变化的低水位线（绿色到琥珀色）
73 ＝ 琥珀色绿色变化的高水位线（琥珀色到绿色）

图 12-2　RAG 指标的高低水位阈值示例（如果读者看到的是灰度图像，注意"红色"是指有条纹图案的区域，"琥珀色"是指浅灰色区域，"绿色"是指深灰色区域）

图中下面一行将单一的阈值点改为高低水位法，从而避免了 RAG 指示器过于频繁地变色。现在阈值随度量值变化的方向，有助于消减振荡。当度量由黄转红时，只有当度量值低于 47（红 - 黄低水位线）时，指示器才会转红。同样，在由黄转绿时，只有当度量值高于 73（黄 - 绿高水位线）时，指示器才会转绿。

请注意，关于 RAG 度量的讨论并不代表我们喜欢仪表板。RAG 度量只是为评估过程提供大致的帮助。它并不像原始度量数字那样给人一种虚假的精确感。

一旦开始重视评估，我们就会发现：RAG 状态不一定总是来自客观的度量，也可以是有责任感的人的主观评价。

12.5 设计更好的指标

即使不设置目标，也应该对指标做更精心的设计。在本节中，我们将了解如何从各个角度考虑、设计更好的指标。请注意，精心设计的指标并不是万灵药——我们必须仔细设计这些指标，这一事实本身就是一种症状，表明团队缺乏内在动机、权力或理解力，无法自主地做正确的事。此外，精心设计指标无法一蹴而就，而是一个漫长的学习过程。最后，报告的频率很重要。即使是设计良好的指标也可能在短时间内表现出不规则的变化，要求团队每小时、每天甚至每周解释指标为何发生变化，这通常没什么用处。

12.5.1 成果导向的指标优于职能导向的指标

在第 4.1 节中，我们看到了职能和成果之间的差异。这种差异同样适用于指标。如果对"完成"有一个良好的定义，速率可以是一个面向成果的指标（第 12.1.2 节）；但如果"完成"的定义是"开发完成"，速率就会成为一个面向职能的指标。尽管面向职能的指标通常比较容易度量，但不如面向成果的指标有价值。由于面向职能的指标只涉及价值流的一部分，用这些指标来指导行动会带来局部优化的风险（第 2.4.3 节）。既然不能指导行动，它们就成了莱斯（Eric Ries）——《精益创业》的作者——所说的虚荣指标[14]。此外，由于职能往往比结果更多，转向成果导向的指标也将有助于减少观察指标的数量。

12.5.2　聚合的指标优于特定细粒度的指标

与其分别单独处理一组相关的细粒度指标，不如将它们组合成一个聚合指标。通常的方式是将聚合指标定义为贡献指标的加权和，信用评分、保险风险评分、移民积分系统等场景都使用了类似的技术。在聚合得分的基础上，可以设置阈值以定义不同的资格类别。

价值速率[⑮]是面向成果的聚合指标的一个好例子。常规的速率以"点"为单位加总统计工作量。如果每个用户故事也有一个由产品负责人给出的价值估算呢？将团队在冲刺或迭代中增加的价值加总起来，就得到了价值速率指标。代码毒性[⑯]是另一个例子：将静态代码质量检查的各项数据聚合为一个指标值。聚合指标也非常适合向上级报告，因为它们砍掉了不必要的细节，而又不损失重要的信号。

12.5.3　适应性指标优于预测性指标

跟踪发布计划的执行，通常的做法是速率等指标和燃起图等工件。众所周知，实际的范围和工作量与计划总会有相当大的偏差。发布计划说到底只是一个精心的预测。然而，如第 3.1 节所述，这些预测很少实现，因为软件开发不是生产过程。既然得不到可预测性，就让我们满足于可靠性吧。面对不断变化的业务和技术，我们如何可靠地提供有用的结果？这需要一个良好的适应性过程（能对计划的改变做出反应）。如何跟踪流程的适应性水平？我们度量反馈回路的长度。在工程方面，这可以通过构建时间等指标来度量。在流程方面，端到端的故事周期时间（第 2.4.3 节）是最关键的指标。

12.5.4   适应滞后指标

让我们举几个软件的例子来了解超前指标和滞后指标。速率是一个滞后指标，因为它是对过往活动的衡量。与之相反，燃起图上的趋势线则是一个超前指标，因为它使用过去的绩效数据来预测团队何时完成任务。当计划和商业案例被视为承诺而不是预测时，它们也被误认为是超前指标。尽管超前指标往往不可靠，但如果我们追求可预测性，就会对它们着迷。我们一直强调，对于软件开发这样的设计过程，要避免追求可预测性，而超前指标恰恰适得其反。

更重要的是，对于范围和价值等重要属性，超前指标根本不存在，而滞后指标则是现成的。短反馈循环能确保滞后指标提供的信息及时，而不至于导致行动太过滞后。速率和待办列表的大小是已完成和未完成范围的滞后指标。生产系统使用分析和销售数据是价值的滞后指标。重要的是要习惯于使用滞后指标提供的反馈来指导工作，以改善结果。

12.5.5   补偿指标

由于指标永远不可能详尽无遗，所以一个指标下的良好表现，代价可能是牺牲了另一些没有作为指标进行跟踪的东西。如果可以预见或检测到这一点，则可以跟踪补偿指标以恢复平衡。请注意，补偿很少做到面面俱到，其意图也不是为了面面俱到，那样会导致不健康的猫捉老鼠的游戏。补偿指标的意图是提供第一时间的检查和提醒，防止无意的次优化。这里有一些这样的例子。

- 呼叫中心的客户满意度可能与平均呼叫持续时间相关。只跟踪客户满意度可能会导致通话时间增加，这可能会损害呼叫中心的服务能力。作为补偿，应同时跟踪等待时间和未应答的呼叫。当等待时间超过可接受的阈值时，满意度会下降。客服应接受培训，以提供更高的客户满意度，而不相应增加平均通话时间。

- 在前面的案例情景中，基于整体销售额提成导致对表现较差的产品 Omega 和 Zeta 的关注度降低。作为补偿，我们可以根据 Omega 和 Zeta 的销售来给 Kappa 的销售提成设置上限。举例来说，如果有人从 Kappa 的销售中获得 10 000 美元提成，可以将提成限制在销售 Omega 和 Zeta 所获提成的 10 倍内。因此，如果这名销售从 Omega 和 Zeta 获得的提成总共仅 800 美元，那么他从 Kappa 获得的提成上限就只有 8 000 美元。

- 计算每千行代码的毒性有助于规范化聚合指标。它用于比较不同代码库之间的毒性，或了解一个代码库的毒性浓度随时间的增长。结果可能会因存在重复代码而发生扭曲。如果程序员复制了一堆低毒性的代码，看起来好像代码库的毒性浓度降低了，但这是错误的优化。作为补偿，可以在跟踪每千行毒性浓度的同时，也跟踪每千行的重复代码数。

- 测试覆盖率也可能被扭曲：测试代码可能执行大量产品代码，但实际上只做很少验证、甚至完全不做任何验证。这通常可以通过查看测试代码比（测试代码行数与生产代码行数之比）来检测。测试覆盖率的高低，与测试代码量的多少有相当的关联性。

12.6　对指标改革的异议

仔细阅读本章的读者会同意，我们并不反对度量指标，只是反对过度依赖指标，反对通过固化一组目标、围绕度量实施奖励的措施来实现规模化管理的趋势。不过，我们的观念貌似有些离经叛道，所以，如果有人对此抱有反对意见，我们也完全能理解。以下是一些常见的反对意见。

12.6.1　结合上下文的讨论无法规模化

诚然，理论上，结合上下文的讨论并不像定量报告和仪表盘所承诺的那样容易规模化。然而，在实践中，只有定量报告和仪表盘并不足够，因为它们无法呈现真实的画面。全行业大型 IT 项目的历史表现记录证明了这样一个事实：扩大管理（监督）的规模，并不一定能扩大成果的规模。

对软件生命周期管理来说，真实的画面离不开主观和定性的解释。此外，还可以减少报告触点的数量（例如让跨职能团队拥有更大的自主权来实现业务结果）来放大管理规模半径。更大的决策自主权加上适当的一致性机制（第 7 章）和问责制（第 6 章）减少了持续监督的需要。

12.6.2　我的团队只对胡萝卜和大棒有反应

不少人认为，外在的奖励和惩罚是鼓励期望行为唯一的方式。毕竟，这是我们从学校就接触到的。然而，被胡萝卜加大棒驱动的团队，将不断需要更多汁的胡萝卜和更结实的大棒才能前进。他们会想尽办法达成目标，而不关心度量雷达之外的任何东西。与之相反，内在动机源于人类共通的需要，每个人身上都有这样的潜能，等待在合适的条件下萌芽。平克（Dan Pink）的《驱动力》[17]一书能让你信服这套理论。

12.6.3　好的尝试（从节省成本的角度）

顽固的愤世嫉俗者可能会把所有这些关于内在动机的言论看作是通过避免奖励来削减成本的一种尝试。然而，组织可以从"如果 - 那么"奖励机制转变为"既然 - 那么"奖励机制[18]（即事后支付奖励，无需事先约定）。此外，取消奖励机制并不一定意味着员工总收入减少。例如，如果取消了销售提成，也可以通过一次性涨薪来补偿销售团队。

12.7　迁移

传统的指标导向型组织如何转变为评估导向型组织？首先，选定一个子部门，进行为期一年的试点。对该部门的所有经理和其他高级人员进行教育，使其了解正在尝试的内容和原因。首先，通过从面向职能的指标转移到面向成果的指标，以及从高度特定的指标转移到聚合指标，来减少对指标的运用。

随后重组这个子部门，使其团队按照成果进行组织，以便引入面向成果的度量。下一步，废除奖励机制，用"既然 - 那么"的奖励取代"如果 - 那么"的奖励。接下来，按照第 12.4.2 节所述，尝试逐步放宽目标。如第 6.3.2 节所述，可通过明确责任线来解决潜在的不聚焦的问题。下一步，用 RAG 指标创建指标图，各项指标可能来自于度量、也可能来自于责任人的判断。依据指标图进行定期评估，在评估过程中围绕指标展开讨论，而不是简单粗暴地根据指标颜色下结论。

目标和奖励形成了外在激励的机制。在取消这套机制的同时，我们需要建立另一套内在动机的机制。本书几乎每一章都在提出关于这方面的建议，因为，为内在动机创造条件是本书一个重要的基本主题。

12.8　观点小结

- 扩大管理的人数很容易。然而在大多数情况下，扩大的只是监管过程，而不是业务成果。

- 指标永远无法传达全貌。通过指标和仪表盘进行管理需要辅之以通过上下文和对话进行管理。

- 一方面，坚持个人和交互比过程和工具更重要，另一方面在指标和解释方面禁止个人和交互，这是不一致的。

- 目标或奖励措施的引入将可能有用的信息度量转化为可能适得其反的激励度量。

- 如果没有目标，度量是有价值的。目标可能会产生有害的副作用，如侵蚀内在动机、局部优化和博弈。奖励甚至比目标更糟糕，因为它们往往会放大副作用。

- 自主使我们主动抓住机会达成目的，对专精的追求则让我们主动抓住机会追求卓越。目标扭曲了目的，限制了自主，忽视了专精。

- 既不想下放控制权，又想扩张规模，是试图通过目标和奖励措施进行管理的根本原因。另一方面，如果给团队赋予自主权和明确问责机制，这就是通过下放控制权来扩大规模。

- 如果我们认同治理是为了追求价值而非可预测性，那么跟踪数据来预测哪天能完成，就不如跟踪数据来呈现流程的适应性重要。

12.9　行动小结

- 避免过度依赖指标。避免或谨慎设置目标。试着逐步放松目标。

- 不要将 KPI 变成目标。变成目标的度量就不再是好的度量。

- 取消奖励。相反，建立与成果的结构一致性，给予人们自主权，然后让他们对成果负责。

- 如果某些度量指标起了反效果，那就停止使用这些指标，只使用带来期望行为的度量指标。不要试图做更多度量来推进目标。

- 成果导向的指标比职能导向的指标更好。聚合指标比细粒度指标更好。

- 适应滞后（或落后）指标。如果反馈够快，滞后指标就能有效替代不够准确的先导指标。

- 使用补偿指标检查无意的次优化。

- 使用指标地图作为信息辐射器，以指示每个指标所服务的成果（或子成果）。

- 减少报告接触点的数量，给予团队更大的自主权（以及相应的责任）来实现成果，以此来扩展非量化管理的半径。

注释

① http://blog.sriramnarayan.com/2011/03/build-time-impacts-team-performance.html

② Kaplan, R. S., and D. P. Norton. 2005. The balanced scorecard: Measure that drive performance. Harvard Business Review.83:172–80.

③ Kohn 1999（中译本《科学结构的革命》）和 http://www.alfiekohn.org/managing/fbrftb.htm

④ Austin 1996

⑤ Merton 1968

⑥ https://locality.org.uk/about/key-publications/saving-money-by-doing-the-right-thing/

⑦ http://www.nytimes.com/2013/11/21/business/smallbusiness/for-some-paying-sales-commissions-no-longer-makes-sense.html

⑧ http://lesswrong.com/lw/1ws/the_importance_of_goodharts_law

⑨ http://en.wikipedia.org/wiki/Goodhart%27s_law

⑩ Austin 1996

⑪ http://www.theatlantic.com/national/archive/2011/12/what-americans-keep-ignoring-about-finlands-school-success/250564/

⑫ http://www.oecd.org/pisa/keyfindings/PISA-2012-results-snapshot-Volume-I-ENG.pdf

⑬ http://www.nytimes.com/2013/11/21/business/smallbusiness/for-some-paying-sales-commissions-no-longer-makes-sense.html

⑭ https://hbr.org/2010/02/entrepreneurs-beware-of-vanity-metrics

⑮ http://www.jamesshore.com/Blog/Value-Velocity-A-Better-Productivity-Metric.html

⑯ http://erik.doernenburg.com/2008/11/how-toxic-is-your-code/

⑰ Pink 2009

⑱ Pink 2009

第 13 章

规范

本章和第 14 章将讨论如何通过有意的干预来影响组织文化。文化变革既需要主动的干预，同时又主要是领导行为、组织结构、政策和操作实践变化的副产品。本章认为，应当认识和强化一些组织规范，它们对组织的日常决策有帮助。针对组织敏捷，本章还要介绍一组可能适用的规范。结合第 3 章列出的关键主题，本章的讨论主题是内在动机（自主、专精和目的）与即兴协作的设计。

13.1　什么是规范

组织的职业道德在一定程度上是由不成文的规则和行为准则塑造的。

"这就是这里的工作方式，"终身雇员对新员工如是说。

对自由的恐惧

Mariam 入职 Edgy 公司的第一天，就震惊了，发现自己有公司笔记本电脑的全部管理权限。她可以安装她想要的任何软件，公司相信她会对此负责。

这与她之前的工作形成鲜明的对比。在前一家公司，她的笔记本电脑被封锁得相当厉害，即使在家也不能随意上网。她不得不通过个人笔记本电脑来使用公司 IT-I 团队不允许用的一些工具。她无法通过 U 盘或云盘将工作成果转移到工作笔记本电脑上，因而不得不把它们作为附件从个人电子邮箱发到工作邮箱。公司甚至对来自免费邮箱的电子邮件限制了附件大小。他们为所有的限制都提供了合理的解释，没有任何商量的余地。

Mariam 对自己新获得的自由感到不安。她找到 Edgy 公司的 IT 服务台，问他们怎么不担心这么多不上锁的笔记本电脑呢？他们告诉她，确实偶尔有滥用的情况。根据违规行为的不同，责任人要么受到警告，要么被禁用（即他们的笔记本电脑被锁三个月）。在一起严重的事件中，有一名雇员被解雇。"但你不能因为一两个人可能触犯法律就先发制人地把每个人都关进监狱，"他们平淡地说。此外，他们对敏感信息、生产系统和客户数据的访问则有更严格的控制。

因此，组织规范是关于"在这儿什么是正常情况"的非正式的、集体的理解。一定程度上，规范反映了组织的价值观和文化。每一个社会制度和组织都有自己的规范。人们可能隐含地认可这些规范，也可能将它们明确表述出来，甚至根本不承认规范。虽然不需要将规范变成正式的政策文件，但应该选择并在组织中传播有价值的规范，因为它们在解决冲突和做出决策时能起到指导的作用。

13.2　强化规范

在领导层没有定期强化规范的情况下，文化的发展取决于谁在各个下属单位有影响力。正因为此，许多组织在下属单位层面上也有强大的亚文化。然而，核心价值观和工作文化的分裂无助于组织达成事业愿景，也不利于权力下放。重申组织规范的目的是集中确立和维持日常决策的基础原则，有了统一的原则，才能分散决策。深思熟虑的规范可以为更大的自主性提供一个健康的框架。

得到有效传播的规范可以影响员工的日常行为。讲故事是传播这些规范的好办法。这不是什么新鲜事，组织会经常在内部宣传顺利签单或是项目成功的故事，这实际上就是在倡导直接影响业务结果的价值观，例如卓越执行、将客户/用户/利益相关者放在首位、完成任务、战胜困难、带着镣铐跳舞等。为什么不用同样的办法来传播有助于塑造组织特征的文化线索呢？

13.2.1　强化机制

如何强化规范呢？有一种办法适用于部分组织规范：为每个规范创建一个内部博客，首先邀请领导层撰写介绍性的文章来解释规范的价值，随后的文章则展开讲述支持这个规范的故事。员工可以订阅博客，可以投票或点赞故事，也可以对文章发表评论。

发表在这个博客上的故事可以来自整个组织。可以由全体员工自助发布，也可以经由负责内部沟通的团队编辑后发布。在最开放的情况下，任何人都可以发布新的故事。好的故事会被领导选中并通过邮件得以传播。如果这听起来太吓人了，那就公布一个投稿邮箱，员工可以向其中发送新的故事，然后内部沟通的团队策划并在博客上发表精选的故事。

怎样才不至于使其沦为一个充斥空洞说教的、蹩脚的"领导讲话"栏目而被员工私下嘲笑？第一，领导者应该多评论、少发帖。除了说明规范价值的介绍性文章外，领导者的发言应该以引介或凸显普通员工的故事为主。第二，对发布故事的奖励措施（例如评比"每月最佳故事"之类）要有所克制。最后，不是每个人都热衷于发布自己的故事，因此如果领导者听到一个精彩的故事，就应该从内部沟通团队指派一个人来梳理它。

这种类型的强化是必要的，因为深陷于日常业务细节的员工很容易忽视大局。最高管理层知道并理解全局，但他们必须认识到：一线员工需要常态的叙事引导，才能在心中建立起组织规范的框架，并透过这个框架来看待日常工作。

我们在第 11.4 节中讨论了"最适合的工具优于最佳工具"，但并没有将其作为一种规范。本章后面几个小节将介绍其他一些可能有用的规范。

13.3 合作优于竞争

> 在每季度的考试中，语文成绩最高分获得一枚金牌，算术成绩最高分获得一枚银牌。
>
> ……一旦有了奖励，引发的就是竞争，而不是效仿。学生之间弥散着嫉妒与不和的情绪，以前彼此是知己的男生们成了激烈的竞争对手。而每到发奖的时候，他们就成了势不两立的敌人。表现好的学生打击表现差的，每个人都希望对手能力上不如自己，他们用尽各种小伎俩来歪曲和谩骂对方的行为表现。
>
> —— 科拉姆（Robert Coram），*Political Inquiries*，pp.102-103

要想在外部市场上取胜，除了竞争，恐怕别无选择。然而在组织内部却不必如此。内部竞争往往具有破坏性，它与敏捷文化（第 2.3 节）天生不合。

> 知识型组织内部不存在所谓"健康的"竞争，所有的内部竞争都是破坏性的。
>
> —— 迪马可（Tom DeMarco），*Slack*[1]，p.175

试图在组织内部营造健康的竞争氛围，往往在其他方面适得其反。常见的原因如下。

- 本应该为同一结果做出贡献的员工，却因为内部竞争文化而彼此竞争，从而损害结果。

- 对奖励（例如最具创新性的解决方案、当月最佳员工等）的竞争，将员工的关注点从业务成果转移到奖励。奖励本身变成了员工追求的目标，这会导致局部优化，第 12.3 节讨论过这个问题。

下面是组织中常见的几种鼓励竞争的情况，其实竞争所起的效果不如鼓励协作。

- 度量团队中的个人生产力，并将生产力与薪酬挂钩。对于软件开发（第 3.1 节）这样的设计过程而言，整个"度量生产力"的想法都是可疑的[②]，而且关注个人生产力会阻碍员工之间互相帮助。

- 公开比较两个不同产品团队的表现。这就像父母比较两个孩子的学业、体育或课外表现一样，只会引起怨恨。

- 游戏化。通过记分来把工作中的常规活动"游戏化"，并将其变成一场争夺个人最高分的竞赛。同样，这也会导致不良行为。例如，某个团队每月举办一次名为"捉虫大战"的比赛：测试人员进入一个房间，进行几个小时的手动探索性测试，发现最多错误的人获胜。一天，一名开发人员在工作过程中发现了一个小缺陷，并向测试人员报告。测试人员说，她已经知道这个缺陷了。开发人员问她，是否已经将其记录在缺陷数据库中。测试人员小声回答说没有，因为她要把这个缺陷留到捉虫大战用！

- 从竞争文化转向合作文化，可能需要一些中间步骤。第一步是远离科恩（Alfie Kohn）所说的"目标互斥"状态[③]——这是指只有一个获胜者的计划或竞赛，由于只有一个最高奖，所以参赛者之间不会有双赢的局面。相比之下，没有排名的竞赛就要健康得多：从一组参赛者中产生若干个获胜者，彼此之间不做排名。另外，不要只设置一两个获胜者名额，这会使"胜利"显得太过排他。人为的稀缺可能会让人觉得获胜很有价值，但也会滋生竞争者之间的不合作。例如，表彰"当月最佳团队"比表彰"当月最佳员工"更有益，"创新解决方案奖"比"最优创新解决方案奖"更好。

13.4　灵活的政策

组织受到政策和流程的约束。有些政策是高层次的原则（例如平等机会雇主、企业社会责任等）。人力资源政策往往更加具体（例如差旅及费用报销、福利待遇、禁止骚扰等）。人力资源流程包括绩效考评、入职和离职流程等。IT 政策和流程包括笔记本电脑政策、自带设备（BYOD）、软件购买、产品开发流程、事故管理流程、变更请求流程等。

政策既有全组织通用的，也有各单位自定的——"单位"可能是职能部门、地区部门或业务部门。传统上，政策就算不是刻在石头上，至少也是刻在木板上，不允许随便修改。然而，许多组织已经开始定期更新其政策，以适应不断变化的商业现实。有一圈人能对政策更新提供输入，这个圈子有多大，就说明组织有多开放。

一种非常开放的方法是，将所有政策放进组织的内容平台中，作为活文档加以维护。所有员工都可以访问，每个人都可以阅读和评论，但只有政策所有者和其他获得授权的人员可以编辑。通过评论提出的问题会在的合理期限内得到答复。政策会定期修订，修订时会考虑评论及其他输入。

如何从现有的体制迁移到活政策模型？可以先确定每个政策的所有者，然后让他们在内容平台上发布当前版本。想做得更好的话，可以在开始活政策的生命周期之前，先进行一次规则审计[④]，确保政策的合理性。简言之，规则审计会评审现有的规则（包括书面的和非书面的），审视它们当下是否仍然有用以及它们的负责人、效用和负面效果。基于评审的结果，决定规则应该保持不变，或是标记出其中的不足之处，或是彻底丢弃。对于确定保留下来的规则，其拥有者就可以着手解决不足之处。

在下一小节里我们将看到：政策不应该逐字逐句地死板执行。在政策文件开头说明其目的和意图有助于执行者理解。将那些考虑过但未包含在政策中的条款（以及没有包含这些条款的原因）记录下来也很有用，这样当有人在评论区提出相同建议时，就不用一再重复说明"我们已经考虑过了，但是……"

所有这些文档可能让人觉得很沉重，但实际上，文档不完整的政策执行起来成本更高。编写文档还迫使政策制定者必须厘清思路，解决明显的缺点。无论如何，向活政策的转变不应导致形成一个新的政策制订小组。政策应该属于负责政策执行的业务和职能管理人员，他们定期向高级管理层申请批准修订政策。

一旦活政策成为一种规范，团队自然会采用这种思想来记录和发展团队级别的标准、惯例和规则。

13.5　一致性高于统一性

商业组织不是民主政体。"法律面前人人平等"在民主制度中非常重要。然而，在企业中，政策和流程没有商业目标重要。只要保持道德、安全、合法，偏差是可以允许的。尽管公平在人力资源政策方面很重要，但如果达成公平的方式是使所有人都受损，那这样的公平也是有问题的。

照顾好孩子，别管洗澡水了

Indicode 公司有一项福利，为雇员提供无息贷款，用于租房押金和婚礼费用等一次性需求。贷款分 10 期从雇员未来的工资中抵扣。关于贷款额度和员工在该公司的最低工作年限等问题都有相关的指导方针。贷款申请须经人力资源和财务部门批准。如果企业现金流紧张，申请可能只批一部分，甚至被拒。

尽管事实证明这项政策对员工很有帮助，但一些申请被拒的员工认为这一过程前后矛盾，不公平。人力资源主管对这些指控感到沮丧。整个过程不可能对所有人都透明。当然可以停止这项福利来消除抱怨。这就是前面所说的，通过让所有人都受损来达成所谓的公平。

然而，事实证明，这项福利政策对许多员工都很有用，而且对公司来说成本很低。最终决定保留这项福利并在文件中添加一些解释，补充说明表面上的不一致，并几乎忽略了任何进一步的争议。

在上述场景中，不满的员工要求的是统一，而不是一致：他们希望所有表面上相同的贷款申请都能被同样对待，而不管具体情况如何。但与表面上的统一，一致性是一种动态属性。人力资源主管意识到，政策的执行与目标是一致的，尽管结果在外部观察者看来不一致。

在人力资源部之外，我们也经常从一致性的角度出发来支持一些观点，例如：

"为了保持一致性，我希望这个界面（窗体）以这种方式布局。"

或者

> "让我们保持一致，使用公司的演示模板。"

在上述的使用场景中，"一致"这个词其实是指"统一"。这会引起误解。为了确保理解准确，可以这样问："与什么一致？"

示例 #1：

> "让我们保持一致，使用公司的演示模板。"
>
> "与什么一致？"
>
> "当然是和公司的形象指南相一致。"
>
> "形象指南并不要求统一。我们可以使用自己的模板，只要与我们想要描绘的公司形象一致就行。"

示例 #2：

> "为了保持一致性，我希望这个界面（窗体）以这种方式布局。"
>
> "与什么保持一致？"
>
> "用户界面的其他部分。"
>
> "你的意思是与用户界面的其他部分保持统一？"
>
> "这不是一回事吗？"
>
> "未必。以另一种方式布局，与'防止用户对功能做出错误假设'的目标是一致的。"

一致是比统一更高的目标。图 13-1 展示了设计大师诺曼（Donald Norman）著名的推拉门示例[5]。如果门只能朝一个方向打开，那么在门的两侧提供统一的界面就是在误导用户。右侧的界面虽然不统一，但与门的行为一致，使用起来很直观。而左边的统一界面则会让门两侧的用户都觉得应该拉开，当他们发现其中一面其实应该推的时候，就会觉得很恼火。然而，我们时常在一侧推、一侧拉的门上遇到两侧都是拉的设计，这可能是因为设计师更在意不假思索的统一所带来的视觉对称，而非一致但不对称（不统一）的界面所带来的用户体验提升。

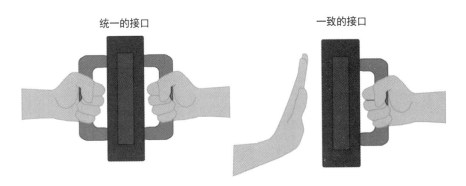

统一的接口　　　　　　　　　　一致的接口

图 13-1　一致性高于统一性

行动是否与更宏大的目标相一致，这需要采取行动的人仔细思考才能判断。而一致性则很容易实现，只要机械地照着规则手册做就行。呼叫中心人员就是这样工作的（通常这并非他们自己的意愿），我们都知道由此产生的客户体验是什么。另一方面，维基百科的编辑指南[6]则以一致性为目标，并没有一套严格、详细的规则。

那么，为什么组织会打着一致的名义退化到统一呢？通常只是懒于倾听和思考。有时（比如呼叫中心）是组织设计的副作用：决策者和政策制定者坐在公司层级的顶端，试图扩大执行规模而又不下放酌情行事的权力；于是，下属也就学会了用整齐划一的方式工作，而不考虑上下文。在组织内部的"新话"⑦体系中，"一致"很快就代替了"统一"。

另一个原因是瑞格尔（Rieger）所说的狭隘主义⑧：政策和标准的拥有者开始过于热心地守护自己的政策标准。需要不时提醒他们，这些政策是为了达到更大的目的。可以将"一致性高于统一性"作为组织规范，并使用第 13.2 节中描述的技术不断强化这一规范，从而起到提防狭隘主义的作用。

13.6　请求原谅而非允许

这句话完整的版本是"不要等待批准，先把工作干了再说，如果有人不高兴，我们可以在事后请求原谅"，简称"请求原谅而非允许"，这句话是霍普（Grace Hopper）的名言。在认可这种规范的组织中，积极做事的人即使犯了错误，事后通常都会得到原谅。这个规范比较微妙，因为心术不正的人可能会滥用它。但同时，为了让人们主动采取行动，这个规范必不可少。

为防止滥用，请强调该规范主要适用于商业利益（例如，根据销售电子邮件确认发货，而不是等待正式的采购订单）而非个人利益（例如，未经批准擅自休假）。此外，强调必须始终坚守道德、法律和安全的底线。

在宣传这类故事时，要谨慎。要留意认可批准人宽宏大量、为了商业利益而原谅违规行为。否则，被绕过的批准人会被视为一个呆板的官僚。

等待许可会导致双向不作为：一方面，上级不想向下属硬推不同的做事方式，他们更希望下属主动采用新方法；另一方面，员工也不敢向老板建议不同的做事方式，因为他们对提议没有信心，害怕遭到拒绝。

请求许可会导致请求者和批准者都不对行动承担责任。如果出了什么问题，请求者可以逃避责任，说她请求了许可。因此，许可文化本质上是一种厌恶风险的文化。

另一方面，一个体系只能包容少量不服从的理想主义者，否则就有陷于无政府境地的危险。健康的组织，既需要大部分的行为合乎规矩，同时也需要少部分逾矩的行为。因此，即使我们不愿意宣传这一规范，也必须以它为基准来处理违规行为。在这方面，商业组织可以比民主社会有更大的主观评判：如果被认为是为了更大的利益（例如，违反 IT 采购政策的臭鼬工厂[⑨]），一些违规行为可以得到原谅。

这项规范不会鼓励人们忽视信息安全吗？是的，确实有这种风险。但比起定期的线上学习测试和严格得令人沮丧到崩溃的政策，温和的政策加上用好故事来解释风险，更能起到保障信息安全的作用。

13.7　保密调查

在开放的文化中，要保持 100% 的透明度，需要有很高的个人成熟度和正直度。例如，在同行评议中，X 对 Y 的评价受到 Y 对 X 的评价的影响，这是非常常见的现象，它损害了评议的正直性。但同行评议和 360 度评议仍然至关重要，可以减少绩效评估中的偏见。我们可以匿名评议，以鼓励诚实的反馈同时限制背后捅刀子拖后腿的行为。然而，匿名可能导致极端的评估。我们需要一种方法，在完全匿名和完全透明之间取得平衡。这就需要保密调查。

与匿名调查不同的是，在保密调查中，输入是以非匿名方式收集的（被调查者的身份会被记录下来），但以汇总的形式匿名呈现。会有多个人填写关于 X 的调查，但 X 只会看到汇总的结果。只有调查管理员可以查看各个具体的输入。这有助于避免评级极端化的问题。秘密调查可以通过软件来实现，也可以在房间里面对面进行。后者需要一个受信任的调查主持人，他使用便签从房间里的一群人那里收集信息。每位受访者在自己的便签上签名，以便信息对主持人透明。然后，如果有必要，主持人可以过滤异常输入，并汇总信息以呈现给接收者。

保密调查本身不是一种规范，但将这种调查方式制度化是有益的。为了避免完全匿名和完全透明的缺点，保密调查提供了一种可靠的方法。在主观问题上，这种方法可以获得高质量的一手材料。很多人更倾向于一对一分别听取意见，但这种方式很糟糕，因为这种会议容易受到偏见和主观阐释的影响，还会导致道听途说的文化。

13.8 平衡理论与实践

> 爱实践而缺乏理论的人，就像水手上船时没有舵和罗盘，永远不知道自己要去向何方。
>
> ——列昂纳多·达·芬奇

一般来说，企业更喜欢实践而不是理论——例如实施胜于计划、原型和概念证明胜于建议、经验报告胜于书本智慧。企业大多以结果为导向，因此往往更重视确实可行的办法，而不是"也许可行"或者"应该可行"的想法。如果一家企业已经具备成熟的、指示性的行动模式，这种对行动的偏爱就正好合适。然而，在快速变化的 IT 环境中，需要有更高的响应性，对"成熟的、指示性的行动模式"（如 ITIL[⑩]、COBIT[⑪]、

CMMI[⑫]、PMP[⑬]、PRINCE2[⑭]、TOGAF[⑮]、Zachman[⑯]等）带来了更大的压力。要调整现有的行动模式或选择新的行动模式，我们需要一些新的理论指导。即使通过试错来寻找正确的行动，稍微借助一些理论，也会收敛得更快。

Scrum 和 XP 等敏捷方法已经相当成熟，但它们并不对实践者提出巨细靡遗的行动指示，因此它们不在上述"成熟的、指示性的行动模式"列表中。敏捷不是指示性的，所以才有"行为敏捷"（doing Agile）和"心智敏捷"（being Agile）的区别。光是照着别人说的做，并不会让我们变得敏捷，我们需要理解敏捷理论的基本原理、来龙去脉、不同的流派、当前的趋势，而不仅仅是具体的行动指导。对理论的理解有助于我们在没有现成答案的新的情况下做出更好的决定。我不是在主张将权力交给那些夸夸其谈只讲理论的敏捷教练，只是指出理论也应该有一席之地。

你或许觉得理论的必要性无须赘言，但许多组织或团队虽然嘴上不说，实际上并不认可理论的必要性。他们说，他们在现实世界里忙得不可开交，根本无暇顾及书本、博客或会议。诚然，这些媒介形式所传播的知识中，有相当一部分其实是乔装打扮的自我推销。但如果因为这个就完全忽视所有的知识，就是把孩子和洗澡水一起扔掉。偏爱行动是好事，但如果这种偏爱变成对理论和思考的蔑视，那就得另当别论。

在《驱动力》一书中，作者平克（Dan Pink）[⑰]反复指出科学知识和商业行为之间的差距：科学家早就知道人的动机主要不来自于短期目标和物质奖励，但企业仍然坚持用短期目标和物质奖励来激励员工。通过培养组织全员阅读和讨论书籍的习惯（规范），通过运用理论知识对工作做出调整，知识与行为之间的差距可以逐渐弥合。这是持续改进的一部分。

"我们认为,实践胜于理论,但我们重视有理论指导的实践,而不是全凭本能的实践",这样的组织规范有助于恢复对理论的尊重。然后,为了加强这一规范,我们鼓励专业实践团体(第 5.7 节)将书籍和理论纳入他们的活动中。为了在理论背景下讨论实践,应鼓励内部知识分享、自带午餐或技术大会等形式。在缺乏组织支持的情况下,理论能受到何种程度的重视,就全看具体单位或实践社区领导人的性情了。

13.9   观点小结

- 文化变革主要是领导力、行为、组织结构、政策和运营实践变化的副产品。传播经过选择的规范,是直接组织干预文化的方式。

- 深思熟虑的规范为更大的自主性提供了健康的框架。

- 强化组织规范是为了集中确立和维持日常决策的基础原则,有了统一的原则才能分散决策。

- 讲故事是传播规范的好办法。

13.10   行动小结

列出一组值得强化的规范。根据内部沟通团队的需要,采用内部博客、故事众创、内容策划等方式。针对敏捷组织设计,以下是一些可能适用的规范。

- 阻止内部竞争和目标互斥的竞赛,它们弊大于利。

- 采用灵活的政策,它们更适合敏捷组织。灵活的政策表明了组织的态度:一致性是比统一性更高层次的目标。并且灵活的政策提供了一种制度保障,防止行事拖沓的官僚主义。

- 认识到许可文化是一种厌恶风险的文化。拥抱（也许是默许）"请求原谅而非允许"的准则。它鼓励人们采取主动，而不必太害怕违反规则。

- 使用保密调查收集各种各样的敏感反馈，没有恐惧，也没有偏爱。

- 在快速变化、需要实验和学习的环境中，了解一点理论是有好处的。倡导"重视有理论指导的实践而非全凭本能"的组织规范，有助于培养团队在百忙之中不忘学习理论知识的心态。

注释

① DeMarco 2002
② http://martinfowler.com/bliki/CannotMeasureProductivity.html
③ http://www.alfiekohn.org/article/competition-ever-appropriate-cooperative-classroom/
④ Rieger 2011
⑤ Norman, *The Design of Everyday Things*. 2002. New York: Basic Books，中译本《设计心理学》
⑥ http://en.wikipedia.org/wiki/Wikipedia:Editing_guidelines
⑦ http://en.wikipedia.org/wiki/Newspeak
⑧ Rieger 2011
⑨ http://en.wikipedia.org/wiki/Skunkworks_project
⑩ https://www.axelos.com/itil
⑪ http://www.isaca.org/cobit
⑫ http://www.sei.cmu.edu/cmmi/
⑬ http://www.pmi.org/Certification/Project-Management-Professional-PMP.aspx
⑭ https://www.axelos.com/prince2
⑮ http://www.opengroup.org/subjectareas/enterprise/togaf
⑯ http://www.zachman.com/
⑰ Pink 2009

第14章

沟通

可以从组织的沟通文化中观察到组织设计的动态。例如，没有事先通知老板就和老板的老板谈话，是否合适？是否可以在公开的内部论坛上质疑公司的政策？全员会议和单位会议是积极对话的论坛，还是只是领导层对团队的单向广播？是否所有事情都要由电子邮件或表单来驱动、并需要留下可审计的痕迹，还是工作通常基于口头沟通完成并不需要书面记录？当然，最后一项并非总是可取，甚至可能受到行业法规的约束，但总的来说，一种开放的、目标明确的、去层级的沟通文化有助于激励每一个人，让他们去追求更高阶的组织敏捷。

14.1　内生动力

业务和 IT 的高效协作需要很高的积极性，因为压力和约束总是无处不在。如果想通过组织设计来促进员工积极追求自主、专精和目的，那么就得改进沟通的文化。在健康的组织文化中，沟通目的是明确的，并因此而自然催生出动力。

应该有意识地影响整个组织的沟通文化，而不应任由各单位领导的习惯与风格塑造各单位的沟通文化。需要关注以下问题：

- 人际沟通的总体风格；

- 广播式沟通；

- 事关重要决策的沟通；

- 合适的沟通媒介（如演讲、书面文本、可视化的呈现等）；

- 演示文稿、报告和模板。

14.2　人际沟通：常见问题

常规业务活动的车轮，由人际沟通来润滑。在工作台前、格子间里、办公室内以及在会议上的各种正式和非正式的交流，在走廊、餐厅或停车场的碰面，这些都是人际沟通的一部分。这些交流中所遵循的礼节，正是组织文化的表现。层级文化倾向于等级分明的礼节，而开放文化倾向于随和的礼节。

14.2.1　强调等级

过度严苛的层级不利于敏捷工作文化。许多组织已经认识到了这一点，并尽量减少层级。然而这还远远不够，高层领导者或管理者还得谨慎地使用权威。相比之下，像军队这样的专制组织随时都在强调等级：下级必须向上级敬礼，上级以职位称呼下级，而下级则称呼上级为"先生"或"夫人"。这些组织里，上下级之间唯一的交互就是下达或接受命令。上级可能会在每次任务简介会结束时敷衍地问："有问题吗？"但也只是做个样子而已。许多商业组织仍然以类似这样的方式运作。甚至在技术和知识行业中，也有一些单位的领导以这种方式行事，他们管理的组织则逐渐形成了封建的亚文化。

另一方面，在与时俱进的工作场所，我们互相直呼对方的名字。先到门口的人会把住门，让后面的同事通过，不管他们是什么等级。老板经常走到下属身边讨论事情，而不总是把下属叫到办公室来谈话。在会议上，人们即使发表与高层意见相左的看法，也是安全的。

启动和结束沟通的礼节对人们的影响，丝毫不亚于实际沟通的内容。最能影响沟通礼节的因素并不是纸面上的层级数，而是实际工作中的层级关系。层级通过沟通礼节而表现出来——组织里实际的层级数可能比纸面上的层级数更多，也可能更少。平等主义的礼节可以使一家律师事务所更像科技创业公司，权力或地盘保护的礼节也可以使一家广告公司更像维多利亚时代的英国。

14.2.2　非言语型微暴力

在常规的人际交往中，很少有人不会受到负面情绪的影响。在走廊上擦肩而过时，如果单位领导对自己的微笑没有反应，很少有人不会多想。组织不能假定绝大多数员工都有心理上的安全感，实际情况经常恰好相反，各个级别的员工都如此。

团队中的领导者希望别人认可和尊重他们的资历、他们来之不易的头衔以及这些头衔所代表的工作能力。如果在沟通的内容上没有感受到足够的尊重，他们就会在沟通礼节上维护自己的资历，在管理中使用微暴力。

另一方面，下级希望得到上级的青睐而不必唯唯诺诺。他们希望在沟通的内容上发表自己的见解。当双方在沟通内容上的分歧转化为沟通礼节上的碰撞时，他们就会互相反感。我们虚构了两个人物，其中 Tom 是经理，Peter 是他的下属。Tom 在两人的沟通关系中表现出强硬的态度，下面是一些具体的例子，其中有些行为是特定于文化的，但类似的情况随处可见。

- Tom 几乎从不接听 Peter 打来的电话，只有在自己方便时才回电。然而，他不允许 Peter 拥有同样的特权，Peter 必须随时接听 Tom 打来的所有电话。

- Tom 可能忽视 Peter 的电子邮件，或很迟才回复。但 Peter 却被要求及时回复 Tom 的邮件。

- 即便与 Peter 早先约好的会议有冲突，Peter 也得出席 Tom 发起的会议。但是，如果 Peter 期望 Tom 出席会议，就得谨慎地预订好 Tom 的时间。即使如此，Tom 也不会用"接受"或"拒绝"来回应 Peter 的邀请。他会让 Peter 去猜，即使他未出席，Peter 也只能坦然接受。

- 他们两人一对一的会议，Tom 可能迟到，但 Peter 最好不要迟到。

- Tom 可以在与 Peter 一对一的谈话中接听电话或用手机查看邮件，但 Peter 则应该表现得更专业。

- 在开放的办公室区域中，Tom 有时可能会喊 Peter 到自己身边来，但 Peter 却不能这么做。

- 当 Peter 带着问题走近 Tom 的办公桌时，Tom 几乎不会转身来面对他。但如果 Tom 靠近 Peter 的办公桌，Peter 最好站起来。

- 如果 Tom 给 Peter 发送网上各种文章的链接，这被认为是在培养 Tom。但如果 Peter 给 Tom 发送链接，就成了他漫无目的地上网且并没有专注于工作的证据。

- 虽然团队午餐安排在 12：30，但 Tom 可能会迟到 15 分钟，团队应该等他到了之后才开席，并理解他的忙碌。但是，没有一个团队成员可以让 Tom 这样干等。

这些都是不必要的权力象征和权威展示，与"谨慎使用权威"背道而驰。面对这种日常微暴力行为，人们很难带着使命感地去工作。使命感会在无数次被轻视中消亡殆尽。如果不加遏制，会导致优秀人才逃离组织。对这种行为的容忍是不对的，这无异于让某些人能够凌驾于他人之上。也许，控制型文化尚能容忍这种行为，但在敏捷型文化（第 2.3 节）中绝对不可以。那些标榜"对混蛋零容忍"的公司要阻止这种行为。

14.2.3　言语型微暴力

微暴力行为也会体现为言语形式，让我们继续上面的例子。

- 如果 Tom 不同意 Peter 的想法，他可以决定解释的详细程度。如果 Peter 进一步探究，Tom 就会给他打上标签，认为他不善聆听、爱生闷气或者就是反应太慢。另一方面，如果 Peter 不同意 Tom 的想法，那么他在表达分歧前，最好先准备好用于解释的幻灯片。如果在听完 Tom 的反驳后，Peter 仍坚持自己的不同看法，并礼貌地指出反驳中的缺陷，显然就会被定为组织中的异见分子，不服从领导、与组织没有对齐甚至是反体制的。

- Tom 可以向 Peter 询问信息，不用解释原因或提供任何背景，但 Peter 可不能这样做。

- Tom 可以当众调侃 Peter，并期望他能心平气和地接受，但 Peter 可不敢这样尝试。

- Tom 可以用任何语气和 Peter 讲话，但如果 Peter 的语气稍显不够温和，他的发言就会以"语气不当"的理由而被驳回[①]。

另一种言语型微暴力是由于倾听技能不足或抱有"这不值得倾听"的态度而造成的。特别是对资历浅的同事，我们往往只是总结情况，而不给予他们充分的聆听。具体的症状就是用套话来总结情况，例如："这不是火箭科学""不要过度设计""我知道情况不太理想，但是……""让我们小步前进"等。这些套话可能会惹恼对方，令对方感到自己的智商受到了侮辱。

请注意，在对话中，要是下级对上级说出这些套话，听起来显然不合适。权力关系中处于强势的一方不由分说地将自己的评判强加给另一方，这也是一种微暴力行为，它暗含下面这些潜规则。

- 如果上级客气地倾听下级讲话，更多是出于礼貌，而不是真正想要了解对方的观点。

- 如果下级不明白上面这一点，那就是不讲道理。

- 上级希望下级令行禁止，而不要费力地去说服他。

即便没有正式的上下级关系，这种行为同样会发生，比如，老员工可能居高临下地向新人说教，尽管两人级别相同。微暴力的言语行为会在接收方心中产生持久的负面印象。他们可能会得出这样的结论：要想让别人听到自己的声音，唯一的办法就是拥有更大的权力，内在激励不复存在。

14.2.4 战争隐喻

我们的日常商业语言中充斥着暴力和战争隐喻，如身先士卒、打击对手及毙掉项目等。暴力的语言是否会促成暴力的、竞争的或不合作的想法呢？研究表明，语言会影响我们的思考方式[2][3]（不过也有反面观点[4]）。考虑到语言只是早期人类发明的一种沟通手段，而且正如第 11.3 节所指出的，技术会影响使用者的行为，所以商业环境中的种种现状就不足为奇了。

作为传播健康交流规范的一部分，应该考虑替换掉战争隐喻的措词。表 14-1 中的例子呈现了一些替代的方式。事实证明，越是著名的俗语越难替换，如"一石二鸟"中包含的暴力成分就很难找个合适的词来替换。即便没有产生切实的影响，尝试做这样的替换也有益于我们更清晰地认识到：我们时常使用这些措词，却从未意识到它们实际上是多么的暴力。

表 14-1 战争隐喻的替代词

战争／暴力隐喻的措词	温和的替代词
在前线战场待了多年后	忙碌了多年后
用信息／数据来武装自己	用信息／数据做好准备
攻击一个论点	反驳／挑战一个论点
打击竞争者	超越竞争者
炮轰某人	告诫／批评／训斥某人
子弹	观点
不要向信使开火	不要指责／训斥信使
双刃剑	有利有弊
杀掉一个进程	终止一个进程
干掉一个产品	停用一个产品
一石二鸟	一鱼两吃
没有银弹	没有魔法
请向你的部队逐级传达	请向你的团队逐层传递
身先士卒	引领工作
试一枪	尝试
选择自己的战场	选择自己的努力方向

另一方面，通过有意识地选择不那么具有竞争性的语言，可能会缓解讨论变成竞争的趋势。正如第 13.3 节所说，应该努力避免内部竞争，即使代价是失去日常用语的部分特色。请注意，许多常见的商业隐喻并不是好战的，例如"门往两边开"（译者注：意指"你怎么对别人，别人就怎么对你"）、"试图煮开大海"（译者注：意指"白费力气"）、"在别人游行庆祝时下雨"（译者注：意指"让别人的计划泡汤"）、"偷走别人的雷声"（译者注：意指"抢别人的风头"）等。

避免战争隐喻还有益于营销工作。如今，很多数字化营销都是在玩转社交——这是一个我们想要淡化竞争的空间。在《哈佛商业评论》的一篇文章⑤中，2014 年 CMO 领导力奖得主格兰诺夫（Phil Granof）承认：尽管战争的隐喻可能对传统营销很有帮助，数字化营销却更需要共创而不是战争。他提出：数字化营销从业人员需要更像是舞者，而不是战士。

14.3　人际沟通：缓解措施

想通过设立制度来发现和纠正微暴力行为，是相当困难的。有时，施暴者真的没有注意到自己的行为或别人的感受。在这种情况下，直接反馈或进行辅导可能就足够了。而另一些情况下，微暴力却是蓄意的，试图对目标对象施加控制。这需要组织做更多的事情，来抑制和纠正这样的行为。这里有两种方法，组织可以借此表明，对待微暴力，组织是严肃认真的。

14.3.1　新员工入职培训

新员工入职培训可以包括有关微暴力的内容，此时正适合传授相应的权利和责任的意识。许多组织在培训中已经包含禁止骚扰的内容，可以在这部分内容中加入微暴力的相关内容，增强新员工对此的敏感度，让他们了解什么是微暴力及其对组织的影响。沙因（Ed Schein）的书《谦逊领导力》[6]可作为新人入职培训的必读书目。此外，在新员工入职培训中加入这个内容前，有件事情很重要，那就是通过公司全员会议，让现有员工获得与培训内容一致的信息。

14.3.2　脉动图

脉动图是一种信息辐射器（第 2.4.4 节），可以让人一睹团队的情绪脉动。像图 14-1 这样简单的挂图，就可以帮助控制微暴力。HR 部门负责解释哪些行为属于微暴力，并指导员工合理使用该图。任何团队成员在任何时候发现微暴力，都可以向图中添加一条杠。如果他们觉得问题已经得到解决，也可以划掉自己添加的杠。整个团队会在回顾会议上讨论脉动状态。如果有人愿意在不指名道姓的前提下讨论相关事例，可以直接在回顾会上讨论。如果觉得回顾会上不那么自在的话，也可以和团队经理进行一对一的交流。大多数情况下，这样一个公开透明的机制，足以遏止不良行为。如果图上的杠持续存在，HR 部门就应该主动联系团队，了解团队成员的担忧。HR 可能会选择进行保密调查（第 13.7节），进一步弄清事情的真相。

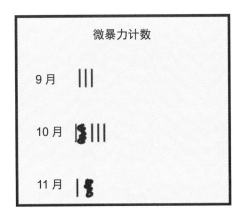

图 14-1　团队脉动图

14.4　通过内部沟通提升员工投入度

> 如果想让员工有主人翁的感觉，与其让他持有微乎其微的股份，不如
> 让他在重要事情的决策中拥有发言权。
>
> —— 哈默尔（Gary Hamel）[⑦]

自主、专精和目的，能让员工高度参与个人的工作领域。跨职能团队赋予团队成员和成果负责人相当的自主权。如果这种自主权与业务成果相一致，将有助于在团队中注入使命感。然而，要将自主权下放到团队中单个贡献者的层面，是非常困难的。我们如何确保每个人都能高度投入呢？还有组织向心力的问题——如何让员工参与公司范围内的活动、发展计划及讨论。例如，产品经理可能会将所有的精力倾注于自己的团队和直接的产品，但可能不会选择参加办公室范围的活动。

投入感来自参与。参与性强的论坛使员工更投入，而非参与性的论坛则将人们变成哑巴观众。对既成事实的事后参与（即让团队成员 / 员工对决定做出反应）是不够的，也不能促进投入感。参与决策并不一定非得有投票权，更重要的充分听取和考虑众人的意见。决策者所做的决定当然也可以与听到的意见相左，只要他们能对结果负责就行。

尽管不一定总能改变决策，但在设计沟通机制时应该考虑众人的参与，避免单向沟通。内部沟通部门用邮件形式宣布公司公司层面的决定，就是一个单向沟通的例子，哪怕邮件最后声明"请随时联系各自部门的经理或人事代表以获得进一步的澄清"，也不改变它单向沟通的本质。因为员工只能对传递信息的中间人做出回应，并不能对决策者产生影响。

所以，我们面临的挑战就是要设计真正可参与的双向沟通方式，并且这种沟通机制要适用于更大的范围。让我们来看看扩大双向沟通的常见方法。

14.4.1　集体会议

集体会议适合人数在 8 ～ 10 以下的团队。超过这个规模，参与就会有问题。全员参加的会议只在名义上是双向的，其实通常只有不到四分之一的时间分配给问答，而且每个人只能问一个问题，这样就可以让尽可能多的人"参与"。而且提问者也没有机会进一步追问，于是回答者就可以避重就轻。这更像是新闻发布，而不是一场会议。由于担心浪费所有人的时间，所以集体会议的时间必须控制在一个小时内，但对重要问题的集体讨论往往需要更长的时间。如果有人通过电话或视频参加会议，情况就会更糟。由于需要所有参会者同时到场，所以会议并不是大型团体双向沟通的有效手段。

有时，组织会尝试召开多个规模较小的会议来"分享"重要事项，而不是在一次大会上传达给所有人。这种分而治之的方法虽然提高了参与度，但会带来两个问题。首先，它要求会议的召集人花更多的时间，于是领导就会找别人代为主持会议，结果是员工没有机会和真正的决策者交谈。其次，员工只能听到自己所参与的会上的讨论，无法听到所有的讨论。这种受限的双向沟通虽然有利于将不同的意见各个击破，但并不利于促进员工的投入。

14.4.2　博客和视频

在一些地方，重要的信息是通过内部博客或视频传达的。请注意，这些主要是单向沟通的形式。如果员工可以通过评论作出回应，并且可以期待决策者至少给出统一答复，那么勉强可以称之为一种双向沟通的渠道。有些人喜欢看视频，而有些人则喜欢按照自己的节奏扫视文字，而不是看 7 分钟的视频。因此，最好给视频配上文本摘要。

14.4.3　问卷调查

有时，组织会在做决定之前先通过调查来征求意见。调查不是一种互动的沟通模式，实际上是两个独立的单向沟通渠道，而不是双向沟通。此外，员工看不到其他人对调查的回应。因此，一般来说，调查并不能提升投入感。

居家办公

Woohoo 公司正在经历一个困难的时期。领导层想了很多办法来扭转颓势，其中包括考虑暂停居家办公的政策（除非有特批）。此前，居家办公的政策很受员工欢迎，并非所有领导都赞同暂停这个政策。经过一系列的争论，领导层决定先不急于调整政策，而是在公司的论坛上宣布：领导层正在考虑此事，在论坛上面向全公司公开征求意见，为期10天。之后，领导层将再次召开会议讨论该议题，并做出最终决定。领导层挑选了一名代表，由他来统一回应，以员工在论坛上的评论避免领导层内部的意见分歧蔓延出去。

这一宣布引发了大量的回应，有人支持这项提议，也有许多人反对。大多数反对提案的理由，在领导层辩论中已经提过。代表在回复中阐明了领导层对这些论点的立场。论坛上也出现了几个新的值得注意的观点，代表承认领导层没有考虑过这些观点，但她的直觉是这些观点不足以动摇提案。这个回复又引发了新一轮支持新观点的发帖。10天后，领导层再次召开会议，讨论了代表总结的新的观点，并仍然决定暂停居家办公。代表总结了对新的观点的考量，并宣布了最后的决定。

虽然有些员工私下里强烈抱怨最终的决定，但如果领导层只是简单地宣布决定而不事先让大家讨论，反应可能更强烈。人们会觉得在涉及自身利益的政策中没有发言权，任由领导摆布。诚实地承认并考虑值得注意的新的观点也有助于沟通。在公开讨论之后，领导层真诚地重新考虑了该提案。最终的决定并非从一开始就定好，由不得大家挑战，公开讨论也不只是软化不满情绪的手段。换个日子或换个议题，如果领导层发现员工的观点更有道理，也会听取员工的意见。

在后来的一次会议上，领导层反思，如果一开始领导层的意见是一致的，他们会怎么做？他们是否会直接宣布决定？现在回过头来看，大家都觉得，对于触及员工生活的重要决定，事先征求员工的意见是一个好的做法。有人担心这会减慢决策速度，但征求意见并不是无限期地拖延，它有三个明确的阶段：首先是领导层表态，然后在一段确定的时间内交由全公司公开讨论，最后领导层做出最终决定。征求意见不是为了民主决策，只是想让所有利益相关者参与决策过程，最终做决策的还是领导层。

14.4.4　线上论坛

线上论坛创造了有效的双向交流机制，因此尽可能地加大了员工的投入程度。论坛不需要实时回复，员工可以随时访问，可以选择自己方便的时间和地点参与讨论，消弭了本地参与者和远程参与者的差异。由于在论坛上需要以书面形式陈述观点，所以可以在一定程度上促使员工对自己的想法更有责任心——这一点将在下一节详述。最后，论坛中的讨论以后仍然可以访问，以便了解以往的决策背景。

取决于组织的环境，以下几种论坛的风格都可以考虑。

- 简单的邮件列表，可以归档和搜索。

- 基于网页的论坛。

- Stack Exchange®那样的线上问答论坛。

- 允许协作决策的结构化讨论格式（例如第 6.7.2 节介绍的 Loomio）。

- Google Moderator⑨（译者注：已于 2015 年 6 月下线）那样的论坛，从社区收集意见（问题、建议、想法）并根据社区投票进行排名。

- IdeaBoardz®那样的应用程序，用于分布式回顾会议。

对于参与线上论坛，有些人会感到胆怯或不自在。这些人同样也不太可能在大会上发表自己的观点。可以要求在论坛里保持友好的姿态（例如制定在线讨论的行为准则），这能缓解一些不适。此外，可以鼓励他们与自己的部门经理私下交流。另一个常见的反对意见是，人们不喜欢文字，他们更愿意口头而非书面表达。遗憾的是，口头对话需要实时面对面（或线上）的听众，很难规模化。我们都学过阅读和写作，所以把它纳入基本沟通技能的定义中并非不公平，毕竟招聘的时候已经考察过这些能力。

14.5　书面讨论

> 如果必须用完整的句子和完整的段落写出自己的想法，你就得把思路梳理得更清楚。
>
> —— 贝佐斯（Jeff Bezos）

这不仅仅是扩大参与度的问题；我们通过书面审议的过程来达成更明智的决定。无论是领导团队、专项工作组、特警队⑪、老虎队⑫，还是其他任何团队，他们都必须根据不完美的信息集体做出决策。然而，决策之前如果只开展口头讨论，往往会有问题，原因很多。

- 有人巧舌如簧，能把别人说得哑口无言。

- 资格老的人通过居高临下的语气、不耐烦的态度、爱理不理的评论和非语言的暗示来恐吓他人。

- 非英语母语者无法与英语母语者相抗衡。他们的英语不流畅，缺乏词汇量，没有文采。他们说英语时结结巴巴、一词一顿，会给人留下软弱的印象。

- 对于表面上听起来很好但直觉上感觉有缺陷的论点，缺少时间思考和反驳。

- 没有时间梳理想法并有效地回答问题。即兴的播客采访感觉更像是单纯的评论，而不像文章或书籍那样深入。

- 感到被冒犯时会立即产生情绪反应。

- 西方人有一个习惯，就是与他们正在讲话的人保持眼神接触，并期望对方同样还以眼神接触。没有眼神接触的人有时会遭到对方的怀疑。而亚洲人没有这种习惯，也不希望与谈话对象有眼神接触。所以在与西方社会场景下的谈话中经常发现自己处于双重劣势：首先英语不流利，然后还被对方致以怀疑的眼光。

毕竟，我们真的并不希望重要的商业决策由口头上获胜的人来做。实时的、口头的争论经常连最基本的有效论辩都算不上，简直就是在浪费大家的时间。一个最基本的有效论辩至少应该做到以下三点。

- 理解谈话的目的。

- 已经考虑到迄今为止的谈话内容。

- 基本没有偏见和推理错误。

相比之下，通过书面媒体（例如支持电子邮件读写、自动归档的讨论区）进行这些讨论有很多好处。

- 它为非英语母语者提供了公平的竞争环境。这对多元文化的员工团队来说是个好兆头。拥抱多样性并不仅仅停留在招聘上。工作环境必须调整，以适应多元化员工团队的需要。

- 它提倡对决策负责，不鼓励第 6.7 节所述的 HiPPO 决策，不要让位高权重的人说了算。

- 它摒弃了聪明的措辞或轻率的论调，并允许讨论的参与者有时间揭露事实和逻辑的错误。

- 它允许相关人员在自己方便的时间参与讨论（当然也有一定的时间限制），避免了在每个人（或绝大部分人）都有空的 30 分钟内匆忙做出决定。

- 它在刺激和反应之间形成更长的间隔，有助于减少情绪反应。

说句公道话，通过书面挑衅和邮件辱骂来取代口头决斗虽然也有风险，但至少邮件完全可以无视，胜于所有人都干等着口头决斗来拼出胜负。也许那些擅长写作而不善言谈的人会更占优势，不过书面记录会促使人们对言辞更加审慎。由于缺乏非语言线索，书面交流也可能比面对面交流更容易产生误解。因此，人际沟通最好是面对面地进行；而在做决策时，其他考虑因素更为重要。此外，如果在沟通之前各方已经有良好的关系，也有助于减少书面沟通中的误解。

书面审议会不会减慢决策的速度呢？其实，就算采取开会的方式，也很少能一次会议就达成决策。想开会决定一件事，最常见的结果就是发现还需要做进一步的讨论。此外，经过一天或一周线下书面审议后作出的决定，相比吵架半小时后作出的决定，前者可能更明智。

除了紧急情况，那些涉及大量业务资源分配的决策，在书面表达上额外花费的精力是一个很小的代价。奇怪的是，很多地方却是针对给日常运营工作留下了大量的书面记录（参考第 11.3.1 节中讨论的轻率的文档），却不愿意在重要的决策时投入精力留下文档。相比之下，给那些不经常发生且代价高昂的重要决策留下决策记录（第 6.7.1 节）更为重要。

如果你仍然没有被说服，那么可以这样想，口头辩论要求我们必须立即、一次说对，没有任何补救的机会。这就像直接将软件部署到生产环境中，只进行最少的测试。这种行为可能很有英雄气概，那些经常这样做的人可能真的很厉害，但作为一种实践，它没有任何商业意义。另一方面，书面论证自然地迫使人们进行一定程度的审查和反思（就像对软件做测试一样），哪怕用智能手机来写也是如此。

14.6　可视化工具的使用和误用

可视化工具是交流的媒介。如果使用不当，反而会降低沟通的质量，并可能导致误解。虽然对任何媒介来说都是如此，但根据我的观察，很多组织都没有用对可视化工具，因此有必要在本节专门讨论。

真实世界的照片可以达到一图胜千言（可视化）的效果。即便如此，附带的描述也能提供有价值的背景，因为没有背景的可视化信息时可能会误导我们。宣传性的电视新闻和广告很了解这一点并用得很溜。

对于插图或图表之类的可视化呈现，附带的描述就更加重要。然而，有一种令人不安的趋势，即在不提供、不要求、不阅读描述的情况下，试图只用可视化呈现来传递信息。比如下面这几种方式。

● 不说明度量的背景，只展现指标图。

- 在文件库中归档演示幻灯片，却没有发言者的说明。

- 上级要求要求以演讲形式做报告，而下级也按照演讲形式准备，而不是更传统的文字报告形式。传统形式有时很合理。

在没有描述的情况下呈现可视化信息，会带来多方面的风险。

14.6.1   可视化信息可能会在不经意间误导人

"不确定性锥"（图 14-2）是一个很好的例子，说明了没有相应描述的可视化信息有多么危险。1981 年，波伊姆（Boehm）在《软件工程经济学》（出版于 1982 年）中首次提出这个概念，直观地表明项目范围估计的偏差随着时间的推移而呈指数下降。从那时起，许多出版物引用了这个模型，它成了一个基本事实。然而，波萨维特（Bossavit）[13]却指出，这个模型有几个问题。

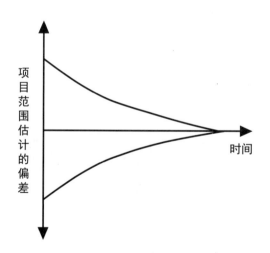

图 14-2   误导人的不确定性锥（经 Pearson Education 出版社许可转载

以及电子方式复制）

- 在现实中，估算的偏差在高估和低估方面是不对称的。

- 没有数据表明这种下降是指数的，而不是线性或二次方的。

- 通常的经验表明，估算偏差不会简单地减少：它可能一段时间保持不变，甚至有一段时间会上升。

波萨维特（Bossavit）发现，这个模型根本不是基于任何数据。它只是基于波伊姆（Boehm）的主观观察，只是为了说明"随着工作的展开，估算会越来越准确"！公平地说，波伊姆（Boehm）在他书中的脚注里也是这么说的，但在另一本普及该模型的书里，作者却有意无意地去掉了这段文字说明，只保留了可视化的模型。结果，在没有描述的情况下，可视化信息传达的意思并非作者的本意。

14.6.2　文字的首要地位

文字正面临着过时的危险。对于任何超过 140 个字的文本，人们都会说"tl；dr"（意为"太长不读"）。不久以前，爱书人还可以花几个小时沉浸在一本没有任何插图的书中。现在，人们更加强调图文并茂。有时，一页完美的文字被贬为"文字墙"。在满页文字中穿插一些插图是一回事，在整页的图片中穿插几个字则是另一回事——幻灯片不配相应的文字描述，就是这样的。

思想和争论需要文字来表达。越来越多的人不喜欢阅读文字，这对业务交流来说不是一个好兆头。图片和插图可以是有用的辅助手段，但文字和数字在商业沟通中更为重要。有人声称 93% 的信息是通过非语言线索传递的，这完全是一种迷思[14]。非语言线索在自然面对面的情况下（例如交易、谈判、销售和招聘）有其存在的价值，但也是对用语言讨论的补充。非语言线索吸引着人们的情感，这就是为什么它们成为广告、销售和娱乐的重要组成部分。内部业务讨论需要理性，最好避免诉诸情感。

14.6.3　意义胜过美学

在艺术表达中，形式是最重要的，而设计的格言则是"形式服从功能"。我们可能会反驳说，像智能手机这样的消费设备，买家在评估功能之前，首先是受到其外观的吸引。然而，与广告或销售不同，内部业务沟通的目的是提供信息及传达发起人想要表达的意思。如果重视视觉效果超过文字，就很难实现内部沟通的目标。

一类可视化是为了接受者便于理解，另一类则是为了美观。美观的考虑在平板电脑、智能手机和智能手表等消费设备中很受重视，并且已经影响到大众对可视化呈现的偏好。于是，我们越来越多地遇到形式压倒内容的情况：本来适合用表格展现的信息，却用上了更漂亮的图表；本来平面可视化就能传达的信息，却用上了三维的可视化手段；本来应该有一段文字的地方，却只有孤零零的一张图。在内部业务沟通中，可视化最能够是用来调动大脑的模式识别和并行处理能力，而不是用来吸引眼球。

14.6.4　幻灯片

幻灯片是一种可视化工具，因为好的幻灯片比文字更直观。然而，没有叙述的幻灯片在演讲结束后就没用了。SlideShare 等流行的幻灯片分享网站想必不同意这种说法，因为这些网站上有大量没有任何叙述的幻灯片。也许他们更习惯于收集幻灯片供内部使用，而不是用于任何真正有意义的交流（除非幻灯片上有演讲者的说明或足够的解释性文字）。

亲测有效！——亚马逊的范例

你知道吗？亚马逊不提倡使用幻灯片。会议的核心不是演讲稿，而是演讲者准备的6页备忘录。会议开始，每个人都默读备忘录。2012年在接受罗斯（Charlie Rose）[⑮]的采访时，亚马逊CEO贝佐斯（Jeff Bezos）说："如果必须用完整的句子和完整的段落来写出自己的想法，你就得把思路梳理得更清楚。"

我们的表现经常像是投影仪只能用来投射幻灯片一样。从前的模拟投影仪只能投影透明的胶片，但那已经是很多年前的事了。现代投影仪可以投射笔记本电脑屏幕上的任何东西，而不仅仅是幻灯片。既然如此明显，那我们不是应该更习惯于投射文档形式的报告或是实时的数据仪表盘吗？为什么我们还总是想打开幻灯片呢？

过去，幻灯片作为辅助工具，用于在会议上提交报告或提案，现在它们已经取代了实际的报告或提案。如今，几乎所有报告和提案都是以幻灯片的形式提交的，其叙述性文字非常有限。只有当作者在场时，读者才能理解这些幻灯片。一旦存入文件或知识库中，就没有什么价值了。没有必要禁止幻灯片，只要确保它们跟真实的东西——完整的报告、提案或演讲的视频——放在一起。如果真的只有幻灯片，至少也要在存档的幻灯片中加入详细的演讲者提供的说明。

14.6.5　摒弃推销

第11.3节介绍了麦克卢汉（McLuhan）的名言："媒介即信息。"如果媒介是幻灯片，那么信息又是什么？根据我对幻灯片的经验，关注点从信息和意义的深入细微的交流转移到了通过华而不实的演示来留下印象。这可能是推销的正确方法，但不应该是商务会议的主体内容。不幸的是，推销文化正在兴起。

决策者似乎采取了这样一种立场："用你的推销来打动我，然后我可能会为你的想法分配时间和资源。"从表面上看，这种立场没有错。然而，它免除了决策者深入倾听的责任。如果决策者心不在焉，就得靠推销者来抓住她的注意力。对于潜在的投资者和客户来说，这没有问题，毕竟没人付钱让他们来听推销。然而，在组织内部，试着倾听人们的想法是领导者的职责，不需要华而不实的演讲。恰恰相反，许多项目之所以失败，部分原因就是决策者只听了华而不实的陈述就给项目开了绿灯。Adobe 的 Kickbox[16]计划提出：即便没有漂亮的立项演讲，也可以大胆尝试各种不同的想法，就是要绕过那些要求"先说动我"的决策者所做的糟糕判断。

一些决策者说他们有太多的事情要做，因此只能注意到最吸引人的推销（因此就有了电梯演讲）。这是很虚伪的，很少有人正视其中的心理因素：被一群推销员众星拱月的感觉很好，让人感到自己拥有了权力。但这是虚假的权力，组织之所以给决策者付工资，并不是为了让他们把钱交给最会讨好他们的人。推销文化是一种游说文化。企业游说将企业利益置于公众利益之上而破坏了民主制度。在一个组织内部，推销文化将推销者的利益（如资助自己偏爱的项目、建立自己的帝国、知名度和职业发展等）置于商业利益之上而损害了企业。正如立法者有责任对说客的言论保持警惕，企业决策者也有责任不偏听推销者和他们的推销。再说一遍：组织之所以给决策者付工资，并不是为了让他们把钱交给最会讨好他们的人。

当然，仅仅阻止幻灯片是无法解决推销文化问题的。保密调查（第 13.7 节）可能会有帮助：要求每个人都来评审那些掌管钱财的人，看他们是否在努力听取别人的想法和建议。

14.7　文档、报告和模板

从 CMM 流程过渡到敏捷的组织常常惊讶地发现，项目计划、测试策略、沟通计划、配置管理计划等文档都不是强制要求要有的。即使是我们决定要维护的文件，也没有必要定义模板。因为害怕无政府状态和混乱，他们就去定义自己的模板和强制性的文档要求。然而，许多遵循敏捷原则的组织，即使没有传统流程的包袱，没有基于模板的强制文档，也能正常运作。

至于模板，规定少的，有时却是最有用的。例如，由公司的营销或内部沟通部门发布企业演示模板，这是个常见的做法。就连演示模板，最近的思路也演变成只需要提供一套推荐字体、一套色彩规范和一套 Logo 标识。不强制要求使用模板，体现的是对演讲者自主性的尊重。

此外，详细的文档模板和表单之间有什么区别？申请表和登记表的效果很好，因为它们可用来在重复和定义明确的情况下收集信息。但是，用一个详细的模板来收集项目状态报告却是有问题的，有下面几个原因。

- 标准化的报告会造成对项目的疏忽。如果没有模板，项目经理可能会从自己认为最相关的内容开始。而一旦有了模板，所有的报告看起来都一样。

- 由于试图涵盖所有的可能性，所以模板就会包含很多样板内容。基于模板的文件通常有很多冗余、无用的部分。这降低了可读性。

- 随着软件自动化程度的提高，很多需要的信息都可以从项目管理工具、问题跟踪工具、持续集成工具等工具中产生。项目经理可以在审查会议上简单调出这些报告，而不是浪费时间把信息翻译成模板。

- 与其将时间花在准备基于模板的报告和在审查会议上浏览报告，不如用在针对项目情况的高质量对话上。

归根结底，模板和强制性文档的制度，是另一个"以一致性为名强制执行统一性"的例子（第 13.5 节）。我们需要一致性，而不是统一性。一致性可以通过提供指南和非强制的检查清单来实现，而不是非要用模板。例如，项目状态报告的指南将指出哪些问题需要回答，至于如何回答，则由各人自行决定。

14.8　观点小结

- 应该有意识地影响整个组织的沟通文化，而不应该任由各单位领导的习惯与风格来塑造各单位的沟通文化。

- 在人际沟通中，动不动就行使权力和微暴力行为会破坏氛围、削弱目标感并降低积极性。

- 在线论坛是扩大知识工作者和管理层之间双向交流最可行的渠道。

- 很多时候，实时的、口头的争论（线上打嘴仗）都算不上是最基本的有效论辩。然而，决策会议却充斥着这种情况。重要的决定最好在会议之外以书面形式进行讨论。

- 模板和强制性文档制度是以一致性为名来强制执行统一性，并不适合敏捷工作文化。

14.9 行动小结

● 通过适当的新员工指导和使用脉动图来遏制微暴力。

● 鼓励对重要决定进行书面审议。

● 在内部业务沟通中使用可视化信息时，强化意义胜过美学。

● 不鼓励没有书面叙述的幻灯片。

● 使用保密调查，以保持对推销文化的控制。

● 提供文档指南和非强制的检查清单，而不是模板。

注释

① http://rationalwiki.org/wiki/Tone_argument
② http://edge.org/conversation/how-does-our-language-shape-the-way-we-think
③ Lakoff 2003
④ McWhorter, J. H. 2014. *The Language Hoax*. Oxford, UK: Oxford University Press.
⑤ https://hbr.org/2012/05/marketing-needs-a-new-metaphor/
⑥ Schein 2013
⑦ http://blog.loomio.org/2014/06/17/management-hacker-gary-hamel-interviews-loomio/
⑧ http://stackexchange.com/tour
⑨ https://sites.google.com/site/moderatorhelpcenter/gettingstarted/guide
⑩ http://www.ideaboardz.com/page/faq
⑪ http://softwaredevelopmenttoday.com/2011/01/swat-team-a-pattern-for-overloaded-multi-project-organizations/
⑫ http://washingtontechnology.com/articles/2009/08/10/upfront-tiger-teams.aspx
⑬ Bossavit, L. 2015. *The leprechauns of software engineering*. Leanpub.
⑭ https://en.wikipedia.org/wiki/Albert_Mehrabian#Misinterpretation 和 http://publicwords.com/debunking-the-debunkers-the-mehrabian-myth-explained-correctly/
⑮ http://www.charlierose.com/watch/60148245
⑯ https://hbr.org/2015/02/inside-adobes-innovation-kit

第 15 章

办公空间

办公室的物理布局可能与组织设计无关，但它关系到组织的敏捷性。它有助于强化自主、消除等级、开放交流、重视目标的观念。回想一下，我们在第 3 章介绍了即兴协作的必要性，并将其作为一个核心主题。然而，办公室的布局通常没有考虑协作的方便性。在本章中，我们将简要介绍如何优化布局以鼓励协作并与开放文化保持一致，同时又不至于忽视隐私、安静和舒适的需要。

15.1　开放式布局

从加强面对面协作的角度来看，开放式布局比小隔间或独立办公室更可取。如图 15-1 所示，开放式布局的基本组织单元是一张大桌子（很像会议室的桌子）。团队成员围坐在一张或多张这样的桌子旁，通常没有固定座位的概念。围坐在一张桌子旁，每个人都面对面地坐着，这会邀请团队成员相互交流。在桌子旁边大家都能听见的范围内谈话，能促进意料之外的交流[①]。然而，正确使用开放式布局有几方面的问题需要注意，并不是简单地把几张大桌子摆放在开放的楼层里就可以了。

图 15-1　开放式布局

15.1.1　如何实现开放式布局

开放式布局并不意味着除了外墙绝对不可以有隔墙。好的布局旨在鼓励互动的同时限制干扰。将座位规划与业务成果对齐，有助于实现这一目标。服务于相同业务成果的团队坐在一起，跨职能团队占用一张或多张桌子而不按职能线划分。在不相关的团队之间安装大尺寸的可移动隔断可以减少互相干扰，并提供敏捷团队需要的墙面空间。

开放式布局通常意味着任何人都没有自己的私人办公室，至少在 IT 组织中是这样。有些组织给资深员工提供私人办公室，其他人则坐在开放空间，以此来展示层级，这完全没有必要。行政、后勤、人力资源和财务等职能部门的人员有时会觉得很难在开放式布局的办公室里安放自己的工位，他们有大量的文书工作要做，所以更喜欢有一个私人办公桌，以免文件被别人乱动。如果他们愿意的话，可以给他们提供小隔间。

15.1.2　墙面空间

落实到纸面上的信息辐射器，如活页纸、实体卡片墙和海报等，需要大量的墙面。对于没有任何隔断的敞开式布局来说，只有楼面边缘的墙面可用，这也是在空旷的楼面空间中增加一些隔断的原因之一。一种自然引入隔断的方法是把所有会议室都放在楼面的中间（图 15-2），会议室的外侧面就可以用作白板或墙壁，可以往上粘各种东西。说到白板，沿楼面的所有墙壁上粘贴大玻璃板是个好主意。随团队在不同时候的需要，玻璃板可以用作白板（假设后面的墙是白色的）或墙。它们比普通的白板更容易维护，因为白板经常被弄脏，经过大量的书写和擦除之后，会变得很难用。

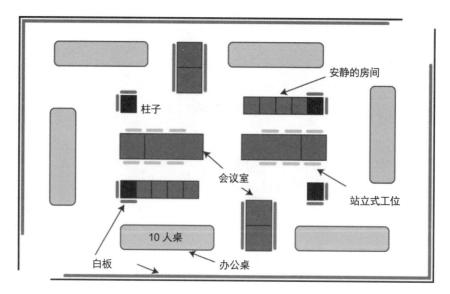

图 15-2　平衡的开放式布局

15.1.3　独处和隐私

有时候，我们在工作中需要一些平和与安静。我们可能想要做下面这些事情。

- 不受任何干扰地写一篇重要的备忘录或文章。

- 理清一段代码。

- 独立推敲一些想法。

- 私下打个电话。

为了满足这些需求，有必要提供一些私人独立房间。这些房间只能预订作为私人使用，不能用于会议。因此，与隔间式布局相比，开放式布局需要更多的房间来满足个人私密需要。这可能不是最节省空间的座位方式，但为了更好的人际互动，这样的妥协是值得的。另一个满足对安静的需求的办法是：可以指定一些楼层或区域作为安静区，这些楼层或区域有一些自由使用的座位，人们可以进入并占用几个小时。

开放式布局的另一个问题是计算机屏幕隐私。人们很少承认这一点，但早到办公室的人往往会背对着墙壁或隔断就座。提供与笔记本电脑配套的防窥膜可以解决这个问题。

在取消小隔间的同时，我们也失去了随之而来的私人存储空间。一些组织会提供备用的私人存储，只要在普通的储物间或储物柜上给每人提供一个能上锁的小柜子即可。

15.1.4 对开放式布局的批评

有人质疑"开放式布局可带来更好的协作和绩效表现"的说法。《纽约客》有篇文章[2]引用各种研究表明，由于干扰和隐私的丧失，开放式布局导致了工作效率的降低。站队斯波尔斯基（Joel Spolsky）的人认为，老式的私人办公室更有利于生产力，因为它们尊重个人的工作节奏[3]。有些人甚至声称，开放式布局是一个阴谋，只是为了将更多的员工塞进更少的空间。

员工人均使用办公面积从上世纪 70 年代的 500 平方英尺缩减到 2010 年的 200 平方英尺，统计数字来源于凯恩（Susan Cain）的《内向性格的竞争力》一书[4]。

另一方面，开放式布局的支持者反驳说，即使有了私人办公室，也并不能完全杜绝分心。社交媒体、互联网、即时消息和电子邮件通知让那些容易分心的人更容易分心。此外，既然工作需要协作，那么如果不能面对面交流，我们就不得不在线上交流。这不是同样会分散注意力吗？不！

凯恩（Susan Cain）在《内向性格的竞争力》一书中说。她认为，与面对面的协作不同，在线协作本身就是一种独处。在线协作使得开源软件的创造者既能集中精力，又能展开协作。电子协作是异步的，因此它确实能减少一些干扰，我认为在这一点上，凯恩（Cain）是正确的。

15.2　人体工程学

笔记本电脑在人体工程学[⑤]方面有问题。高质量的可调高度转椅与腰部支撑是必要的，但还不够。良好的姿势要求如下。

- 显示器与眼睛平齐，头部直立。

- 前臂与大臂成直角或略呈钝角。

- 前臂不要放在桌子上。这可能会抬高肩膀而造成劳损。

使用笔记本电脑时，这些要求是不可能实现的——我们要么低头看屏幕，要么耸肩敲键盘。为了保持良好的姿势，我们可以使用笔记本电脑的键盘或显示器，但不要两者同时用。常见的解决方案是使用外接键盘和 / 或显示器。然而，放在桌子上的外接键盘可能仍然需要抬高肩膀来使用，有下面两个解决办法。

- 带有可拉出抽屉的桌子，用于放置外接键盘。这在办公家具中很常见。

- 增加椅子高度，以消除抬肩的动作，并使用笔记本电脑的键盘和可调高度的外接显示器，以免低头看笔记本电脑的屏幕。但是，这可能需要同步升高的搁脚板。

屏幕表面光滑的显示器会引起眩光，让人不得不拉上窗帘而将自然光拒之窗外。应该选择不反光的显示器。在一张桌子上放太多大屏幕显示器容易让大家看不见彼此，从而破坏围坐在桌子旁集中办公的目的。如果一张桌子旁全是开发人员，就更容易出现这种情况，因为开发人员更倾向于使用大尺寸的外接显示器。所以，这也是不按功能划分座位的另一个原因。

站立式工作台[6]是办公空间的绝佳补充。它们允许人们站着工作一段时间，这能够促进血液循环，缓解长时间以同一坐姿带来的疲劳。如果将站立式工作台围绕在会议室的旁边，在等待前面的会议结束这段时间里，人们还可以顺便做些工作。

除此之外，还可以考虑以下措施。

● 铺有地毯的地板能吸音降噪。

● 把会议室放在楼面的中间而非边缘，最大限度地提高工作区的自然采光（假设不拉窗帘）。会议室没有自然光也无妨，因为与常规工作区相比，会议室只是供临时使用的。

● 笔记本电脑屏幕保护膜也可以缓解视疲劳。

15.3　远程工作

支持者认为，有以下优势[7][8]。

● 远程工作能避免办公室的干扰，提高生产效率。

● 有助于不时处理与家庭有关的事务。

● 迫使对工作的输出进行组织和管理，而不是输入（在座位上的时间）。

● 有助于从其他地方招聘顶尖人才（因为他们不必搬迁）。

- 消除了通勤路上浪费的时间。

- 鼓励从同步协作转向异步协作，方便大家安排时间。

- 减少了对办公空间的需要。

- 得益于技术，有效的远程协作比以往任何时候都更加可行。

另一方面，反对者认为：IT-B 工作不太适合在家进行，尤其是在需求不断变化的情况下。软件开发是一种社交活动，我们在过程中不断学习，在同一地点面对面办公对这个学习过程更有帮助。即使有这么多技术，也很难重现一群人围着白板讨论的感受。有些团队擅长远程工作，但这需要团队成员具备很强的自律。而且，如果没有良好的写作沟通技巧和健康的人际关系作为基础，远程工作的团队很容易分崩离析。当然，我们都喜欢偶尔在家工作的灵活性，这样能很好地兼顾个人事务。允许人们每周有一天在家工作，这可能是一个令人高兴的折衷方案。如果有例外情况需要延长在家工作的时间，可以由团队领导者特批。另外，确保整个团队每周至少有两天同时在办公室工作，也有助于团队形成凝聚力。

我过去反对远程工作，但现在越来越觉得它有很多优点。面对面交流对建立职场关系很有用，但一旦关系建立起来，远程交流在大多数情况下也同样有效。以下是一些有助于远程工作的方法。

- 团队聊天室和避免一对一聊天的纪律，可以确保整个团队都能看到所有交流。要找某个具体人的时候可以用 @ 符号来呼叫，没有被呼叫到的人则可以不受干扰地工作。他们可以在休息的时候扫视聊天记录以跟上团队对话进展。

- 鼓励使用 VOIP 和屏幕共享，不要对这些工具设置带宽限制。

- 允许团队成员使用所有公司内部的基础设施（例如，通过 VPN）。

- 使用工具进行远程结对编程[⑨]。

- 所有信息辐射器都需要远程可用（通过网络）。不幸的是，这通常意味着办公室中没有物理信息辐射器，因为必须有人保持同步。

然而，专业服务公司（IT 咨询公司）很难说服客户让他们的顾问也能远程工作。毕竟，他们按输入（计费时间）收费，而客户也希望他们在视线范围内开展工作，这是可以理解的。此外，为了建立关系和了解客户环境，咨询师需要与客户在同一地点工作。请注意，从这个意义上讲，离岸工作并不是远程工作，因为离岸工作人员需要向当地办公室汇报，并与其管理者一起以团队的方式开展工作。

15.4 观点小结

- 开放式布局鼓励协作，不强调等级制度。

- 开放式布局并不只是在房间里摆放大桌子。应该从有效协作的角度来规划，而不是最大限度地提高空间利用率。

- 开放式布局需要满足我们对安静和隐私的需求。

- 远程工作也可以效率很高，并且有助于招募那些不想搬迁的人。

15.5 行动小结

- （尽可能）让服务于相同业务成果的团队坐在一起。

- 不鼓励团队内部按照职能线划分座位。

- 在不相关的团队之间设置可移动的隔墙，从而提供大量的墙壁空间。这也有助于团队集中精力。

- 把会议室放在平面布置图的中间，以便普通工位能够照到自然光，同时还可以把会议室的墙壁或白板用作卡片墙和其他信息辐射器。

- 除了普通的会议室，开放式布局还要有更多的隔间或安静区。

- 提供站立式工作台作为普通办公桌的补充。

- 鉴于远程工作承诺的好处，认真考虑将其作为可选项。

注释

① http://c2.com/cgi/wiki?SerendipitousCommunication
② http://www.newyorker.com/business/currency/the-open-office-trap
③ http://blog.stackoverflow.com/2015/01/why-we-still-believe-in-private-offices
④ Cain 2012
⑤ 本节不提供医疗或健康建议。仅供参考
⑥ http://lifehacker.com/5735528/why-and-how-i-switched-to-a-standing-desk
⑦ Fried and Hansson 2013
⑧ http://blog.stackoverflow.com/2013/02/why-we-still-believe-in-working-remotely
⑨ https://en.wikipedia.org/wiki/Pair_programming#Remote_pair_programming

第 16 章

结语

本书的目的是通过组织设计来实现组织敏捷。我们着手探索如何设计一个 IT 组织，其优化的目标是价值而非可预测性、响应性而非成本效率、内在动机而非外在动机。我们从几个角度研究影响组织设计的因素——结构的、文化的、运营的、政治的以及物理的。诚然，这超出了传统意义上组织设计的范围，但我们特意对这个术语进行了扩展，以便涵盖组织敏捷的所有重要因素。在最后一章中，我们用一些总结来结束讨论，并快速了解本书的内容如何适用于 IT 服务公司和跨国企业的离岸交付中心。

16.1 效果小结

表 16-1 根据第 3 章列出的三个主题总结了前几章中描述的组织敏捷问题和解决方案。一些条目与多个原因相关，并在不同的标题下重复列出。

表 16-1　组织敏捷性的问题及其解决方案

主题：治理的目的是追求价值而非可预测性		
什么伤害了追求价值	**该怎么做**	**参考章节**
计划驱动的项目、发布计划	能力团队和价值驱动的项目	第 3.1 节、第 8.1 节和第 8.2 节
基于项目的预算（根据计划批准资金）	基于团队能力的预算（根据结果所有者负责的结果批准资金）	第 8.2 节、第 9.5 节和第 9.6 节
过度依赖商业性解决方案	依赖实际收益验证	第 8.4 节
早期确定完整的解决方案	随走随变	第 8.5 节
让会计方面的考虑影响团队设计	使用替代机制来跟踪资本支出和运营支出	第 9.4 节
可预测性指标	适应性指标	第 12.5.3 节
关注个人和团队的生产率	关注成果的实现	第 12.5.1 节
主题：组织的目的是响应变化而非成本效率		
什么损害了响应能力	**该怎么做**	**参考章节**
高成本交接（当关键价值流由多个团队提供服务时导致）	单个跨职能团队服务关键价值流，从而降低交接成本	第 5.2 节
过度使用专家	为了更好的响应能力，降低专家的使用率	第 5.4 节
问责制不明确导致决策无效	用问责地图明确决策权。规范决策所有者的概念。维护决策记录，让决策负责人承担责任	第 6.5 节和第 6.7 节
IT 敏捷了，业务毫无改变	让业务人员与 IT 的执行模型保持一致	第 7.4 节
许可文化	宽容文化	第 13.6 节
基于批准的工具和信息访问	默认允许访问，限制例外情况	第 11.1 节
将增强功能和错误修复分配给单独的维护团队	合并维护和开发团队	第 5.7 节

（续表）

主题：设计的目的是激发内在驱动力和即兴协作		
什么损害了响应能力	该怎么做	参考章节
面向活动的团队不能被赋予自主权，因为围绕活动的竖井不仅无用，而且造成巨大阻力	面向成果的团队可以被赋予实现成果自主权。围绕成果的竖井至少能交付首要成果	第4.1.1节，第4.3.3节和第8.7节
集中配置扼杀了自主性	围绕产品或区域（而非功能）去中心化	第4.2节
成果领导和职能领导之间共享权力和责任，有可能导致权力斗争和妥协成果	使用问责地图来阐明问责制。避免在成果领导和职能领导之间共享权力。设置制度使职能领导可以通过影响力而非权威来领导	第6.3节和第6.4节
目标限制了自主性	对成果的共同理解减少了对目标的需求。在没有目标的情况下，单纯的测算也是有效的。必要时与团队一起决定目标，不要把目标强加给团队	第12.3节和第12.4节
缺乏明确定义的、全组织共享的行为规范，会阻碍真正的授权	一套经过深思熟虑的规范提供了健康的行为框架，使更大的自主权成为可能	第13.1节和第13.2节
只有需要时才允许访问信息和工具	反转制度。只有需要时才限制访问	第11.1节
工具过度标准化	让团队选择自己的工具，并自己负责管理工具	第11.4节
共享服务团队难以制定除了"提高服务水平"之外的其他目标	对于重要的价值流，不要使用共享服务团队。将能力嵌入到以结果为导向的团队中	第5.2.4节
缺乏为之工作的业务成果（面向活动的团队）	尽可能打造能够直接为业务成果做出贡献的团队	第4.1节
无法将日常工作与更大的业务目标联系起来	使用一系列技巧来实现和阐明IT与业务的一致性	第7.2节
目标和激励扭曲了目的	对成果的共同理解减少了对目标的需求	第12.3节和第12.4节
固定政策鼓励官僚主义，阻碍有目的的执行	实施活的政策	第13.4节
在人际交往中不必要的等级制度和微暴力会侵蚀目标感	通过新的招聘导向和脉动图来阻止这一点	第14.3节
非参与式的组织沟通会削弱目的	通过使用在线论坛扩展双向沟通，提高参与度	第14.4节

什么损害了响应能力	该怎么做	参考章节
职能型组织的缺乏可能会削弱能力，并损害专精	由于职能型组织的其他重大缺陷，我们不能走回头路。取而代之的是，我们依靠实践社区来培养能力	第 5.7 节
计划和执行角色的分离影响计划者对情况的掌握	计划和执行重叠	第 6.8 节
瞬息万变的项目团队不允许对技能的专精	转向长期、稳定的能力团队	第 10.2 节
规定使用文档、报告和演示文稿的模板，可能会导致不明智的、仪式化的文档文化	少一些严格的规范。提供指导方针和非强制性检查清单	第 14.6.4 节
如果没有演示者，没有附带文字描述的可视化工具将毫无用处。读者无法掌握其含义	确保可视化呈现总有文字描述相伴。不要过分强调可视化工具的必要性	第 14.6 节
基于角色的人员配备	基于技能的人员配备	第 10.3.1 节
兼职任务	将兼职专家与全职团队成员配对	第 10.3.4 节
目标限制了对专精的追求，只要达成目标即可	对成果的共同理解减少了对目标的需求。即便没有目标，单纯的测算也是有效的	第 12.4.1 节
开放式办公室布局没有足够的免受打扰的空间	在办公室规划中结合开放区域和静音区域	第 15.1.3 节
基于会议口头辩论的决定	经过书面讨论的决定	第 14.5 节

16.2　推广顺序

试图一次性从多方面着手改变组织是不切实际的。部分章节中提供的迁移建议可能有助于逐步推出。此外，表 16-2 是有关各种转型动作的难度与收益的快速通用指南，实际的情况可能有所不同。

表 16-2　推广顺序

行动	收益	依赖项（如果有的话）
容易的项目		
1. 发布 IT 对齐的业务战略和模型	丰厚	
2. 通过成果地图明确责任和决策权	丰厚	
3. 减少重要价值流对共享服务的依赖	重大	
4. 推出初始规范集，强化制度	丰厚	
5. 远离模板	一些	
6. 采取措施遏制微暴力	重大	
7. 不鼓励使用没有文字叙述的幻灯片和可视化工具	重大	
8. 建立实践社区	重大	
9. 引入结对，帮助摆脱专家的兼职任务	重大	
不那么容易的项目		
10. 转向以技能为基础的人员配备	一些	16
11. 采用基于团队能力的预算	重大	16
12. 转向稳定的团队	丰厚	16
13. 转向基于"只在有必要时限制访问"的信息和工具访问制度	重大	
14. 转向双向沟通，促进员工参与	重大	
15. 转向平等主义的办公室布局	一些	
最不容易的项目		
16. 转向以成果为导向的跨职能团队	丰厚	
17. 重塑职能领导的角色定位	重大	
18. 转向评估高于度量的制度	丰厚	

16.3　信息辐射器

第 2.4.4 节介绍了信息辐射器。随后，我们又介绍了好几种新型的信息辐射器，这些信息辐射器已经不只局限于呈现单个团队或单个系统的活动。表 16-3 汇总了这些信息辐射器。

表 16-3   信息辐射器

名称	用途	描述的章节
责任地图	明确谁对什么结果负责	第 6.3.2 节
架构 - 业务对齐图	显示计划 / 正在进行的架构工作如何与业务目标相关	第 7.2.3 节
功能 - 业务对齐图	显示有关业务功能的计划 / 正在进行的工作如何与业务目标相关	第 7.2.3 节
投资组合墙（或看板）	提供计划的、进行中的和完整的项目 / 功能的概述	第 8.8.2 节
所有人可查询的信息系统	有助于避免工具引起的竖井	第 11.2.1 节
业务指标	帮助大家了解重要的业务	第 12.3.6 节
指标 - 业务对齐图	帮助我们选择面向结果的指标而不是面向活动的指标；有助于防范虚荣指标	第 12.4.3 节
脉动图	通过快速洞察团队的情绪波动，帮助遏制微暴力	第 14.3 节

16.4   演练示例

最后，这里有一个示例练习，看看我们能否将学习成果应用于更复杂的情况。你会如何基于本书中的观点分析具体情况？会建议采取哪些纠正措施？我的分析随后提供。

ArmsLength 遭遇困境

Farah 曾经是 ArmsLength 公司的 CTO，领导着拥有 500 名员工的 IT 组织，其中大部分人缺乏经验。有一天，一位新的 CEO 上任了。这位 CEO 不赞同 Farah 的工作方式，他决定不让 Farah 向自己汇报工作，还暂时取消了 CTO 的职位。Farah 成了企业架构团队的负责人，并向 COO（首席运营官）汇报工作。她手下新建了一个小团队，这个团队负责向庞大而缺乏经验的开发组织提供架构指导。现在，领导开发团队的是 Yang，他之前是 Farah 的下属，现在与她同级。

Farah 的团队制定了一份企业架构路线图，其中包含许多目标以及验证目标实现情况的验收标准。每个新业务项目（以及一些专门的架构项目）启动时，开发组织都要自己决定并承诺为目标做出什么贡献。Farah 的团队非常谨慎，并不会把自己的要求强加于开发组织，因此他们没有规定如何实现目标，但随时准备在开发组织寻求帮助时提供咨询。此外，他们对 Yang 的组织没有任何权力。

但是，开发团队盲目地承诺对目标的贡献，却还没有清楚地理解履行承诺需要付出哪些努力。Yang 并不鼓励手下向 Farah 的团队寻求太多咨询，而且不管怎么说，Farah 的团队也太小了，无法支撑如此庞大的开发组织。随着开发的进行，项目资金快要耗尽，而承诺的贡献仍然没有实现。面对相互竞争的业务优先级，资金管理组（在 Farah 和 Yang 的组织之外的另一个团队）开始拒绝增加投入的请求。

COO 曾要求 Farah 针对开发团队承诺的目标提供一份月度进展情况报告，这在不知不觉中将她的团队变成了开发组织的审计员。一份又一份的报告指出，承诺的目标贡献尚未实现。这些报告使得开发人员士气低落。技术平台架构薄弱和开发周期时间长等因素已经开始影响到了业务。

分析

这个案例中出现了两个做计划的团队（第 6.8 节）——资金和企业架构，而且两个做计划的团队都与执行团队（开发组织）完全分离。此外，这三个团队都是面向活动的团队，没有任何一个团队对业务成果负责（第 4.1 节）。权力和责任的分配是错误的。由于对开发组织没有权力，Farah 拒绝企业架构团队承担全部责任，这是可以理解的。新任的 CEO 将 Farah 调出自己的视线，却造成了 Yang 和 Farah 之间的权力斗争。

最好聘请一位新的 CTO，并将 Farah 的架构师团队纳入 CTO 办公室，令其在开发团队负责担任"教授"职能（第 6.4.3 节）。这样，他们就可以对成果负责。有了带领开发团队对成果负责的权限之后，架构师就不再以咨询（计划）的方式遥控开发团队，而是投入 20% 工作量直接参与开发团队的工作。

最后，资金和项目模型最好是转变为基于团队能力的资金模型，即围绕业务能力构建稳定、长期、以成果为导向的跨职能团队（如第 8 章～第 10 章所述）。

16.5　IT 服务

虽然本书主要针对的是为内部业务提供服务的 IT-B 组织，但对 IT 服务公司（即 IT 供应商）也可以提供一些参考。IT 服务（ITS）的业务需要培养老客户关系，并增加新客户。ITS 收入是按提供服务的时间计费，因此收入受员工使用率、单价和员工人数三个因素影响。使用率和单价不能无限增加，因此，ITS 公司倾向于靠员工人数增长来实现收入增长。全球员工人数排名前十的 ITS 公司都有 100 万以上的员工。

经营这种规模的企业，就只能选择运营卓越作为价值准则（第 7.1.1 节）。流程和工具往往比个体和互动更重要。除了按数字、目标和激励措施进行管理外，几乎没有别的选择。任何关于内在动机的讨论看起来都像是乌托邦的理想主义。来自 ITS 公司的 IT-B 经理可能会对本书的内容产生怀疑。

然而，市场的变化将继续存在。能够在短时间内建立 100 人的低成本团队，这在今天的市场环境下是不够的，甚至不可取。很多优秀的 SaaS 解决方案使得购买而不是自建变得越来越有吸引力。只有差异化系统才需要定制化开发，此时持续交付将很重要。如果大型 ITS 公司由于其固有的限制而无法改进，他们的客户将简单地减少外包或迁移到更小、更灵活、更多人选择的替代方案。

此外，员工人数驱动的收入模式造成了这样一种情况：平均单价和平均员工薪资之间的差价决定利润率。在 IT 劳动力供不应求的市场中，薪资必须要有竞争力，因此，维持利润率的唯一方法就是在平均工资上想办法。通过配备少量高薪员工和大量低薪员工，就可以控制一个项目的平均工资。这被称为"高杠杆团队"（或金字塔型团队），第 10.1 节介绍了这种团队形态的利弊。

通过正确的组合和领导，高杠杆团队可以很好地工作。然而，负责人员配备的人通常没多少准备时间，对可供选择的人员和项目情况也不够了解，而这些都是组建好的团队所必须的。人员配备经理只对人员使用率负责。因此，客户必须很幸运才能为自己的项目找到一个优秀的团队。客户自己对此也负有部分责任，因为他们经常拒绝在项目正式开始之前或两个项目之间支付人员（资源）费用，任何等待成本都必须由供应商来承担。从项目思维转变为能力思维，如第 8.2 节所述，对双方都有帮助。它帮助客户组织即使在使用外包的情况下也能建立真正的能力，并帮助供应商为客户提供良好、稳定的团队。

鉴于对人员使用率和运营卓越的关注，ITS 公司的 IT-B 经理总是更重视组织成本效率而不是响应能力——哪怕客户愿意为响应能力付费。使用面向活动的团队（第 5.2 节）是这种偏好的一个常见例子。由于许多 ITS 经理几乎完全没有软件开发的实践经验，他们所能做的就是跟踪完成百分比和其他指标。当他们看到交付呈下降趋势时，就会在更精细的级别上进行更多的测量和跟踪，试图控制和指导任务活动。例如，除了跟踪故事之外，他们还开始跟踪任务的完成百分比。

在外包的情况下，实现组织敏捷的道路上还有其他障碍。

16.5.1　合同

外包往往离不开正规的法律合同。合同各方都试图确保合同的语言可以保护自己的利益，而如何以项目成功为目标设计对协作友好的合同在这个过程中通常不是各方主要的考量。对可交付成果的预先定义、维护保障、责任限制等条款限制了交付期间继续协商的余地。这种情况是另一种形式的局部优化（第 2.4.3 节）：将诉讼的可能性降至最低，代价则是牺牲项目成果。[①]

16.5.2　接触最终用户

ITS 公司往往很难有机会接触到最终用户。即使最终用户属于客户的业务组织，ITS 公司往往也必须通过客户的 IT 组织（带他们进来的人）协调来接触用户。IT 组织通常希望居中协调，以确保自己的地位，并防止 ITS 公司离业务太近。有时，他们会直接拒绝 ITS 公司接触用户，并声称自己是最终用户的绝对代表。如果最终用户是客户的客户，情况会更糟。客户组织的采购决策者最好留意这几方的动态关系，并与 ITS 公司建构好合作的机制，以允许他们有一些接触最终用户的机会。否则，正在开发的应用程序或产品会因缺乏最终用户的第一手反馈而受到影响。

16.5.3　保证客户参与

如前所述，敏捷软件开发只有在负责需求的人全情投入的前提下才能取得成功。将需求丢过墙或是每周只投入几个小时，无济于事——如果这里的"墙"是客户和 ITS 公司之间的合同边界，那就更是如此。所有客户代表（例如产品负责人、分析师、UX 人员、架构师、IT 运维人员等）和 ITS 人员必须形成一个团队，一起行动，以实现有价值的成果。我们不能在团队中形成"供应商 - 客户"的关系：客户只管下指令，供应商只管服从。这会导致团队瘫痪。在谈判合同、确认发票和付款的人员层面，供应商 - 客户的关系可能非常真实，但应当防止这种关系渗透到团队中。如果客户方不主动构建良好的供应商关系，ITS 公司客户经理通常不会主动采取行动来确保更大的客户参与度。他们更可能以"客户关系管理"的名义向开发团队施压，使其适应现有的合作方式。结果是，交付不够理想，尽管能满足合同义务，但远远不及有客户充分参与的前提下可能达成的水准。

16.5.4　内在动机

在第 3.4 节中我们讨论过，自主、专精和目的催生出内在动机。那么，ITS 公司能否很好地培养这几大要素？ITS 团队的自主权取决于客户。比起那些仅把 ITS 团队视为实施人力外包的客户，将 ITS 公司视为值得信赖的合作伙伴的客户将赋予团队更多的自主权。ITS 公司提供的专家可能发现，在做出重大实施决定之前，他们必须说服客户那边的同行，从而削弱了他们的自主权。

如果外包的工作与客户的业务成果相去甚远，目的感就会受损。有时，客户将一项以成果为导向的工作外包，但 ITS 公司以一种以活动为导向的方式在内部对其进行划分（第 5.9 节）。另一个问题是，人们在短期项目之间频繁调动，这无益于培养目的感。同样，从项目思维方式转变为能力思维方式（如第 8 章所述）将有助于实现目标。

因为 ITS 公司是根据其投入（计费时间）而非客户业务成果收费的，因此专精也会受到影响。进度和预算合规性变得更加重要。有时实际工作量比预估的大得多，ITS 公司会倾向于推动他们的团队在没有报酬的情况下工作更长时间。在专精所导致的心流状态影响下自愿长时间工作是一回事，而由于没有考虑到员工利益的人起草的合同而不得不加班则完全是另一回事。更糟糕的是，这些合同有时做出的承诺非常大胆，只是为了在竞争性投标中赢得项目。

通过认可专业卓越，ITS 公司可以鼓励专精。例如，可以赞助和鼓励人们写书、在会议上演讲、为行业出版物撰稿或为开源项目做出贡献。不幸的是，这些活动通常被视为外围活动，不会为业务增加价值，尽管它们其实能吸引客户主动上门。相反，一些 ITS 公司采取了一种效果可疑的策略：他们申请软件专利，构建知识产权（例如，"在持续部署流水线中进行性能测试"已经被申请成为专利②）。

16.5.5　未来趋势

传统上采购 ITS 公司的那些大客户，正在日益将 IT-B 视为战略重心，并将新的软件开发工作由外包转为内包[③]。"自建还是外购"这个问题从前是考虑"外包自建还是外购"，而现在正在转变为"内部自建还是外购"。如果这种趋势流行起来，ITS 行业将被颠覆。它将被降级为维护没有未来的遗留应用程序。

另一个可能的趋势是从以项目为中心的 IT-B 执行模式转变为以产品或能力为中心的模式，并拥有稳定、长期存在的团队。ITS 公司越来越普遍地按要求给客户能力团队提供人员，而不是负责项目的交付。传统上，ITS 公司不喜欢人员供应，因为与拥有项目相比，人员供应的模式被视为低附加值。然而，摆在面前的问题是如何适应市场的新情况。

如果 ITS 公司的员工包含影响者而不仅仅是执行者，那么人员供应同样会带来高附加值。另一方面，许多 ITS 公司即使拥有项目，也未能发挥影响力。他们的企业文化培养了服从而不是质疑或影响，他们的客户普遍有这样的反馈。此外，对于那些在高杠杆员工组合的支持下建立业务的公司来说，转向高价值的人员供应并不容易。

16.6　全球内部交付中心

许多公司投入巨资在成本较低的地区建设离岸交付中心，也称为"全球内部交付中心"（GIC）或"专属公司"。它们通常拥有一流的基础设施、相对宽敞的内部空间和一流的园区。一个园区或大楼容纳数千名员工，这样的情况很常见。

GIC 减少甚至消除了对第三方 IT 供应商的依赖，还减少了在公司网络之外共享内部信息的需要。理论上，这种模式在业务和 IT 之间设置的障碍比外包要低。实际情况要复杂得多。有几个因素注定了业务和 GIC IT 有鸿沟。

16.6.1　商业态度

企业通常将 GIC 视为纯成本中心。他们没有意识到创建优秀软件所需的协作程度，并继续将需求扔过墙（甚至扔出海）以进行实施。他们还要求 IT-B 团队制定严格的前期计划，把预算、时间、范围都固定下来，殊不知这正是作茧自缚。以某著名管理咨询公司的业务顾问对其在 GIC 工作的 IT-B 同事的态度为例，这些业务顾问通常要求他们的 GIC 开发工具和模型，以便在业务咨询任务中使用或部署。如果 IT-B 开发人员要求业务顾问投入更多时间来协作处理需求，他们会嗤之以鼻："我每小时收费 800 美元，而你每小时只值 40 美元。不要指望我会听你的。"

16.6.2　文化差异

文化差异表现为权力距离指数[④]的巨大差异，这个指教是指，在一种文化中，机构和组织中权力较小的成员多大程度上被期望接受权力分配的不均。权力距离指数高会导致毫无疑问的服从——即使是在管理者之间——这更适合于计划驱动的行为而不是价值驱动的行为。其他文化差异也会影响人际关系的建立，哪怕只是在一次短暂的商务访问。例如，哪怕只有 25 岁，美国人和欧洲人也往往比在 GIC 工作的同行拥有更丰富的世界体验。对于在 GIC 工作的许多人而言，上大学可能是他们仅有的在大城市生活的经历。休闲兴趣、社交和处理人际关系的能力都存在很大的差异。

16.6.3　老气横秋的经理

GIC 的 IT 经理主要来自其他大型 ITS 公司，他们对软件开发的态度与上一节描述的相同：他们将软件开发视为生产过程，基于数字进行管理，并针对成本效益进行组织。他们很喜欢密切监视员工，按小时分配工作，并确保团队始终保持忙碌。我的同事坎杜库鲁（Nagarjun Kandukuru）曾打趣说："以前我们坐着接受命令；现在我们敏捷了，我们站着接受命令。"这句玩笑话形象地总结了许多 GIC 的现状。

16.6.4　CMM 之旅

GIC 也受到能力成熟度模型（CMM）[5]的影响。大约 2005 年，ITS 公司还常常竞相炫耀他们的 CMM（或是 CMMI，能力成熟度模型集成）5 级状态。这也意味着存在一个过程质量部门，这是一个面向活动的团队（第 5.2 节），而且与测试软件质量全然无关。这个部门一般有两个小组。一组叫软件工程过程组（SEPG），它负责定义流程、指标和文档模板，并根据整个组织的项目绩效为各种指标定义可接受的阈值。另一个是称为软件质量分析师（SQA）的一组审计员，他们围绕流程合规性审核项目。就结果而言，与代码审查和手动测试相比，所有这些围绕流程合规性的开销对实际的软件质量没有多大影响。之所以维持这些开销，只不过是为了保住认证标签，以便市场营销之用。

终于有一天，他们的客户发现重量级的流程不起作用，并要求他们改用轻量级的敏捷方法。现在的流程质量管理者并不承认敏捷不需要他们。他们设计了"CMMI+Agile"之类一听就很上头的调和鸡尾酒，并保持流程质量角色原封不动。

不幸的是，作为从 ITS 公司招聘的副作用，尽管 GIC 不需要认证标签进行营销，这种遗产也会延续到 GIC IT。毫不奇怪，CMM 这套东西对构建良好软件没有任何帮助。在上级组织的压力下，GIC 开始着手大规模敏捷转型计划。原来的流程质量部门一夜之间聘请几十名敏捷教练，转头就开始制定新的流程模板（第 14.7 节）和分阶段推广计划。

有时，敏捷教练建议他们从小处着手、深入试点并在一个团队中示范成功，而不是一上来就制定全组织范围的宏大推广计划。但显然，负责推广的人员受制于总部指定的严格期限，只能急于推广敏捷，然而没多久，敏捷实践就开始崩坏。

16.6.5　预后

软件不是生产过程（第 3.1 节），也不能当作生产过程来管理。追求价值比追求可预测性更重要，并且需要变革的不仅是交付过程和工程实践。这样的观念还尚未深入人心[6]。但是，从以实现计划为目标控制生产过程，转变为以交付价值为目标参与和促进设计过程，这是一种范式转变。文化变革是困难的——从控制文化到协作文化的转变，也就是从非人性化的过程到以人为驱动的过程的转变（第 2.3 节）。大部分企业还没有做好准备进行这样的转变。正如"范式转变"一词的创始人库恩所说[7]，科学范式转变可能需要几代人的时间，尤其是在缺乏强有力领导的情况下。像规模化敏捷框架（SAFe）这样的框架可能可以应一时之急[8]，因为它们试图与现有的控制文化合作而不是反对它。另一方面，邓宁（Steve Denning）认为[9]，以人为本的范式转移已经在进行中。

16.7　超越 IT

本书的一些审阅者观察到，本书中的讨论适用于 IT 以外的领域。虽然这是事实，但我还是在英文版标题中保留了 IT 的字样，因为大多数示例和叙述都来自于软件世界。此外，我不想多谈 IT 之外的情况而导致讨论的上下文发散。

不过，本书中也提供了几个非 IT 行业的示例，读者可以从中看到本书的讨论如何适用于 IT 之外的行业：

- 在医院急诊室使用跨职能团队（第 5.5.1 节）

- 芬兰的教育体系偏向于评估而非度量（第 12.4.1 节）

- 瑞典商业银行采用激进的预算编制方法（第 8.2 节）

- 取消销售提成（第 12.3.3 节）

- 不鼓励幻灯片驱动下的会议（第 14.6.4 节）

前三个例子完全来自 IT 行业之外。最后两个来自 IT 行业，但不限于 IT 部门。

在 IT 之外还有其他著名的敏捷组织设计示例。三星电机（Semco）的著名故事[⑩]与此处描述的内容有许多共同之处。《重塑组织》[⑪]一书考察了能源、医疗保健、制造、食品加工和服装等各个领域中许多成功公司的设计。它对自主（自我管理）和内在动机的需求的观察与本文中的观察并没有太大不同。

敏捷组织设计的广泛相关性并不奇怪。本书背后的大主题不仅适用于 IT，不论任何行业，如果深层次动力使预测具有风险，那么务实的行动方针就应该是不专注于可预测性而追逐价值。客户日益被丰富的选择宠坏，牺牲成本效率换取更强的响应能力，是留住这些客户的合理策略。而且，一旦意识到创新和响应能力在即兴协作的支持下能够得到蓬勃发展，我们就可以创造条件使之成为现实。在更广泛的背景下讨论类似的想法，可以参阅两本书：萨尔（Donald Sull）的《动荡：企业的黄金机会》（*The Upside of Turbulence*）以及邓宁（Steve Denning）的 *The Leader's Guide to Radical Management*。

最后，我并不认为主张敏捷是建立高效组织的唯一途径。例如，许多公司受益于内部竞争和外部激励的文化。这些是以公司为导向的文化，而敏捷是以人为导向的系统（第 2.3 节）。20 世纪占据主导地位的是以公司（和机构）为导向的思维。现在，我看到了人性化商业行为的风潮。令人高兴的是，这种转变也带来了更好的业务成果。

注释

① http://www.agilecontracts.com/agile_contracts_primer.pdf
② http://patents.stackexchange.com/questions/12307/prior-art-request-for-wo2014027990-performance-tests-in-a-continuous-deployment
③ https://www.economist.com/special-report/2013/01/17/the-next-big-thing
④ Hofstede, Hofstede, and Minkov 2010
⑤ http://en.wikipedia.org/wiki/Capability_Maturity_Model
⑥ http://www.business-standard.com/article/management/it-is-difficult-to-talk-of-value-when-you-cannot-measure-the-value-you-are-delivering-rohan-murty-114121400510_1.html
⑦ http://www.forbes.com/sites/stevedenning/2012/10/31/dont-diss-the-paradigm-shift-in-management/
⑧ http://xprogramming.com/articles/issues-with-safe/
⑨ http://www.forbes.com/sites/stevedenning/2012/10/31/dont-diss-the-paradigm-shift-in-management/
⑩ Semler 1995
⑪ http://www.reinventingorganizations.com/

词汇表

活动（Activity）：对成果有贡献的行动。

活动导向的团队（Activity-oriented team）：负责某一个活动的团队，一般由一组特定领域（如市场、销售、支持、开发等）的专业人士组成。

敏捷（Agile）：在本书中，敏捷是指遵循《敏捷宣言》中的价值观和纪律的方法论。

异步通信（Asynchronous communication）：不需要通信参与者同步在线的通信方式。例如电子邮件、论坛是异步的，电话、VOIP、远程或网络会议、对话、面对面会议是同步的。

自建还是采购（Build vs. buy）：使用内部或外包人员构建，还是采购现成的方案（越来越多的现成方案以 SaaS 形态出现）。

能力（Capability）：在本书的上下文中，是指由人员和系统构成的、与业务相一致的 IT 能力。

资本支出（CapEx）：为了创造或强化资产（IT 资产）而支出的资本。资产会被记录在资产负债表中，在损益表中只显示按年度折旧。

持续发布（Continuous Delivery，CD）：无缝地自动化从开发到部署的整个流程，将软件变更以增量方式交付给用户，使软件交付过程顺滑而频繁，降低发布的成本、时间和风险。

持续集成（Continuous integration）：敏捷开发团队的一个实践，频繁提交代码到版本库，自动触发快速而全面的自动化测试，确保代码在快速开发中保持功能不被破坏。

跨职能团队（Cross-functional team）：全功能的、面向交付的团队，其中可能包含专家型人才、通用型专家以及通用型人才。

周期时间（Cycle time）：一个待办项（或功能特性）走过完整价值流所耗费的时间。耗费时间＝创造价值时间＋等待时间。

DevOps：为了提高开发和 IT 运维的协作，将两者的技能放到同一个团队中，强调文化、自动化、量化、分享。

数字化业务（Digital business）：给消费者提供数字世界与现实世界无缝接轨的交易场所。

数字化转型（Digital transformation）：数字化转型是一个变革项目，其目标是将以实体为主的业务转换为数字化业务。

职能领导（Function lead）：本书中指领导专业职能的人（比如负责市场、销售、开发、架构、质量、项目管理等职能的副总、总裁、领导）。

交接（Handoff）：一个专家或者团队将工作项交给其他人。如果价值流中包含 N 个专家的活动，那么就会有 N-1 次交接。

内部范围（Internal scope）：一个特性之内的范围。要有灵活的内部范围，才有可能采用与"交付预先计划好的范围"不同的方法来解决问题。

互联网业务（Internet business）：与独立软件供应商不同，互联网业务不售卖软件，它们所有的（或主要的）收益都是来自于互联网交易。

独立软件供应商（Independent software vendor，ISV）：独立开发并售卖软件的厂商，但逐渐出现了 SaaS 的业务形态。新一代的样板公司包括 Atlassian、Box.com、Github 等。

业务 IT（IT-B）：在 IT 组织中产生价值的部分。负责构思解决方案、编写并运行软件。IT-B 的工资会被视为资本支出。

基础 IT（IT-I）：在 IT 组织中保护价值的部分。负责管理 IT 基础设施和资产。他们的工资会被认为是运营费用。

运营费用（OpEx）：IT 系统和基础设施持续产生的运行成本、包括与之相关的人力成本，在损益表上都记为费用。

成果（Outcome）：独立、有价值、可达成的业务产出。

成果负责人（Outcome owner）：在本书中是指负责或者专注于某项业务成果的人（级别低于执行官），例如产品经理、产品负责人、产品代表、首席产品官、项目经理和产品经理等。

成果导向的团队（Outcome-oriented team）：有自主权、独立为一项成果负责的团队（例如跨职能的产品团队）。

软件即服务（Software-as-a-service，SaaS）：这种模式下供应商拥有软件，客户只有使用权，而不是将软件安装到客户的机器上。

组织竖井（Silo Organizational）：倾向于把自己保护起来、而与其他单位合作不畅，这样的单位或部门称为"竖井"。

差异化系统（Systems of differentiation）或客户互动系统（Systems of engagement）：有助于业务在市场中差异化或者有助于和客户互动的系统。

即兴协作（Unscripted collaboration）：团队间未经计划的协作，发生在常规的、预订好的会议之外，也没有预先的计划、授权或批准。

UX（XD）：用户体验（体验设计）。

价值流（Value stream）：在本书中，是指为了达成业务成果而进行的一系列活动。

参考文献

[1] Aaker, D. 2008. *Spanning Silos*. Cambridge: Harvard Business Review Press.

[2] Ackoff, R. L. 1999. *Re-creating the corporation: A design of organizations for the 21st century*. New York: Oxford University Press.

[3] Austin, R. D. 1996. *Measuring and managing performance in organizations*. New York: Dorset House.

[4] Blackstaff, M. 2012. *Finance for IT decision makers: A practical handbook. 3rd ed.* Swindon, UK: BCS Learning and Development Ltd.

[5] Cain, S. 2012. Quiet: *The power of introverts in a world that can't stop talking*. New York: Crown Business.(中译本《内向性格的竞争力》, 译者高洁, 中信出版社 2016 年出版)

[6] DeMarco, T. 2002. *Slack: Getting past burnout, busywork, and the myth of total efficiency*. New York: Broadway Books.

[7] Fried, J., and D. H. Hansson. 2013. *Remote: Office not required*. New York: Crown Business.(中译本《重来 2》, 译者苏西, 中信出版社 2014 年出版)

[8] Highsmith, J. 2014. *Adaptive leadership: Accelerating enterprise agility.* Boston: Addison-Wesley.

[9] Hofstede, G., G. J. Hofstede, and M. Minkov. 2010. *Cultures and organizations: Software of the mind. 3rd ed.* New York: McGraw-Hill.

[10] Hsieh, T. 2010. *Delivering happiness: A path to profits, passion, and purpose.* New York: Business Plus.(中译本《三双鞋》，译者谢传刚，中华工商联合出版社 2011 年出版)

[11] Humble, J., and D. Farley. 2010. *Continuous delivery: Reliable software releases through build, test, and deployment automation.* Boston: Addison-Wesley.(中译本《持续交付》，译者乔梁，人民邮电出版社 2011 年出版)

[12] Kim, G., K. Behr, and G. Spafford. 2013. The Phoenix Project: A novel about IT, DevOps, and helping your business win. Portland, OR: IT Revolution Press.(中译本《凤凰项目》，译者成小留，人民邮电出版社 2015 年出版)

[13] Kohn, A. 1999. Punished by rewards: The trouble with gold stars, incentive plans, A's, praise and other bribes. Boston: Mariner Books.(中译本《奖励的惩罚》，译者程寅和艾斐，上海三联书店 2006 年出版)

[14] Kotter, J. P. 2014. *Accelerate: Building strategic agility for a faster-moving world.* Cambridge: Harvard Business School Press.

[15] Kuhn, T. S. 1962. *The structure of scientific revolutions.* Chicago: University of Chicago Press.(中译本《科学革命的结构》，译者金吾伦和胡新和，北京大学出版社 2012 年出版)

[16] Lakoff, G. 2003. *Metaphors we live by.* Chicago: University of Chicago Press.(中译本《我们赖以生存的隐喻》，译者何文忠，浙江大学出版社 2015 年出版)

[17] Lencioni, P. 2006. *Silos, politics and turf wars: A leadership fable about destroying the barriers that turn colleagues into competitors.* San Francisco: Jossey-Bass.

[18] McLuhan, M. 1994. *Understanding media. Cambridge:* The MIT Press.(中译本《理解媒介》，译者何道宽，译林出版社 2019 年出版)

[19] Merton, R. K. 1968. *Social theory and social structure.* New York: The Free Press.(中译本《社会理论和社会结构》，译者唐少杰和齐心，译林出版社 2015 年出版)

[20] Pink, D. H. 2009. *Drive: The surprising truth about what motivates us.* New York: Riverhead Books.(中译本《驱动力》，译者龚怡屏，浙江人民出版社 2018 年出版)

[21] Reinertsen, D. G. 2009. *The principles of product development flow.* Redondo Beach, CA: Celeritas Publishing.

[22] Rieger, T. 2011. *Breaking the fear barrier: How fear destroys companies from the inside out and what to do about it.* New York: Gallup Press.

[23] Ries, E. 2011. *The lean startup: How today's entrepreneurs use continuous innovation to create radically successful businesses.* New York: Crown Business.(中译本《精益创业》，译者吴彤，中信出版社 2012 年出版)

[24] Ross, J. W., P. Weill, and D. C. Robertson. 2006. *Enterprise architecture as strategy.* Cambridge: Harvard Business School Press.

[25] Schein, E. H. 2013. *Humble inquiry: The gentle art of asking instead of telling.* San Francisco: Berrett-Koehler Publishers.(中译本《谦逊的探询》，译者钱峰，中国电力出版社 2015 年出版)

[26] Schneider, W. 1994. *The reengneering alternative.* New York: McGrawHill.

[27] Semler, R. 1995. *Maverick: The success story behind the world's most unusual workplace.* New York: Grand Central Publishing.(中译本《塞氏企业》，译者师冬平和欧阳韬，浙江人民出版社 2016 年出版)

[28] Topinka, J. 2014. *IT business partnerships: A field guide.* Minneapolis, MN: CIO Mentor Press.

[29] Treacy, M., and F. Wiersema. 1995. *The discipline of market leaders: Choose your customers, narrow your focus, dominate your market.* Cambridge: Perseus Books.(繁体中文版《市场领导学》，译者陈进盛，牛顿出版公司 1998 年出版)